国家社科基金青年项目"老挝苗族的迁徙、离散与认同研究"
（项目号：14CMZ024）

教育部人文社会科学研究青年基金资助项目"老挝山地多民族地区和谐发展历程研究"（项目号：13YJC850002）

广西民族大学相思湖青年学者创新团队项目资助
（项目号：2019RSCXSHQN01）

郝国强 —— 著

老挝赫蒙族(Hmong)
迁徙、
离散与认同

THE DIASPORA
RESEARCH
OF
LAOS HMONG

社会科学文献出版社
SOCIAL SCIENCES ACADEMIC PRESS (CHINA)

序　言

2011年12月，我带队前往老挝万象参加第五届"中国与东南亚民族论坛"。论坛由老挝社会科学院与中国广西民族大学联合举办，以"民族整合与发展"为主题，来自中国、老挝、越南、缅甸等国的50多名学者参加了会议。国强当时是广西民族大学民族学与社会学学院的办公室主任，作为会务人员他随行参加了此次会议。机缘巧合的是，他通过此次会议结识了老挝社会科学院的王海花研究员，此后7年中，他们合作开展了关于老挝赫蒙族的系列研究，其中包括中国教育部、国家民委、中华侨联、国家社科基金等3项省部级和1项国家级课题。从此老挝赫蒙族的研究便成为他的主攻研究方向之一，老挝北部山区的赫蒙族村寨就成为他最主要的田野调查地区之一。功夫不负有心人，如今这本专著即将出版，作为国强硕士及博士阶段的导师，我非常高兴写下几行文字为本书作序。

国强2004年以水产养殖专业跨学科考入广西民族学院（2006年更名为"广西民族大学"）攻读民族学硕士学位，后来他以《京族族源神话与国家权力》为题完成了一篇优秀的硕士学位论文，取得优异成绩，最终留校做辅导员。他在做教辅工作的同时，始终坚持自己的学术追求不放松。为了培养他对东南亚研究的兴趣，我曾在不同时间，带他前往越南、老挝、柬埔寨和泰国考察。由于老挝的那次特殊经历，坚定了他继续深造的决心，2014年他考取了我的博士研究生，开始了东南亚民族研究的学术旅程。

现代科学认为，人体所有细胞彻底更新一次大约需要7年。中国民间也有老话说"七年就是一辈子"，认为7年周期会使人发生巨大的变化。在国强首次前往老挝后的7年（2011～2017）中，我很欣喜地看到他从一名"渔夫"（水产养殖专业本科）成长为一位人类学科研工作者（民族学专业博士），并且不断拓展知识的边界，不断尝试人类学研究的新领域。坦率地说，作为广西民族大学培养的第一届民族学博士，也是我在广西民族大学民族学博士点培养的第一位博士，国强是一位智商和情商双高的弟子，他的跨专业跳跃使他更加热衷于对新知识的追求，并很快找到了感觉；他的乐观向上和助人为乐，使他在老师和同学中广受好评。当然，在我的眼中，他更是一位勤奋好学、心中有目标的青年才俊，他善于科学分配时间并严格自律，明是非、知荣辱、懂进退、敬志业，7年中完成了许多同龄人难以完成的工作，其间在《世界民族》《民族研究》《宗教学研究》《思想战线》等杂志发表学术论文十多篇，出版专著4部（含合著），在学术上的确迈上了一个新的台阶。

美国社会学家李普塞特（Seymour Martin Lipset）说过一句名言："只懂得一个国家的人，他实际上什么国家都不懂。"（Those who only know one country know no country.）这是因为只有抽离出自己的国家，站在客观的角度比较研究，才能知道什么是共同规律，什么是特殊案例。而这正是人类学所强调的跨文化研究及他者的眼光，海外民族志便是在田野调查的基础上采用这种方法和视角的人类学文本。本书便是国强完成的一部重要的关于东南亚民族研究的海外民族志作品，为离散族群研究提供了新视角、新素材，是深化离散现象研究的新成果。作者运用民族学与历史人类学方法的交织，以海外赫蒙族离散经历为切入点，分析跨国赫蒙族的公民身份、民族主义、族群认同、整合与涵化等问题，力求拓展和丰富海外民族志写作的研究视野和方法，为赫蒙族研究增添新的内容。

在田野调查和文献研究的基础上，本书还原了赫蒙族从中国离散到老挝，再从老挝离散到西方的历史过程，同时概括了目前赫蒙族在老挝国内的迁徙趋势。本书选取三个典型村寨分别从经济互动、宗教变迁和婚姻嬗变三个角度讨论赫蒙族在居住国老挝的现实境遇,揭示了老挝赫蒙族在不同发展阶段的生存策略,分析了其在不同场景中的家族认同、族群认同和国家认同,阐释了赫蒙族文化离散与认同、族群边界与文化策略的辩证关系。该研究关注在族群多元文化和政治交汇的场景中,赫蒙族迁徙与离散的历史过程。除了特定的历史事件与表面的现象描述,作者更重视探寻引起族群文化认同与族裔身份变化的历史文化动因与社会文化机制。

本书由老挝赫蒙族迁徙与离散的历史过程,老挝赫蒙族的家族认同、族群认同与国家认同及美国赫蒙族的多重认同,族群离散带来的文化离散与重构等三个有机联系的部分组成。

第一部分主要考察和分析赫蒙族进入老挝之后的迁徙路线,以及为何卷入"秘密战争"并最终大批离散至美国等西方国家,从而勾勒出赫蒙族离散的历史过程。

第二部分认为,赫蒙族作为外来族群,密集分布在老挝北部山地,其迁徙历程伴随着与主体民族佬族互动的全过程。因此,分析赫蒙族在复杂的以佬族为核心的政治、经济环境中所发生的族群认同与国家认同演变非常重要。

赫蒙族个体的自我认同及其家族认同是其族群认同的前提与基础,也是国家认同的前提与必要条件,国家认同则是族群认同发展的高级阶段和民族发展的价值目标。赫蒙族的家族认同、族群认同与国家认同必将长期存在。从存在的时间上看,赫蒙族的家族认同存在时间最长,族群认同次之,国家认同存在的时间最短。从稳定性上来看,越是高级的国家认同,其稳定性越低,极易受到外在因素的影响;越是低级的家族认同,其稳定性越高,生命力越强。从认同发展的阶段来看,认同是个体的一种应对外在环境变化的策略性选择,在早期依生阶段,个体依赖自然馈赠和家族集体的互助,结成了家族组织和集团。一个家族的生活范围很小,一切自给自足,甚至不需要建立复杂的社会协作系统,是老子口中理想的"小国寡民"社会,"鸡犬之声相闻,民至老死不相往来"。等到了各族群互相交流与互动的竞生时代,伴随着不同族群之间的竞争与博弈,家族不能组织更大规模的力量来对抗外族的入侵和挑战，不得已形成了族群的认同，此时是非常复杂的阶段。赫蒙族内部也因此而发生了分歧，在中国开始出现"黑苗"和"白苗"等内部分化，在老挝出现了"亲美""亲法""革命"等多个派别。如果没有复杂的外部力量的进入和博弈，赫蒙族可能不会分为如此众多的支系，也不会离散到世界各地。因此，竞生阶段的各种利益冲突与诉求是导致赫蒙族离散的根本原因，赫蒙族丰富的文化也是应对外在环境变迁的一种策略性存在。至于共生阶段产生的国家认同，本质上是社会发展到高级阶段的一种族群生存的高级文化策略，是一种更高级别的认同，必将带来文化的重构。

第三部分主要研究族群离散带来文化离散与重构的问题。本书不仅用民族学人类学理论构建共时态的赫蒙族社会文化面貌，同时分析历史记忆如何影响到现时的赫蒙族文化。重点考察赫蒙族精英如何阻止族群离散带来的文化离散现象，以及在何种程度上进行文化重构、构建并维系赫蒙族的跨国认同等。

在此基础之上，作者提出了以下观点。

赫蒙族的迁徙离散受到政治、经济与文化因素的影响，同时亦是族群自身基于客观现实与利益诉求考虑的选择结果。族群离散不可避免地带来了文化离散的现象与趋势，但外部压力也带来了族群更强的自我认同，文化精英与代际传承等诸多因素共同推动着文化重构与跨国认同。

根据现实情景的差异，不同地区的海外赫蒙族离散群体依据自身社会地位的变化以及与其他族群的互动不断修正族群边界与标准，并形成了特定的多重身份认同，包括家族认同、族群认同和国家认同等。

赫蒙族文化策略是动态的。赫蒙族在漫长的离散过程当中，经历了从依生到竞生的族群发展阶段，最终进入了和合共生的阶段。在依生阶段，赫蒙族发展出宗教主导型的文化体系，是一个相对封闭的系统。当时的赫蒙族以家族为单位在深山密林中迁徙，其文化的边界相对稳定，对外界采取"逃避的""不抵抗"的策略。在竞生阶段，赫蒙族则表现出一个半狩猎半游耕民族的彪悍与尚武精神，从而在老挝取得一席之地，甚至在法国、美国的帮助下对抗佬族，不断争取族群的利益，强化了族群认同。在向共生阶段过渡的过程中，赫蒙族则选择了和合共生的文化策略，在政治上接受老挝的国家认同，在文化上坚守自身的价值取向，同时与其他族群和谐相处，走向族群发展的共生阶段。

关于东南亚民族研究的成果，国内外学界已经有了非常深厚的积累。国外大师级的作品有本尼迪克特·安德森的《想象的共同体：民族主义的起源与散布》《比较的幽灵：民族主义、东南亚与全球》，詹姆斯·斯科特的《弱者的武器》《不被统治的艺术：东南亚高地无政府主义者的历史》等。国内年轻学者的民族志有龚浩群的《信徒与公民：泰国曲乡的政治民族志》，康敏的《"习以为常"之蔽——一个马来村庄日常生活的民族志》，郑宇、曾静的《仪式类型与社会边界——越南老街省孟康县坡龙乡坡龙街赫蒙族调查研究》，马翀炜的《秋千架下：一个泰国北部阿卡人村寨的民族志》，何林的《民族的渴望：缅北怒人的族群重构》，马翀炜、张雨龙的《流动的橡胶：中老边境地区两个哈尼/阿卡人村寨的经济交往研究》，等等。东南亚丰富的民族多样性资源，常常为世人展示着不一样的表象，那些相对孤立的海外民族志在努力展示东南亚的特殊性，而那些大师级的宏观作品又在努力提炼一种普遍性。个案的积累和理论的提升，两者都是我们努力的方向。国强的这本书，既有多点民族志的方法，也有一般性理论的探讨，正属于努力探寻中的一本。

我在《论民族存在的相对性》一文中指出，民族相对性认识是民族主义向后民族主义时代即国家民族主义过渡的桥梁。倘若民族相对性认识思想能够深入人心，民族主义终有一天也会像种族主义一样，成为人们谨慎对待甚至是"被弃置一旁"的主题。国强对于老挝赫蒙族迁徙、离散与认同问题的深入研究，恰恰为民族相对性存在提供了又一个真实的佐证和鲜活的案例。由于地域原则、经济原则、生物原则等民族存在的相对性，赫蒙族一步步从中国的一个古老民族最终成为遍布世界各地且和平跨居的跨国民族；基于认同原则和政治原则的相对性，世界各国的赫蒙族走过"依生""竞生"的阶段，开始步入和合共生的国家认同阶段。

总之，这部著作凝聚了国强多年的心血和努力，对其本人而言是一部具有阶段性代表意义的著作，对于学界来说也是一部难得的海外民族志文本。作为导师，看到弟子的成长感到由衷的高兴，希望国强能够延续该研究的思路，充分利用在美国访学的机会，进一步积极开展美国赫蒙族的田野调查，并在此基础之上深化对离散族群的研究，形成对海外赫蒙族的整体性研究和思考，进而产出更多更好的成果。

周建新

2019年8月29日于云南大学

目 录

导　论 ·· 001
　　第一节　研究背景与意义 ·· 005
　　第二节　主要内容、思路与创新 ···································· 008
　　第三节　国内外相关研究 ·· 010
　　第四节　主要概念与研究方法 ······································ 034

第一章　赫蒙族的迁徙与离散 ·· 039
　　第一节　老挝赫蒙族的源流 ·· 041
　　第二节　分布格局与迁徙路径 ······································ 044
　　第三节　"秘密战争" ·· 055
　　第四节　难民营 ·· 062
　　第五节　离散世界各地 ·· 067

第二章　赫蒙族在老挝的内部迁徙 ······································ 071
　　第一节　内部迁徙的趋势 ·· 073
　　第二节　迁徙类型及分析 ·· 074
　　第三节　未来趋势分析 ·· 085

第三章　老挝赫蒙族的生存策略 ·· 091
　　第一节　三赛村的经济互动 ·· 093
　　第二节　南光村的宗教变迁 ·· 128

第三节　邦洋村的婚姻嬗变 …………………………………… 157

　　第四节　族群互动与交融 ………………………………………… 179

　　第五节　各阶段的生存策略 …………………………………… 190

第四章　老挝赫蒙族的身份认同 ………………………………………… 205

　　第一节　家族认同 ………………………………………………… 209

　　第二节　族群认同 ………………………………………………… 212

　　第三节　国家认同 ………………………………………………… 223

　　第四节　国家政策与多重认同 …………………………………… 233

第五章　从依生、竞生走向共生 ………………………………………… 267

　　第一节　文化离散与认同 ………………………………………… 270

　　第二节　和合共生：族群边界与文化策略 …………………… 279

参考文献 ……………………………………………………………………… 289

后　记 ………………………………………………………………………… 306

导　论

导 论

"现代性""全球化"是20世纪的宏伟叙事,掀起人类社会的巨大变革浪潮,从社会变迁到文化变迁,影响深远。我们一度乐观地认为,人类社会已经成为一个可以跨越时空障碍的"地球村",交通工具和即时通信技术的发明使物理空间上的"地球村"成为现实。然而政治制度的进步、经济水平的发展和文明程度的提高从来都是不同步的,真正的地球村除了需要经济的发展和技术的进步,还需要经济共享、文化共生、政治互信等条件的成熟。现实证明,经济的共享与发展往往只是推动文明进步的一个必要不充分条件,真正的地球村还需要政治生态的交融、文化的共生和广泛的共识,而这些往往被过分强调经济发展的当代社会所忽视。

社会发展遵循着波浪式前进、螺旋式发展的规律,短时间的原地踏步甚至倒退是常见的现象。全球化所遇到的困难在当下得到了最真实的体现,"英国脱欧""美国拟退出跨太平洋伙伴关系协定(TPP)"等逆全球化的声音此起彼伏,然而以中国为代表的国家则坚持一贯的"不结盟"政策,依然抱着包容和开放性的心态,奉行不结盟、不干涉内政等基本原则,寻求"伙伴关系",解决共同面临的问题,信奉的是"和而不同""和合共生"的价值观。不管全球化的进程历经怎样的曲折甚至短暂的倒退,人类社会分工协作,共同发展的趋势不会轻易改变。

全球化面临的挑战和困难,在其他领域同样普遍存在,人类学的族群研究便是如此。在全球化背景下,互联网带来的去中心化等思潮给政府、组织和个人带来了诸多冲击,也淡化了族群传统的地域疆界、血缘联系。早期族群指的是共同地域、共同语言、文化和血统同源的集合体,然而随着时代和社会的发展，族群意识逐渐成为核心凝聚力，宗教与族裔及其文化传统的联系成为族群发展更为重要的因素。乔尔·科特金（Joel Kotkin）甚至认为，族群意识已经是全球经济演进中的决定性因素之一。[①] 他还提出了"全球族"的概念，认为全球族具有三个共性：第一，具有强烈的族裔认同感和沟通依存的意识，有助于该群体在全球经济和政治秩序的变化中保持凝聚力；第二，具有共同信任的全球网络，能够使群体发挥集体力量，超出国家或区域的界限；第三，从资源中获取技术和知识，具有开放的文化和技术。

世界上不同族群发展的历程，留给学术界诸多思考。一些学者尝试做出解释，戴蒙德从历史进程的地区差异作为切入点，认为世界上不同的民族遵循不同的道路前进，究其原因在于自然地理环境的差异，而不是各大民族在生物学上的差异，应该从自然环境和生物地理中去寻找答案。[②] 汤因比则在比较研究23个先进文明的基础上，用大量事实论述了第一代文明是在人类以巨大的创造力应对恶劣的自然环境的挑战过程中产生的。例如：尼罗河下游的洪水泛滥造就了古埃及文明，黄河泛滥诞生了中华民族的文明。汤因比进而认为：第二代文明的起源是一种人为的挑战。它发生在丧失创造力、趋于衰落和解体的母体文明内部。例如：从解体的古希腊罗马文明中诞生了西方基督教社会文明。[③] 还有观点认为人类社会由敢于冒险和创新者所创造，而最早的迁徙人群则是最具有冒险精神的群体，他们较普通人更具创造性、进取心和冒险基因，所以基因在很大程度上可以解释成功的全球族大多是敢于迁徙的民族和族群。然而所有这些解释都有简单化的倾向，要立体地解释这个问题，或许要开展一次知识的旅途，本书则试图以老挝赫蒙族为切入点，尝试从其独特历史进程中寻找答案。

---

① 科特金：《全球族》，王旭等译，社会科学文献出版社，2010。
② 贾雷德·戴蒙德：《枪炮、病菌与钢铁：人类社会的命运》，谢延光译，上海译文出版社，2014。
③ 汤因比：《历史研究》上册，曹未风等译，上海人民出版社，1966。

第一节　研究背景与意义

一　老挝赫蒙族研究及田野点选择

自 2004 年开始学习跨国民族方向，笔者便在脑中埋下了种子，希望能够研究一个典型的跨国民族。这颗种子在不经意间生根发芽，以至于大脑自动搜索与此相关的资料与素材，并不间断地思考与离散族群有关的问题。但这些零星的思考并未迅速地开出美丽的花朵，正如梭罗在《瓦尔登湖》中所言，"单独一次的脚印无法在地面形成一条路径，单独一次的想法也无法在心中形成一条路径。为了在地面形成一条踏实的路径，我们必须一再走过；为了在心中形成一条清晰的思路，我们必须一再温习"①。直到 7 年后的某一天，笔者的离散研究终于找到了落脚点，那就是老挝赫蒙族。

2011 年底，笔者有幸跟随导师周建新教授前往老挝万象参加第四届中国南方与东南亚民族论坛，会议主要探讨的主题是民族交融、经济发展与文化传承。② 在会上认识了老挝社会科学院的一位研究员，她向笔者介绍了老挝赫蒙族发展的情况，让笔者第一次对老挝赫蒙族的情况有了基本的了解。会后，老挝社会科学院安排中方专家前往琅勃拉邦参加一年一度的赫蒙族新年，笔者因此有机会近距离接触老挝赫蒙族的文化。那一刻，身处老挝赫蒙族传统的仪式当中，笔者仿佛回到了过去，忘记了现在是全球化、现代化的 21 世纪。回国后，笔者便立刻开始搜集有关老挝赫蒙族的资料，随着研究的深入，笔者渐渐对老挝赫蒙族有了较为全面的了解。赫蒙族从中国起源，在历史上经历了漫长的大迁徙，大致

---

① 梭罗：《瓦尔登湖》，徐迟译，上海译文出版社，2004，第 11 页。
② 郝国强：《民族整合、经济发展与文化传承——第五届"中国与东南亚民族论坛"国际研讨会综述》，《广西民族大学学报》（哲学社会科学版）2012 年第 3 期。

路线是由黄河流域至湘、黔、滇、桂等地，部分赫蒙族于19世纪初经过云南、广西进入越南、老挝、泰国等东南亚国家。1975年老挝"秘密战争"结束后，约10万老挝赫蒙族经过泰国难民营向美国、法国、加拿大等西方国家避难，完成了由中国传统民族向国际性民族的转变。近年来，赫蒙族成为继犹太人、亚美尼亚人等之后最典型的离散族群之一，受到国内外学者的广泛关注。而笔者似乎找到了一直感兴趣的主题的切入点，以离散赫蒙族为个案，去解答一直萦绕在脑海中的问题。族群的迁徙和离散是怎样的一个历史过程？在这个过程当中，族群文化是否随之离散，其核心又是什么？在世界范围内，哪些民族是最为成功的离散族群，其原因又是什么？具体到老挝赫蒙族，他们来自哪里？出于什么原因迁往落后的老挝深山密林？他们的文化和语言是否保持原样？他们将去向何方？……

带着这些问题，笔者从2012年开始5次前往老挝万象、琅勃拉邦、乌多姆塞、川圹等省，足迹踏遍了老挝赫蒙族分布的主要地区，拍摄了近万张照片资料，做了5本访谈笔记和田野日记，也写作了数篇学术论文，其中4篇已经发表。[①] 在田野点的选择上面，最初为了调查赫蒙族从中国离散至老挝的路线图，笔者考察了分布在迁徙路线中的十几个村寨。后期，为了研究赫蒙、佬族民族关系以及赫蒙族的身份认同和生存策略，笔者选取了三个田野点。其中，邦洋村是一个赫蒙、佬族杂居村，地处川圹省丰沙湾市附近，距离赫蒙族新年举办地不远，是一个很好的观察赫蒙族婚姻嬗变的田野点；三赛村所在地农黑县是老挝赫蒙族大本营，面临经济发展的机遇和挑战，是观察赫蒙族和佬族经济互动的田野点；南光村则是琅勃拉邦市周边的一个旅游村，村中62户赫蒙族家庭中有16户信仰了基督教，是一个考察赫蒙族宗教变迁的绝佳田野点。最

---

① 郝国强：《老挝佬族入赘婚的类型及功能分析》，《世界民族》2013年第6期；郝国强：《老挝苗族新年上的跨国婚姻——以老挝川圹省丰沙湾市蒙毕县邦洋村为例》，《广西民族大学学报》（哲学社会科学版）2013年第1期；郝国强：《近10年来中国海外民族志研究反观》，《思想战线》2014年第5期；郝国强：《"离散"研究的发展脉络及省思》，《广西民族大学学报》（哲学社会科学版）2017年第1期。

初，笔者关注的是在族群多元文化和政治交汇的场景中，赫蒙族迁徙与离散的历史过程。紧接着笔者发现，除了特定的历史事件与表面的现象，更要探寻引起族群文化认同与族裔身份变化的历史文化动因与社会文化机制。

二　选题意义

目前学界对老挝的研究成果多侧重于历史性与宏观性的描述，而立足于赫蒙族离散族群的海外民族志考察，在全球化背景下探讨离散、迁徙与认同问题的成果则较少，此一学术领域的研究有着广阔的发展空间，这也保证了本书的原创性。

本书的研究具有重要的理论价值。首先，本书的研究可以深化离散族群研究的理论探索。老挝赫蒙族的离散历史蕴含着复杂的政治、经济和文化内涵，同时涉及现实的利益诉求，本书可以为离散族群研究提供新视角、新素材，进而深化离散现象研究的理论探索。其次，本书运用民族学与历史人类学方法的交织，以海外赫蒙族离散经历为切入点，分析跨国赫蒙族的公民身份、民族主义、族群认同、整合与涵化等问题，力求丰富海外民族志写作的研究视野和方法，并形成跨国赫蒙族的研究文本。

本书同样注重拓展研究的应用价值。首先，本书通过"离散与认同"这一研究视角，关注跨国赫蒙族迁徙与认同变迁的历史过程，以跨学科方法来分析族群离散与文化离散及重构之间的内在逻辑关系，有助于了解跨国赫蒙族在现代化进程中的国家认同和族群心理，也有助于研究现当代语境下的少数民族认同实践与文化调适。其次，老挝与中国同为社会主义国家，也是世界上少数进行民族识别的国家，对老挝赫蒙族离散群体的研究可以为中国政府更好地理解新移民、海外华人等群体并制定相应对策提供借鉴和参考。最后，在赫蒙族成为国际性民族的情境下，认识跨国赫蒙族迁徙和发展的历史，促进中美、中老两国文化交流，可以使本书的研究有较强的应用价值。

第二节 主要内容、思路与创新

一 主要内容

本书关注族群多元文化和政治交汇的场景中赫蒙族迁徙与离散的历史过程。除了特定的历史事件与表面的现象,更要探寻引起族群文化认同与族裔身份变化的历史文化动因与社会文化机制。笔者此前的研究发现,赫蒙族自1800年开始从中国分批次迁往老挝北部山地,1975年之后经由泰国难民营逃往西方避难,成为一个典型的离散族群且相互之间联系紧密。基于现实情况,本书由三个有机联系的部分组成。

(一)老挝赫蒙族迁徙与离散的历史过程

本部分主要考察和分析赫蒙族进入老挝之后的迁徙路径,以及为何卷入"秘密战争"并最终大批逃往美国等西方国家。在具体研究过程中,特别注重将当地广为流传的历史故事、神话传说等,结合笔者在当地采集到的历史文献,用历史人类学的理论加以解读,从而勾勒出赫蒙族离散的历史发展过程。

(二)老挝赫蒙族的族群认同与国家认同

赫蒙族作为外来族群,在老挝北部山地密集分布,其迁徙历程伴随着与主体民族佬族的互动及斗争的历史。本部分重点研究赫蒙族在迁徙过程中与佬族以及克木人等族群互动、斗争、交融的历史,并分析赫蒙族在复杂的政治、经济环境中其族群认同与国家认同的演变。

(三)族群离散带来的文化离散与重构

用民族学人类学理论构建共时态的赫蒙族社会文化面貌,同时分析历史记忆如何影响到现时的赫蒙族文化。本部分重点考察赫蒙族精英如何阻止族群离散带来的文化离散现象，以及在何种程度上进行文化重构、构建并维系赫蒙族的跨国认同等。

二 研究思路与创新之处

（一）研究思路

本书的研究从以下三个方面展开。首先，在与老挝社会科学院深入交流与合作的基础上，使用历史人类学的方法，力求运用质性研究的优势，通过对赫蒙族历史资料的把握，考察赫蒙族的迁徙路径以及当前的分布格局，厘清赫蒙族离散的历史过程。其次，立足于老挝赫蒙族聚居区的田野调查资料，运用民族整合与国家建构相关理论分析老挝赫蒙族的族群认同与国家认同问题、公民身份与族群身份的重构。最后，通过对美国赫蒙族的民族志资料，从民族学、人类学、历史学、社会学以及其他相关学科的多重维度，探讨美国赫蒙族的族裔身份选择以及文化离散与多重认同问题（见图0-1）。

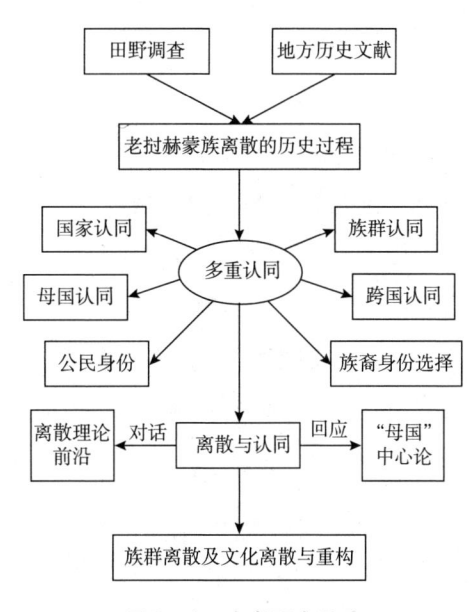

图0-1 本书研究思路

（二）创新之处

相比以往的研究，本书具有如下几点突破和创新。

从研究对象上来看，以往的研究大多是针对犹太人、亚美尼亚人、海外华人等离散群体，本书则力图在海外民族志的基础上深入研究赫蒙族离散群体。

从研究视角来看，过去的一些研究以民族学共时性的文化描述为主，本书以历史人类学的方法历时性地考察赫蒙族离散的历史过程以及族裔身份认同的演变。

从研究内容来看，本书以离散理论为切入点，考察赫蒙族离散的历史过程，进一步深入分析赫蒙族的族群离散与文化离散及重构的内在逻辑，并探讨其在全球化背景下的多重认同与族裔身份选择问题。

第三节　国内外相关研究

一　族群离散研究综述[①]

迁徙，是自然界部分动物固有的天性。从海洋无脊椎动物到陆生哺乳动物，再到典型的候鸟，迁徙行为都颇为普遍。为了更好地生存和繁衍，一些物种在一定区域范围内定期、定向、集体进行迁徙。人类作为高级动物，有着动物性与文化性的双重属性。为了更好地生存和发展，人类以族群为单位的迁徙时常发生。随着交通与通信技术的发展，族群的迁徙愈发普遍。人类文明的发展史就是一部人类迁徙的历史，从170万年前的东非直立人到1.5万年前遍布各大洲的早期"智人"，无不伴随着人类迁徙的脚步。早期人类居无定所，直到农业的发展让一些部落开始在小亚细亚和

---

① 本章节内容发表于《广西民族大学学报》（哲学社会科学版）2017年第1期。

地中海流域定居下来，诞生了早期人类文明的中心之一。紧接着，一些来自印度、高加索山脉等地的部落迁徙到了欧洲，慢慢的，这些使用印欧语系语言的部落也开始从事农业生产，人口快速增长。人口的过剩导致部分人开始了新的迁徙，去寻找更多适合农业生产的土地。早期农业社会中的人口迁徙普遍被称为移民，他们离开故土，解决的更多是人口与土地之间的矛盾。与此对应，现代社会中的跨国人口迁徙可以称为离散，他们离开的是故国（母国），解决的更多是政治压力、生存压力等问题。离散是移民现象在现代民族国家中一种新的表现形式，它不再是简单地解决人口与土地的矛盾问题，还面临日益普遍的族群认同与居住国认同、离散与回归、离散群体的跨国网络等新问题，因而引起了学术界的关注。

（一）离散概念的内涵演变

"离散"（diaspora）一词源于《圣经·新约》关于犹太人于公元前586年被巴比伦人赶出朱迪亚（Judae）和公元前135年被罗马人驱离耶路撒冷的记述。其词根源自希腊语 diaspeiro，原意为"违背神的意愿，必将面临放逐的危险"[①]。直至17世纪，diaspora 才逐渐与原先宗教神学相分离。在1659年出版的现代希腊字典中，该词专指希腊人在世界各地的广泛散布。19世纪，"离散"（Diaspora）一词才在英国、德国以及美国等地广泛使用，用于描述散布各地的犹太人。二战后逐渐演化为一个内涵丰富的社会文化研究中的关键词，开始被用来分析亚美尼亚人、黑人、海外华人等迁徙族群。

1931年，历史学家西蒙·杜布诺夫为《社会科学百科全书》撰写了 diaspora 词条，将其定义为"一个民族或民族中的一部分与自己的国家与领土相分离，散布至其他民族当中，但却延续着自身的民族文化"，并强调 diaspora 不应局限于犹太人及其宗教历史。[②] 这标志着离散概念开始进入

---

① S. Dufoix, *Diasporas*, University of California Press, 2008, p. 5.

② Dubnnov, Simon, "Diaspora", *Encyclopedia of the Social Science*, Vol. 4, New York: Macmilan, 1931, p. 23.

人文社会科学研究领域的视野。从20世纪下半叶开始，苏联解体、东欧剧变、冷战结束等一系列社会历史巨变，带来了全球范围内日益普遍的移民现象，离散研究被拓展到俄罗斯人、古巴人、印度人、菲律宾人、墨西哥人、海外华人等族群。至此，离散研究成为文学、社会学、人类学、族群研究、移民研究、政治研究等学科和领域的热点，并受到大众传媒、政府部门等机构的广泛关注。1986年，加布里埃尔·谢弗（Gabriel Sheffer）提出，离散群体包含三个条件：维护和发展集体认同；内部组织的存在；与母国有实际的接触或象征性的联系。① 1991年，威廉·萨夫兰（William Safran）认为，离散群体应该具备如下条件：分布在最初的"中心"和至少两个"外围"地方；维持一个对祖国的"集体记忆"或原始神话；相信他们没有完全被居住国所接受；时机成熟最终会返回祖国；致力于维护和恢复国土；根据集体意识与祖国保持密切联系。② 米歇尔·布鲁诺（Michel Bruneau）则根据类型学的方法将离散群体划分为商业离散、宗教离散和政治离散三种。在此基础之上，罗宾·科恩（Robin Cohen）进一步将离散群体划分为四种：劳工型（印度人）、帝国型（英国人）、贸易型（中国人和黎巴嫩人）、文化离散型（加勒比海地区族群）。③

由此可见，"离散"一词的内涵随着历史情境的发展而不断演变。从最早带有宗教色彩的特定描述，到代表一种从祖国流散出去的现象，甚至成为专有名词，指代特定群体。现在离散一般指源自迁徙的少数族群，散布至其他民族当中，却延续着自身的民族文化。随着人文社会科学的发展，离散逐渐成为一个内涵丰富的概念。

20世纪90年代以前，国内学者对于离散现象的关注较少，代表性的有《中国境内犹太人的若干历史问题》④、《一个移殖的市镇——马来亚华

---

① G. Sheffer, *Modern Diasporas in International Politics*, Taylor & Francis, 1986, pp. 11 – 15.
② William Safran, "Diasporas in Modern Societies: Myths of Homeland and Return," *Diaspora: A Journal of Transnational Studies*, Volume 1, Number 1, Spring 1991.
③ L. Anteby - Yemini, "Berthomière W. Diaspora: A look back on a concept," Bulletin du Centre de recherche français à Jérusalem, 2005 (16).
④ 潘光旦：《中国境内犹太人的若干历史问题》，北京大学出版社，1983。

人市镇生活的调查研究》①。20世纪90年代以后，中国的学者开始关注华人离散社群（Chinese diasporaic communities）及其相关离散族群，主要从族群认同的角度切入探讨离散群体背后的文化重构与族群认同问题。周建新以中尼边境地区达曼人为例探讨了族群离散与认同重构问题②，蔡苏龙探讨了全球化进程中的华人离散社群问题③，郭又新以美国菲律宾裔移民为例解读了现代离散族群的现实境遇以及身份选择④，段颖对离散概念和相关理论进行了解析⑤，等等。近年来，李明欢、范可等梳理了离散概念的定义、分化与发展、研究趋势与方向等，并结合海外华人群体及新移民进行了理论阐释，推动了离散理论研究的发展。

作为一个从国外引入的学术概念，"离散"一词经历了一个本土化的过程。早期该词的译名各异，如"散处的地域""流布"等；到20世纪90年代末，译名逐渐规范，如"离散""流散""散居""大流散""移民社群""族裔散居""飞散"等。⑥ 1991年，香港学者谢剑在国内发表文章首次使用离散（diaspora）概念，引起学术界关注，但相关研究还比较少。以中国知网为例，有关"离散"的研究于2007年开始出现一个量的上升。从图0-2我们可以更直观地看到发表文章所在学科的比例。

不难发现，离散研究在国内主要集中在文学、政治、戏剧电影及民族学等领域。其中文学占据一半以上，相关论文还有逐年上升的态势。离散概念早期所蕴含的文化底蕴和宗教色彩，以及客居异乡的原乡情节，依然活跃在想象力丰富、情感冲突强烈的文学作品及影视作品当中。但总体而言，国内离散研究还处在起步阶段，有待继续深入。

---

① 李亦园：《一个移殖的市镇——马来亚华人市镇生活的调查研究》，台北，正中书局，1985。
② 周建新、杨静：《族群离散与认同重构——以中尼边境地区达曼人为例》，《广西民族大学学报》（哲学社会科学版）2012年第5期。
③ 蔡苏龙：《全球化进程中的华人离散社群问题探讨》，《东南亚研究》2006年第5期。
④ 郭又新：《现代的离散者——对美国菲律宾裔移民的另一种解读》，《世界民族》2007年第5期。
⑤ 段颖：《Diaspora（离散）：概念演变与理论解析》，《民族研究》2013年第2期。
⑥ 李明欢：《Diaspora：定义、分化、聚合与重构》，《世界民族》2010年第5期。

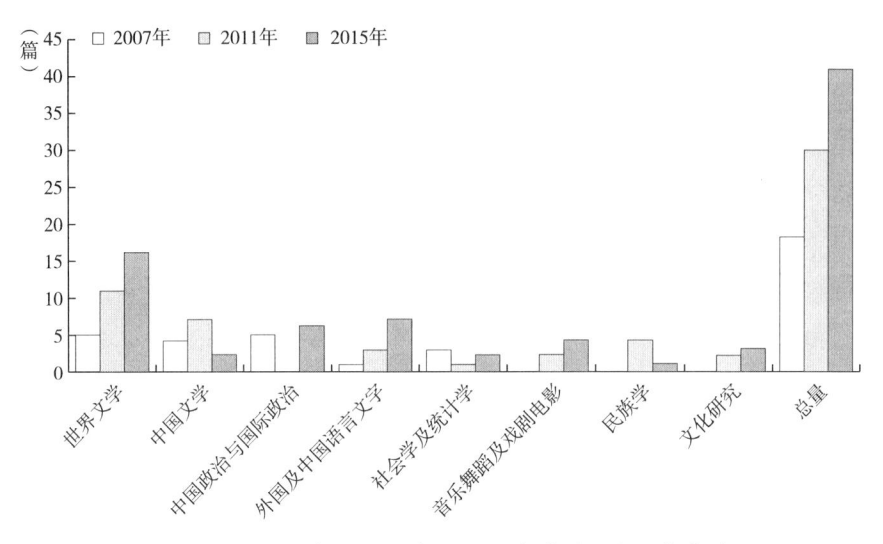

图 0-2　2007 年、2011 年、2015 年离散研究所在学科

注：这里的文化研究特指图中除社会学、民族学等分类之外的人文社会科学。

（二）不同类型的离散群体

离散群体是在特定历史情境下产生的，不同的时代背景下产生不同的离散类型，各离散群体的表现特征、现实遭遇、生存策略及集体诉求也是完全不同的。笔者将其大致划分为"政治受难型""经济交往型""跨国移民型"三种类型。

1. 政治受难型

政治受难型离散群体最早是指以犹太人为代表的群体，他们出于宗教历史原因而被迫离开祖国。犹太人自公元前 597 年到前 538 年沦为"巴比伦之囚"后，开始颠沛流离，流散到除巴勒斯坦以外的世界各地。即便二战后犹太人复国建立以色列，依然有相当一部分人散居世界各国。

自 16 世纪近代殖民主义开启之后，这种类型的离散群体在世界政治局势动荡的年代大量出现。殖民时代奴隶贸易中被贩运到欧美各地的黑人是政治受难型离散群体的典型代表之一。18 世纪 80 年代中叶，每年从非洲输出的奴隶平均近 10 万人。欧洲殖民者把非洲、欧洲和美洲之间的贸易有机地串联起来，成为当时繁盛的三角贸易区。从 1619 年到 1860 年的 240

年间，一般估计有1000万~2400万名黑人被贩卖到北美洲为奴，这还不包括在"死亡航程"中死去的黑人。① 这些黑人离散群体被迫离开母国，处境悲惨。以美国黑人为例，那些"戴着锁链"而来的"非自愿移民"直到1964年美国总统约翰逊签署《民权法》、取消公共场所的种族隔离政策，才真正与白人平权。在相当长的一段时间内，黑人在居住国处于社会边缘地位，随着族群意识的不断觉醒，黑人爆发了"返回非洲"的社会运动。与犹太人不同之处在于，黑人没有一个共同的母国，而非洲则成了他们的想象共同体及社会动员的重要资源。

黑人的遭遇是殖民主义时代的副产品，亚美尼亚人则与犹太人的命运更为接近——都是宗教政治的不幸结果。亚美尼亚人于公元1世纪在中东地区建立了强大的王朝，在被罗马帝国打败之后，经历了漫长的迁徙、离散的历史。20世纪初期（1915~1916），在奥斯曼帝国统治下，亚美尼亚人惨遭屠杀，60多万人遇难，幸存者多以难民身份散布于俄国、埃及、伊朗、阿根廷、法国以及美国，就此，大批亚美尼亚人被迫离开他们的故乡，寓居世界各地，成为背负着沉重历史记忆的离散群体。

20世纪70年代中期，印度支那战争结束之后，大量难民涌向美国。美国每年接受的来自亚洲国家的难民数量超过了欧洲，这部分受难型离散群体受到学术界的广泛关注。以赫蒙族为例，美国有近30万背负沉重历史记忆的赫蒙族离散群体，对他们的研究也以美国学者为主。这些研究主要集中在美国赫蒙人的现实际遇与自身文化表达，包括生存策略与文化适应等方面。②

而在当代社会，巴勒斯坦人、叙利亚人等出于政治或战争原因成为最为显著和重要的离散群体，他们陷入了中东战乱，复杂的政治局势与宗教关系使不少人成为有家不能归的离散群体。此外，还有阿富汗、索马里、黎巴嫩等国家同样出于战争等因素产生了大量的政治受难型离

---

① 邓蜀生：《美国黑人的历史地位与现状》，《史学月刊》1990年第4期。

② Anne Frank, Robin Vue-Benson, "Recent Research and Publications on the Hmong (1994-1997)," *Hmong Studies Joural*, 1997 (3).

散群体。

世界政治局势虽然总体上稳定,但是局部战争依然不断。根据联合国难民署发布的报告,截至2014年,世界范围内的离散人群达5950万人,较前一年新增830万人,总人数达10年前的2倍。在流离失所者中,约有1950万人为政治受难型离散群体。①

2. 经济交往型

如果说政治受难型离散群体是基于客观现实被动选择的产物,那么经济交往型离散群体则是主动追求利益最大化的结果。总体而言,经济交往型可以分为帝国扩张型和劳工型两种,前者是从发达国家向发展中国家输出,后者反之。当代移民被两股力量所驱使:第一是发达国家繁荣的市场经济对于专业劳动力日益增长的需求,特别是对于低工资劳动力人口的需求;第二是外围发展中国家被先进发达国家通过产品投资和通俗文化所占据。②特别是像印度、菲律宾、中国等发展中国家每年有大量劳工通过公司派遣、短期合同等方式前往其他国家工作,这种离散群体在跨国移民研究中备受关注,积累了大量的研究成果。

现代世界经济的爆发式增长得益于资本和人力的流动,世界政治的稳定和市场经济的发展为跨国移民以及资本流动创造了条件。地理大发现带来了市场贸易中心的转移并促成了世界市场的形成,把亚洲、大洋洲、美洲的许多国家和地区联结成以西欧为中心的世界市场经济体。随着交通运输工具和通信技术的不断发展,全球范围的市场内人员和资本的流动更加快捷和畅通,伴随着国际市场分工出现的经济交往型离散群体将会愈发普遍。

一切人口现象都由经济发展决定,经济交往型的离散群体最能说明这一点。1853年,马克思在《强迫移民》中,首次论述了资本主义社会的人

---

① http://news.qq.com/a/20150907/043276.htm,新华网,2015年9月7日。
② Alejandro Portes, "Globalization from Below: The Rise of Transnational Communities," Princeton University, September 1997. An earlier version of this essay was published in W. P. Smith and R. P. Korczenwicz, *Latin America in the World Economy*, Westport, CN: Greenwood Press, 1996, pp. 151-168.

口迁移问题,指出不论是人口的国际迁移还是城乡间的流动,都直接受到生产力和生产关系的制约。经济交往型离散群体摆脱了以往政治避难和迫害的阴影,具有一种积极主动的特征,同时它还带来了诸如国际资本和人力的分配问题、贫困问题、可持续发展问题等专题,从市场经济的角度来解释离散问题,拓展了离散研究的理论空间。

3. 跨国移民型

跨国移民型离散群体与经济交往型离散群体类似,是与世界范围内移民现象相伴而生的。不同之处在于,经济型离散群体由短期经济行为形成,大部分会随着经济行为的结束而消失。而跨国移民型离散群体为久居异国的移民,因为社会融入等问题,不断聚拢形成具有母国色彩的离散社群。

在一些典型的移民国家中,这类离散群体问题比较明显。据2011年德国马歇尔基金项目的一项调查,有46%的法国人、48%的意大利人、53%的美国人、58%的西班牙人、68%的英国人认为,移民带来的问题多于机会。① 美国是世界上最大的移民国家之一,这里的爱尔兰后裔比爱尔兰的爱尔兰人还要多;美国犹太后裔比以色列的犹太人还要多;美国黑人的数量超过大多数非洲单一国家的总人口。波兰大多数主要城市的人口赶不上美国底特律一城的波兰后裔,而纽约市的意大利后裔则是威尼斯人口的两倍。② 世界范围内的三次移民浪潮分别发生在19世纪、20世纪初和20世纪后50年。这三次世界性的移民浪潮导致世界绝大多数国家的人口结构不断重组,根据联合国经济和社会事务部人口司2013年9月12日发布的《2013年国际移民政策》报告显示:2013年,世界移民总量达2.3亿人,占世界总人口3.2%,打破了之前的移民人口最高纪录,其中,仅在欧洲就生活着7200万外来移民。③ 全球大约每30人中就有1人是国际移民。而

---

① Anya Barry, "Europe's Dilemma: Immigration and the Arab Spring," May 25, 2012, http://fpif.org/.

② 托马斯·索威尔:《美国种族简史》,沈宗美译,中信出版社,2011,第20~25页。

③ 联合国官方网站, "International Migration Policies 2013," http://www.un.org/en/development/desa/population/publications/policy/international - migration - policies - 2013.Shtml。

在发达国家中,这一比例高达10%。① 在未来相当长一段时间内,跨国移民型离散群体将成为主流,必将引起学术界的持续关注。

(三)研究视角的转向

1990年以来,全球化带来移民潮的兴起,离散研究开始成为学术界的新热点。随着研究的深入以及社会现实背景的变迁,离散研究的视角与学者的研究志趣均发生了很大的转变,主要表现在以下几个方面。

1. 离散与回归

国外学者对于离散现象的研究最早集中在以犹太人为代表的受难型离散群体,通常将其与国族主义、族群认同和文化认同问题联系在一起。早期如威廉·萨夫兰(William Safran)② 等学者以母国为"中心",预设离散族群与母国持续不断的联系并以回归母国为目的。作为政治学教授,萨夫兰(Safran)并不赞同被泛化的离散概念及其研究,他明确了离散的定义并将个人研究重心放在了犹太人回归祖国的过程中,由此引发了离散研究母国中心论的议题。诺曼·所罗门(Norman Solomon)③ 的研究启蒙运动、反犹主义和以色列建国对犹太认同及犹太教对犹太人回归乃至复国的影响及功能,引起学术界的重视。其后的研究虽然不再强调母国"中心",但依然围绕母国和所在国的问题进行讨论。现代国家制度限制了公民的自由移动,摆在离散群体面前依然有两条交叉路:要么接受同化融入居住国,要么返回母国。④ 2009年,美国亚利桑那州立大学津田武(Takeyuki Tsuda)出版专著讨论离散者回归的现象。该书敏锐地发现近年来离散群体回归母国的人数逐渐上升,通过对欧洲和东亚的民族回归组织的研究,揭示出离散群体由于文化特征等因素在居住国被边缘化,不得不重新定义祖国

---

① 李明欢:《人口生态、人口政策与国际移民——联合国〈世界人口政策2007〉评述》,《东南学术》2011年第1期。

② William Safran, "Diasporas in Modern Societies: Myths of Homeland and Return," *Diaspora: A Journal of Transnational Studies*, Volume 1, Number 1, Spring 1991, pp. 83 – 99.

③ N. Solomon, *Judaism*, Sterling Publishing Company, Inc., 2009, pp. 10 – 19.

④ P. Gilroy, "Diaspora," *Paragraph*, 1994, 17 (3), pp. 207 – 212.

和家庭的含义，他们选择回归母国接受经济压力、母国移民政策等因素的综合影响。①

在时空聚合能力大幅提升的现代社会，距离已经不再是难以逾越的天然障碍，离散与回归的问题逐渐被学术界所重视。康威（D. Conway）等指出，特立尼达和多巴哥是加勒比地区重要的石油输出国，在大力发展建筑业、旅游业、金融保险业的过程中，大批有技术和资本的离散群体开始回归，参与到母国的经济发展和投资热潮中。通过大量的个案研究和深度访谈，作者发现，部分携带资本和技术回归的特立尼达人在经济发展中获得了相应的回报，但是也有部分回归者感到失望，对现实境况和经济回报并不满意，并产生了"re - return"（再回归）的想法。即便如此，这部分失望的回归者，其民族自豪感和家庭归属感得到加强，并促进了当地的发展。② 而在卢旺达的研究中，辛多（R. Shindo）敏锐地发现大部分离散在外的卢旺达人希望回到祖国，但是担心政治局势不稳定。在这个过程中，由机构主导的离散者回归项目产生了积极的作用，部分离散者的回归减少了卢旺达的人才流失，促进了祖国经济的发展。同时他们的回归作为样板，向外界传递出积极的信号，让更多身居海外的离散者能够看到先行者的现实境遇，从而决定是否回归。③ 津田武则从民族国家的角度讨论政府面临的困境：既希望接受海外移民促进经济发展，又担心影响民族国家的团结，单一的民族国家比多民族国家更担心这一问题。近几十年，大部分民族国家采用了移民政策，鼓励海外离散者的后代回国，以解决劳动力缺失问题，同时不用担心文化冲突等问题，因为他们是离散者的后代，与本国民众具有相同的文化基因和传统。文章还分析了欧洲和东亚国家的移民

---

① T. Tsuda, *Diasporic Homecomings: Ethnic Return Migration in Comparative Perspective*, Stanford University Press, 2009, pp. 1 - 5.

② D. Conway, R. Potter, G. Bernard, "Diaspora Return of Transnational Migrants to Trinidad and Tobago: The Additional Contributions of Social Remittances," *International Development Planning Review*, 2012, p. 34.

③ R. Shindo, "The Hidden Effect of Diaspora Return to Post - conflict Countries: The Case of Policy and Temporary Return to Rwanda," *Third World Quarterly*, 2012, 33 (9), pp. 1685 - 1702.

进行情感、文化和政治上的联系与沟通，从而建立和传播穆斯林之间的文化网络和共同叙事。① 斯图尔特·霍尔（Stuart Hall）则另辟蹊径，以离散在英国的黑人艺术家群体为研究对象，对比了二战后来到伦敦的第一代、"后殖民"时期的第二代、20世纪80年代出生的新一代等三个不同时期的黑人艺术家群体，通过他们的艺术运动来反映出不同时期黑人离散艺术家所遭遇的现实境况：第一代黑人艺术家表现出强烈的反殖民主义倾向；第二代出生在英国，其艺术运动更多表现出自我身份认同的需求；第三代则更加前卫，其艺术运动表现出对广泛的社会政治和文化发展的观点，更多的是对居住国现实问题的关注，比如种族主义、身份政治等。② 由此可见，虽然三代黑人艺术家离散群体所表达的意愿各异，但基于离散者外来身份的种族、身份认同等问题依然存在。

科特金（Kotkin）提出全球化部族的概念，列举了犹太人、英国人、日本人、中国人、印度人五个最为特殊的全球性离散群体，认为他们在离散外地的过程中，地域联系虽然淡化了，宗教与族裔及文化传统的联系却得以保持。③ 因为人口众多，海外华人成为国内外学术界关注的热点。陈志明（Tan C. B.）做了大量海外离散华人的研究。他最近出版的著作，汇编了世界各地华人的生存境况，包括美国、东南亚、欧洲等地。④ 此外，陈志明还研究了马来西亚⑤和拉丁美洲⑥等地的离散华人。梁文华（Leung M. W. H.）基于深度访谈和田野调查，勾勒出一幅当代德国华人离散社群的图景。定居于此的离散华人社群为他们构建了一个稳定的空间，承载了集体归属感和个人对"家"的想象，从而保障他们可以长久

---

① R. Tsagarousianou, "European Muslim Diasporic Geographies," *Middle East Journal of Culture and Communication*, 2016, p. 9.
② S. Hall, "Black Diaspora Artists in Britain: Three 'Moments' in Post-war History," *History Workshop Journal*, Oxford University Press, 2006, p. 61.
③ J. Kotkin, "Tribes: How Race, Religion, and Identity Determine Success in the New Global Economy," *Random House Incorporated*, 1993, pp. 1–5.
④ C. B. Tan, *Routledge Handbook of the Chinese Diaspora*, Routledge, 2013, p. 3.
⑤ C. B. Tan, "Chinese in Malaysia," *Encyclopedia of Diasporas*, Springer U. S., 2005, pp. 1–8.
⑥ Lai L. Walton, *The Chinese in Latin America and the Caribbean*, Brill, 2010, p. 34.

定居下去。①

以上从居住国现实境遇角度对离散概念进行的研究，分别侧重离散族群的群体意识、离散类型、跨国连接、多重认同、同质与异质性等，推动了该理论的发展。

3. 全球化视野下离散群体的跨国网络

全球化加速了移民进程以及人口的流动，近十年移民研究中最热的议题就是"离散"，它的研究对象从犹太人延伸到被迫离开祖国的巴勒斯坦人等受难型离散群体。离散现象的普遍性引发学术界对诸多新问题的思考，重新在"无界民族"（unbound nations）、"去疆域化"（deterritorialization）、"跨国主义"（trans-nationalism）等框架下对离散群体、跨国族群进行讨论。克利福德认为，"离散是一种生活在此地，又与彼处相连的意识，完全是冲突与对话中的文化与历史产物……而离散主体则是现代、跨国、文化互动的特殊形式"②。

科技的发展提升了人类时空聚合的能力，大大降低了沟通与交流的成本，这也为离散群体的跨国网络建构提供了必要条件，使"长程民族主义"和"无界民族"等现象成为可能。对于全球化视野下离散群体的讨论，阿帕杜来提出的"五大场景"较为全面，包括"移民（离散与国家之间的群体）、金融（全球资本的流动）、媒体（网络新媒体与电子通信）、科技（连接多国合作的技术）、理念（官方意识形态以及民间意识）"等。③ 郭又新通过对美国菲律宾裔移民的考察发现，菲律宾裔移民用电子汇款、通信联络、回乡探亲三种方式保持着与祖籍国的密切联系。④

除了技术手段的进步促成了跨国网络的建构和连接，还有什么力量或底层意识是关键性因素？是离散群体的民族眷恋、归属感，还是经济活动

---

① M. W. H. Leung, *Chinese Migration in Germany: Making Home in Transnational Space*, Frankfurt and London: IKO - Verlag für interkulturelle Kommunikation, 2004, p. 14.

② J. Clifford, "Diasporas", *Cultural Anthropology*, 1994, 9 (3), p. 3.

③ A. Appadurai, *Modernity at Large: Cultural Dimensions of Globalization*, University of Minnesota Press, 1996, pp. 1 - 10.

④ 郭又新：《现代的离散者——对美国菲律宾裔移民的另一种解读》，《世界民族》2007年第5期。

中的现实利益等？艾克曼（T. D. Erkmen）通过对伊斯坦布尔和纽约两个地方从事跨国商业活动的离散人群进行深度访谈，认为日久他乡是故乡。跨国离散群体之所以能够"扎根海外"，是因为民族眷恋仍然持续发挥作用，同时流动的生活、多场域的特殊经历以及向上的社会流动也增强了他们的民族归属感。[1] 五个不同国家的库尔德人组织的案例则展示了跨国离散社群以及跨国网络的复杂性：一方面，离散群体具有多重认同和多重身份，他们从事各种类型的跨境活动和交互，同时连接两个甚至更多的社会；另一方面，就政治思想和运动而言，离散群体往往被定性为民族主义者，其中混合了民族认同、工具理性和政治诉求。库尔德人的现实利益诉求促成了跨国网络的形成，追求政治多元化。[2] 东南亚3000万离散到世界各地的人群鲜为人知，可以划分为殖民时代的旧离散者和全球化时代下产生的新离散者，身份的变化带来自我认同问题，迫于居住国的政治压力、经济压力、认同困境等聚居而成的离散社区为彼此提供了一个暂时的避风港。然而为了形成更稳固的族群边界和认同，借由现代信息通信工具以及商业联系而结成的跨国网络实现了这个目的。[3]

针对无界民族、跨国主义等现象，有学者认为随着现代互联网技术和通信技术的发展，维护离散群体跨国网络的成本越来越低，这在一定程度上降低了他们对居住国的国家认同。亨廷顿调查发现，美国24家大型跨国企业的总裁认为自己是世界居民，不关心国籍，甚至断言，如果哪个国家的国籍比美国护照更方便的话，他们宁可更换国籍。在亨廷顿看来，许多美国精英实际上已经"去国族化"（denationalization），这种商业上的跨国离散现象构成了对美国国家认同的巨大挑战。[4] 从这个角度上看，离散族

---

[1] T. D. Erkmen, "Houses on Wheels: National Attachment, Belonging, and Cosmopolitanism in Narratives of Transnational Professionals," *Studies in Ethnicity and Nationalism*, 2015, p. 15.

[2] A. C. Emanuelsson, "Diaspora Global Politics: Kurdish Transnational Networks and Accommodation of Nationalism," *Department of Peace and Development Research*, Göteborg University, 2005, p. 45.

[3] Rai Rajesh, and Peter Reeves, eds., *The South Asian Diaspora: Transnational Networks and Changing Identities*, Routledge, 2008, p. 33.

[4] 范可：《移民与"离散"：迁徙的政治》，《思想战线》2012年第1期。

群将加强母国认同,从而为"长程民族主义"以及"跨国网络"等提供了可能性。安德森认为,长程的民族主义会使人们依然感受到母国的重要性,但同时又在不断为自己的新身份辩护。①

总体上,离散群体的跨国联系愈发频繁,不再局限于点对点,而是多个国家之间的跨国网络,比如海外华人网络。在全球化背景下,离散已经扩展为不断变化和发展的跨国组织。在这个十字路口,媒体技术、跨国连接和文化改造成为关键因素。②

(四)关于离散研究的几点思考

1991年,赛峰(Safran)创办了学术期刊《离散》(*Diaspora*),从而为离散研究提供了一个交流与互动的平台,推动了世界范围内的离散研究。离散研究的快速发展,其内涵逐渐与族群认同(ethnic identity)、国族主义(nationalism)和文化认同(cultural identity)联系在一起。20世纪后半叶,"离散"现象从真实客观的族群主体逐渐发展成为"文化离散",文化的离散意味着遭遇一种异国传统文化,但是又没有散失自身文化认同,而是产生了一种对故土(homeland)家国的集体认同。如今,离散族群并非将寻求回归故国当作集体诉求,而是转向对族群文化的理解和认同。而且,"文化离散"由于摆脱了"母国中心论"的束缚和政治压力的局限,反而激发出群体成员在经济和文化上的创造力,这亦使离散族群的悲惨历史翻开了新的一页。③

1. 殊途同归:日久他乡是故乡

无论是受难型、经济交往型还是跨国移民型离散群体,其行为背后都有一个共同的规律,即追寻更好的生存境况。除了短期的经济交往型离散群体,大多数离散者不以回归为目的。动物界大部分迁徙行为发自

---

① 本尼迪克特·安德森:《民族主义研究中的新困惑》,http://chuansong.me/n/2032940,2016年5月13日。
② R. Tsagarousianou, "Rethinking the Concept of Diaspora: Mobility, Connectivity and Communication in a Globalised World," *Westminster Papers in Communication and Culture*, 2004, p. 1.
③ 刘冰清、石甜:《族群离散与文化离散研究的来龙去脉》,《学术探索》2012年第2期。

本能，目的是生存，往返于两地之间，形成一个回路。没有大脑的海洋无脊椎动物水母随着太阳运行轨迹，随波逐流进行日常迁徙是为了得到丰富的藻类食物和能量；更高级的哺乳动物如驯鹿则在成年母鹿的带领下进行定向集体迁徙；鱼类的迁徙被称为洄游，包括生殖洄游、觅食洄游和季节洄游；候鸟则采取逐温暖而居的迁徙方式，大多往返于南北半球之间。

与此不同，人类各族群大部分的离散行为往往不以回归为目的，而是为了更好地生存，大多数情况下，回归的数量相对较少。举例来说，犹太人是最典型的早期受难型离散群体。即便如此，犹太人建国以色列之后，从世界范围来看，一半以上的犹太人依然生活在以色列之外。截至2010年，全世界犹太人总计1342.8万人。其中，排名第一为以色列，共570.4万人，占42.5%；美国紧随其后，约527.5万人，占39.3%，两国总计近82%[1]。一些美国社团甚至公开发表声明，声称他们忠于美国，并非处在"离散"中的族群。[2] 对于一个在居住国安居乐业的族群来说，日久他乡是故乡或许是最好的解释。离散的存在方式也许是犹太文明对世界最重要的贡献，向我们证明了"民族和土地并非天然有机的联结，一个民族不用控制土地也可以保持其独特文化及差异性"[3]。

2. 关注现实：放下历史纷争

对于不同的离散群体，学术界存在一个认识上的误区：受难型离散群体人数少，处于劣势，现实境况不佳；经济交往型中的帝国扩张型相对强势。然而站在历史的角度看，人类都是从非洲大裂谷走出来的，相当多国家和地区的原住民都并非主体民族。新西兰的早期欧洲移民在人数上处于劣势，但最终成为这个国家人口的大多数；老挝的原住民是分布在半山区

---

[1] S. Della Pergola, "World Jewish Population, 2012," *American Jewish Year Book* 2012, Springer Netherlands, 2013, pp. 2-6.

[2] Zvi Ganim, *An Uneasy Relationship: American Jewish Leadership and Israel*, Syracuse University Press, 2005, pp. 4-25.

[3] D. Boyarin, J. Boyarin, *Diaspora: Generation and the Ground of Jewish Identity*, Critical Inquiry, 1993, p.19.

以克木人为代表的南亚语系、南岛语系等 34 个民族，然而最终成为主体民族的却是后来居上的以佬族为代表的壮侗语族。

目前学术界对离散群体在居住国的现实境况研究是一个很好的趋势，应该避免在历史中自我陶醉的倾向。奥斯曼土耳其帝国盛极一时，地跨亚欧非大陆，然而土崩瓦解之后国土不到之前的 1/7，各族群离散到周边各地。土耳其要做的不是顾影自怜，而是如何处理好国内的宗教矛盾，发展经济。同样，美国有近 30 万背负沉重历史记忆的赫蒙族离散群体，然而摆在他们面前的不是缅怀祖先战神蚩尤，而是如何解决生存策略与文化适应的问题。

3. 和合共生：离散者的未来

人类的基因组破解之谜告诉我们：人类与大部分动物共享着一部分基因。这说明人类是从动物进化而来的，身上具有动物的属性，包括自私、暴力等倾向。然而，人类社会与动物界之所以不同，在于人类的社会性和文化性。人类的社会性产生了分工协作，文化性带来了文明的发展和反动物性，比如尊老爱幼，不再弱肉强食。总体而言，人类不断向更高级的文明发展，这个世界的暴力倾向总体上在减弱。在早期野蛮的暴力社会，排他而为我。今天，人类社会处在互联网的共享经济时代，分工协作比以往任何一个时代都要重要和普遍。不管你是不是离散者，和当地主体民族只是一个先来后到的问题，在总体趋于和平共处的时代，和合共生是摆在离散者和所有人面前的一条康庄大道。

正如《离散》杂志创刊号中所讲，作为"跨国的他者"，离散群体应该成为"跨国关系的模范社群"。在"递弱代偿"① 的人类社会，个体的独立性越来越弱，与他者的依存度越来越高，必须通过分工协作实现互利共赢。因此，离散者必须与其他族群一起，在物质、文化交换的复杂过程中，相互理解、相互合作，最终实现和合共生。"参差多态乃幸福的本源"②，学术界理应在拓展离散语义内涵的同时，把握其在当代社会的现实

---

① 子非鱼（王东岳）：《物演通论》，陕西人民出版社，2009，第 2~4 页。
② 伯特兰·罗素：《西方哲学史》，文利译，陕西师范大学出版社，2010，第 5 页。

意义，增进各族群之间的相互理解，为全球化之下的当代世界提供更多和合共生的样本。

二 老挝赫蒙族研究综述

当前国内外专家学者对老挝各民族特别是赫蒙族研究有待深入。国外学者对老挝的早期研究兴趣多集中在老挝的族群结构和族群多样性，早期的研究主要是法国、英国、德国、美国等国的传教士、探险家、殖民官员、商人、军人、学者等对老挝赫蒙族的种族、语言文化、风俗习惯、宗教信仰、神话传说等方面做的描述和记录，多采用"浅描"的方法。比如日本民族学家鸟居龙藏的《苗族调查报告》[①]，全面研究了贵州中部往西以及云南武定一带苗族的族称、分布格局、体质、语言、风俗习惯等，并介绍了西方关于中国及东南亚苗族研究的情况，对中国的苗族研究产生了重要的影响；法国传教士萨维纳 1924 年在香港由外方传教会学会出版了《苗族史》[②]，全书共四章，分别对苗族的语言、宗教信仰和神话传说及其风俗习惯进行了描述，其中第二章特别对东南亚赫蒙族（Hmong）和中国苗族之间的迁徙关系进行了考证，该书是二战前综合研究东南亚赫蒙族和中国苗族最权威的著作，具有较高的学术价值。此外，法国作为殖民政府，对老挝的研究成果最为丰富，其中《印度支那考察见闻录》《军事地的民族志》《东京府北部的民族志》《法属印度支那各族人民》等书记录了早期印支国家中赫蒙族的情况。

海外学者对老挝赫蒙族研究的第二个阶段，开始在前人的基础上用"全描"或"深描"的方法，对赫蒙族的历史、迁徙历史、仪式、文化变迁等方面进行深入研究，以期在理论上有所建树。法国天主教传教士贝尔特海长期在老挝从事宗教传播和社会经济发展工作，他怀着雄心于 1964 年

---

① 鸟居龙藏：《苗族调查报告——国际视野中的贵州人类学》，贵州大学出版社，2009。
② 萨维纳：《苗族史》，立人译，贵州大学出版社，2014。

出版了《赫蒙族词典》^①一书，这是一部法文与赫蒙文对照的词典，也是世界上第一部基于PRA^②文字系统的赫蒙文词典；法国人莫丽桑（Guy Moréchand）对印支国家赫蒙族的宗教信仰和巫术有深入的研究，相继发表了《泰人领地下一个白苗区的人口学札记》^③、《印度支那白苗巫术概论》^④、《赫蒙族巫术》^⑤；美国人类学博士巴尼（G. L. Barney）早期在老挝川圹省从事基督教传播和学术研究，在田野调查的基础上发表了《基督信仰：赫蒙族文化革新》^⑥、《川圹省的赫蒙族》^⑦、《东南亚斯维顿文化研究》^⑧。其中《川圹省的赫蒙族》是一篇研究老挝赫蒙族在老挝内战之前社会文化的专业民族志；法国人李穆安（J. Lemoine）以《青苗的社会组织》获得法国巴黎大学博士学位，并在此基础上出版了专著《一个上寮青苗村寨》，该书详细论述了赫蒙族的语言文字、生活环境、村寨结构、迁徙历史、文化习俗、农业生产、社会组织等，是一篇"全描"的经典民族志，并奠定了国外苗瑶族群研究领域的权威地位；杨道（Yang Dao）是第一位赫蒙族高级知识分子，于1972年在法国巴黎索邦大学获得经济与社会发展专业博士学位，发表《老挝赫蒙族群体的社会经济发展之困境》^⑨、《老挝赫蒙族面向发展》^⑩、《转折点上的赫蒙族》^⑪；恩布瑞（John F. Embree）在

---

① Y. Bertrais, *Dictionnaire hmong - français*, Vientiane: Mission Catholique, 1964.
② "PRA"即"the Romanized Popular Alphabet"的缩写，意为"罗马字母通行文字"。
③ G. Moréchand, *Notes Demographiques Sur un Canton Meo Blanc du Pays Tai*, Bulletin de la Societe des Etudes Indochinoises de Saigon, 1952, p. 27.
④ G. Moréchand, *Principaux traits du chamanisme méo blanc en Indochine*, Bulletin de l'École française d'Extrême - Orient, 1955, pp. 509 - 546.
⑤ G. Moréchand, *Le chamanisme des Hmong*, Bulletin de l'École française d'Extrême - Orient, 1968, pp. 53 - 294.
⑥ G. L. Barney, *Christianity: Innovation in Meo Culture: A Case Study in Missionization*, University of Minnesota, 1957.
⑦ G. L. Barney, J. M. Halpern, *The Meo of Xieng Khouang Province*, University of California, 1957.
⑧ G. L. Barney, *An Analysis of Swidden Cultures in Southeast Asia*, University of Minnesota, 1970.
⑨ Yang D., *Les difficultés du développement économique et social des populations hmong du Laos*, Universite de Paris, 1972.
⑩ Yang D., *Les Hmong du Laos face au développement*, Edition Siaosavath, 1975.
⑪ Yang D., *Hmong at the Turning Point*, Worldbridge Assocs Limited, 1993.

对东南亚区域进行综合研究的基础上,与他人合著发表了《东南亚北部的族群》①、《东南亚大陆民族与文化文献书目》②,成为东南亚族群研究者的重要参考书;纽黑文人类关系区域档案(HRAF)的主要参与人哈尔彭和勒巴是对老挝社会与文化进行综合研究的学者,哈尔彭主持了一个老挝研究项目,发表专著有《老挝经济与社会概要》等。勒巴主持的 HRAF 重大项目有《大陆东南亚族群概览》、《老挝:民族、社会与文化》③;澳大利亚人类学家格迪斯从 1958 年开始在泰国北部的赫蒙族地区从事长期的田野调查工作,最终于 1976 年出版了专著《山地的移民——泰国青苗的文化生态》④,详细探讨了赫蒙族的起源、分布、迁徙、鸦片种植在经济中的地位等内容,被封为东南亚赫蒙族研究的经典;李亚(Gary Yia Lee)是老挝裔赫蒙族中继杨道之后又一位著名学者,于 1981 年在澳大利亚悉尼大学获得人类学博士学位,发表了《白苗社会经济发展措施的效果研究》⑤、《老挝少数族群政策与赫蒙族》⑥、《老挝的少数族群与国族建构:寮人国度中的赫蒙族》⑦ 等。此外,越南学者淮阮 1996 年出版《老挝的族群结构》,德国学者乔希姆 2002 年出版《老挝的族群》,越南黎巨捻出版《现今老挝的民族分布》,日本学者谷口裕久出版《论赫蒙族(苗族)之分布及其生

---

① J. F. Embree, Jr W. L. Thomas, *Ethnic Groups of Northern Southeast Asia*, New Haven: Yale University Southeast Asia Studies, 1950.
② J. F. Embree, L. O. Dotson, *Bibliography of the Peoples and Cultures of Mainland Southeast Asia*, New Haven: Yale University Southeast Asia Studies, 1972.
③ F. M. Le Bar, Suddard A., *Laos. Its People, Its Society, Its Culture*, New Haven: HRAF Press, 1960.
④ W. R. Geddes, *Migrants of the Mountains: The Cultural Ecology of the Blue Miao (Hmong Njua) of Thailand*, Clarendon: Oxford University Press, USA, 1976.
⑤ G. Y. Lee, *The Effects of Development Measures on the Socio-economy of the White Hmong*, University of Sydney, 1981.
⑥ G. Y. Lee, *Minority Policies and the Hmong in Laos*, St. Lucia: Queensland University Press, 1982.
⑦ G. Y. Lee, *Ethnic Minorities and National-Building in Laos: The Hmong in the Lao State*, Peninsule, 1985, pp. 215 – 232.

活文化的变迁》①等。法国莫丁（J. Mottin）1980年出版的《赫蒙族史》②，分别以中国、越南、老挝、泰国四个国家的顺序来写赫蒙族的历史。美国人昆西（Keith Quincy）1988年出版了《Hmong：民族史》③，首先追溯了赫蒙族的起源以及在中国、印度支那的历史，然后重点描述赫蒙族在老挝的历史。

海外赫蒙族研究的第三个阶段发生在1975年"秘密战争"之后，随着大批老挝赫蒙族难民迁入美国、法国、加拿大等西方国家，美国等国家的赫蒙族移民开始成为学者研究的新对象，产生了大量的研究成果。1981年与1983年，美国明尼苏达州大学先后召开了第一、二届西方赫蒙族研讨会，并出版了《赫蒙族在西方》与《赫蒙族的变迁》两本重要的研究文集，标志着西方赫蒙族研究进入新的阶段。目前，美国有近30万背负沉重历史记忆的赫蒙族离散群体，对他们的研究也以美国学者为主。这些研究主要集中在两个方面。其一，美国赫蒙族人的现实际遇与自身文化表达，包括生存策略与文化适应等。比如美国赫蒙族人Chia Youyee Vang发表的《美国赫蒙族在离散中重建社区》④，该书详细描述了老挝赫蒙族移民美国的艰辛历程以及在美国重建赫蒙族社区时遇到的社会冲突与矛盾，是研究美国赫蒙族的经典之作。其二，"秘密战争"与赫蒙族迁徙。汉密尔顿（Jane Hamilton - Merritt）发表了《绝望的山岭：赫蒙（Hmong）人、美国和秘密战争》⑤，昆西（Keith Quincy）发表了《收获巴斋的小麦：老挝赫蒙族与美国秘密战争》⑥。一部分学者研究赫蒙族迁往世界各国重建生活家

---

① 谷口裕久：《论Hmong人（苗族）之分布及其生活文化的变迁》，《西南边疆民族研究》2011年第2期。
② J. Mottin, *History of the Hmong*, Bangkok: Odeon Store Ltd. part, 1980.
③ K. Quincy, *Hmong：History of a People*, Eastern Washington University Press, 1988.
④ C. Y. Vang, *Hmong America：Reconstructing Community in Diaspora*, University of Illinois Press, 2010.
⑤ J. Hamilton - Merritt, *Tragic Mountains：The Hmong, the Americans, and the Secret Wars for Laos*, 1942 - 1992, Indiana University Press, 1993.
⑥ K. Quincy, *Harvesting Pa Chay's Wheat：The Hmong and America's Secret War in Laos*, University of Washington Press, 2000.

园，如华裔学者陈素真（Sucheng Chan）发表的《追寻自由：老挝和美国的赫蒙族》[1]；美国加州大学斯特尼斯劳斯分校杨寇（Kou Yang）发表《秘密战争之后的美国赫蒙（Hmong）人：1975～2000》[2]，详细介绍了美国赫蒙族人在25年间的社会变迁与文化重构；澳大利亚人类学博士李亚（Gary Yia Lee）发表的《文化与适应：澳大利亚赫蒙族人难民》[3]、《赫蒙族人社会关系的宗教表现形式》等。此外，道宁（B. T. Downing）主编的《西方苗族调查报告》[4]、亨德瑞克（Glenn L. Hendricks）主编的《变迁中的赫蒙族人》[5]，是两部关于美国赫蒙族人难民的文化适应、语言学习等内容的论文集。

由于海外民族志研究困难重重，国内学者有关老挝的研究成果不多。代表性的著作有周建新先生《中越中老跨国民族及其族群关系研究》[6]、石朝江《世界苗族迁徙史》[7]、黄兴球《老挝族群论》[8]、石茂明《跨国苗族研究》[9]等，这些研究走在国外研究的前面，系统地介绍了老挝的族群划分、老挝与中国的跨国民族，并从跨国的视角来研究苗族等，对老挝民族研究、中老跨国民族研究具有开创性的意义。主要论文有周建新《老挝的民族识别与划分及其未来发展》[10]、范宏贵等《老挝佬族起源研究文集》[11]、刘向阳

---

[1] S. Chan, *Hmong Means Free：Life in Laos and America*, Temple University Press, 2010.

[2] K. Yang, "Research Note：The Hmong in America：Twenty–five Years after the US Secret War in Laos," *Journal of Asian American Studies*, 2001, pp. 165–174.

[3] G. Y. Lee, *Culture and Adaptation：Hmong Refugees in Australia*, *the Hmong in Transition*, New York：Center for Migration Studies, 1986, pp. 55–72.

[4] B. T. Downing, D. P. Olney, "The Hmong in the West：Observations and Reports," *Minneapolis：Center for Urban and Regional Affairs*, University of Minnesota, 1982/1985.

[5] G. L. Hendricks, *The Hmong in Transition*, Center for Migration Studies of NewYork, Inc. & the Southeast Asian Refugee Studies of the University of Minnesota, 1986.

[6] 周建新：《中越中老跨国民族及其族群关系研究》，民族出版社，2002。

[7] 石朝江：《世界苗族迁徙史》，贵州人民出版社，2006。

[8] 黄兴球：《老挝族群论》，民族出版社，2006。

[9] 石茂明：《跨国苗族研究》，民族出版社，2004。

[10] 周建新：《老挝的民族识别与划分及其未来发展》，《贵州民族研究》2001年第2期。

[11] 范宏贵、黄兴球、卢建家：《老挝佬族起源研究文集》，世界图书出版公司广东有限公司，2011。

《苗族向东南亚迁徙的过程及原因探悉》[①]、许红艳《老挝的民族问题与民族政策》[②]、麻勇斌《苗族跨国认同研究的四个问题》[③]，等等。

在此基础之上，国内一些学者针对老挝赫蒙族也开展了一些研究，取得了一定的成果，比如罗有亮《老挝的苗族》[④]、陶红《老挝苗族的婚嫁习俗》[⑤]、宋宏梅《泰国的老挝苗族难民问题》[⑥]、郝国强《老挝苗族新年上的跨国婚姻——以老挝川圹省丰沙湾市蒙毕县邦洋村为例》[⑦]、姚佳君《社会变迁中的族群认同与族群关系》[⑧] 等。同样，在老挝苗族难民离散到西方各国的过程中，国内学者也开始前往西方进行研究，代表性的有：高望等《迁居美国后的老挝苗族对其传统婚姻的态度》[⑨]、吴晓萍等《美国苗族移民的社会网络关系》《穿越时空隧道的山地民族：美国苗族移民的文化调适与变迁》[⑩]、吴晓萍《美国苗族移民的巫师信仰和实践》[⑪]、张晓《美国社会中的苗族家族组织》[⑫]、张霜《美国明尼苏达州苗族妇女的职业培训》[⑬]、

---

① 刘向阳：《苗族向东南亚迁徙的过程及原因探悉》，《昆明学院学报》2009 年第 2 期。
② 许红艳：《老挝的民族问题与民族政策》，《曲靖师范学院学报》2010 年第 2 期。
③ 麻勇斌：《苗族跨国认同研究的四个问题》，《中国世界民族学会会员代表大会暨学术讨论会论文集》，2010。
④ 罗有亮：《老挝的苗族》，《世界民族》1997 年第 3 期。
⑤ 陶红：《老挝苗族的婚嫁习俗》，《东南亚纵横》1988 年第 2 期。
⑥ 宋宏梅：《泰国的老挝苗族难民问题》，《东南亚南亚研究》2016 年第 3 期。
⑦ 郝国强：《老挝苗族新年上的跨国婚姻——以老挝川圹省丰沙湾市蒙毕县邦洋村为例》，《广西民族大学学报》（哲学社会科学版）2013 年第 1 期。
⑧ 姚佳君：《社会变迁中的族群认同与族群关系》，广西民族大学博士研究生论文，2014。
⑨ 高望、龙基成：《迁居美国后的老挝苗族对其传统婚姻的态度》，《世界民族》1987 年第 4 期。
⑩ 吴晓萍、何彪：《美国苗族移民的社会网络关系》，《贵州民族研究》2003 年第 4 期。吴晓萍、何彪：《穿越时空隧道的山地民族：美国苗族移民的文化调适与变迁》，贵州人民出版社，2005。
⑪ 吴晓萍：《美国苗族移民的巫师信仰和实践》，《贵州民族大学学报》（哲学社会科学版）2004 年第 1 期。
⑫ 张晓：《美国社会中的苗族家族组织》，《民族研究》2007 年第 6 期。
⑬ 张霜：《美国明尼苏达州苗族妇女的职业培训》，《中国民族报》2007 年第 12 期。

刘向阳《美国苗族人研究》①、吴艳《美国社会中苗族移民的文化交融》②、王薇《美国苗族英语文学中的文化身份认同》③。此外，关于海外苗族研究的文献梳理类文章有，蒙昌配和龙晓宇的《百年来海外苗学的苗族文字研究文献述论》④、龙晓宇《百年海外苗学信息动态研究的学术价值与现实意义》⑤、纳日碧力戈《全球学术对话背景下的海外苗瑶学术文献资源研究——寄语"海外苗瑶研究"栏目》⑥、何泠静《新世纪以来海外苗族研究述评与译介》⑦。

第四节　主要概念与研究方法

一　主要概念

（一）苗族与赫蒙族

苗族有三大方言，从人口及其分布来看，持西部方言的苗族人口最多、分布最广。赫蒙人又是西部方言八个次方言中人口最多的一支，其人口占到西部方言人口的61.3%，甚至在中国苗族总人口中也占到24.4%，比东部方言苗族人口比例还高。赫蒙人广泛分布在贵州、云南、四川省境内，总人口约200万，其中云南省文山州是赫蒙人最大的聚居区。在国外，赫蒙族主要分布在越南、泰国、老挝、缅甸、美国、法国、澳大利亚、加拿大等。⑧

---

① 刘向阳：《美国苗族人研究》，《世界民族》2009年第6期。
② 吴艳：《美国社会中苗族移民的文化交融》，《人民论坛》（中旬刊）2016年第6期。
③ 王薇：《美国苗族英语文学中的文化身份认同》，《中央民族大学学报》（哲学社会科学版）2016年第2期。
④ 蒙昌配、龙晓宇：《百年来海外苗学的苗族文字研究文献述论》，《民族论坛》2014年第8期。
⑤ 龙晓宇：《百年海外苗学信息动态研究的学术价值与现实意义》，《原生态民族文化学刊》2014年第6期。
⑥ 纳日碧力戈：《全球学术对话背景下的海外苗瑶学术文献资源研究——寄语"海外苗瑶研究"栏目》，《民族论坛》2014年第8期。
⑦ 何泠静：《新世纪以来海外苗族研究述评与译介》，《铜仁学院学报》2016年第2期。
⑧ 石茂明：《跨国苗族研究》，民族出版社，2004，第122页。

在东南亚，越南、老挝的赫蒙族最为集中，在他们的族群历史上"Miao"是一个不被接受的称谓。因此在东南亚与西方各国及学术界现在一般根据他们的自称，称他们为"赫蒙族人"。

（二）离散与文化离散

离散是本书讨论的重点概念，具体内容已经在前面文献综述中阐述，在此不再赘述。

20世纪后半叶，"文化离散"现象开始不断受到学术界的重视。一般认为，"文化离散"指的是离散群体遭遇异国文化，但是又没有散失自身文化认同，而且产生了一种对故土（homeland）家国的集体认同。1997年，科恩（Robin Cohen）在过去政治型、经济型离散群体的基础上进一步将离散群体划分为四种类型：劳工型（印度人），帝国型（英国人），贸易型（中国、黎巴嫩），文化离散型（加勒比海），首次提出"文化离散"型离散群体。从离散群体的历史发展来看，离散族群并非将寻求回归故国当作集体诉求，而是转向对族群文化的理解和认同。而且，"文化离散"由于摆脱了"母国中心论"的束缚和政治压力的局限，反而激发出群体成员在经济和文化上的创造力，这亦使离散族群的历史翻开了新的一页。本书的"文化离散"概念有两层含义：其一，指代一种新型离散群体，如加勒比人①；其二，指在过去各种客观离散群体身上发展出来的一种文化变迁、重构的文化现象，也是本书主要探讨的内容之一。

二 研究方法

（一）多点民族志

早期人类学的传统之一是在异文化中选择一个固定的田野点进行长达半年以上的调查，通过对其文化全貌的描述来呈现人类学的整体

---

① "加勒比"（Caribbean）一词一般用来指加勒比海地区所有岛国，具体包括古巴、巴巴多斯、多米尼加共和国、牙买加、海地、特立尼达和多巴哥等。

观,从而更深入地理解一个民族的文化内涵。费孝通认为,一方面该田野点要足够小,小到研究者可以亲自感受文化震撼,并有精力做到全面调查。另一方面又不能太小,应该能够提供当地人的文化全貌。① 费氏因此选择了江村为田野点,开创了以村落为基本单位的中国人类学社区研究的传统。这也是大多数中国人类学家开展研究的惯用方法,选择足够小的田野点进行单点民族志的调查研究与写作,一般以村或屯为单位。

然而,针对特定的调查对象和主题,单点民族志的做法并非最科学的选择,必须求助于"多点民族志"。乔治·马尔库斯认为,"多点民族志"是指在多个田野点针对同一主题所做的民族志,这种做法可以帮助民族志摆脱单地点的局限性。② 为了获得研究的意义,必须将研究对象或主题放在更大的政治经济体系和特定的历史情境中去寻找。③ 多点民族志旨在建构一种包含多个地点的单一文本民族志,探究两个及以上区位在时空场合中的相互联系,揭示体系或制度所涵盖的地方生活面貌,以便以更具人文意味的术语来解释其抽象性。

多点民族志毫无疑问比单点民族志具有更加宽广的视野,但大大增加了调查的难度,同时调查的深度也难以保证。老挝赫蒙族的离散路径是本书的田野调查主线,它并非一个固定的点,而是几条线,因此只有沿着老挝赫蒙族离散的路径来开展多点民族志研究才会对其有更为深入的理解。根据现实情况,笔者并非局限在一个村落当中,而是在赫蒙族离散路线的重要节点上选择了3个村子做重点调查:老挝赫蒙族的大本营所在地的三赛村,国内二次迁徙的重要节点南光村,赫蒙、佬族杂居和合共生的典型代表邦洋村。这种"多点"调查的设计是意料之外的,是在田野调查过程当中根据实际情况做出的调整和修正。为了克服多点

---

① 费孝通:《江村农民生活及其变迁》,敦煌文艺出版社,1997。
② G. E. Marcus, "Ethnography in/of the World System: The Emergence of Multi-sited Ethnography," *Annual Review of Anthropology*, 1995, pp. 95 – 117.
③ 乔治·E. 马尔库斯、米开尔·M. J. 费彻尔:《作为文化批评的人类学》,王铭铭、蓝达居译,生活·读书·新知三联书店,1998,第118~119页。

民族志深度的问题，在四年多的时间里，笔者多次进行田野调查工作，在老挝调查的时间加起来有 8 个月，并保证每个田野点都有 1 个月以上的时间，同时带上研究助手帮助收集资料和访谈，最终顺利完成了调查任务。

（二）文献与口述结合

王国维的"二重证据法"代表了 20 世纪汉语界学者普遍使用的历史探讨方法，强调文献的重要作用，并将"地下"与"地上"相验证。陈寅恪将其特征归结为：其一，考古实物与文献记载相对照；其二，正史记载与野史文献相对照；其三，现有材料与外来观念相参证。① 在田野调查和研究的过程中，民族学家黄现璠逐渐认识到，民族学研究中同样可以采取该方法，但二重证据法往往不能解决民族学研究中遇到的典型问题，即历史文献大量缺失，不能解释现有问题。他提倡在纸上之材料、地下之新材料之后加上口述史料，结合口述史料研究历史学、民族学。在此基础之上，人类学者开始使用"三重证据法"，在考古资料和文字资料之外再加入文化人类学的口述资料与参与观察等方法的运用。② 这是民族学人类学为近现代学术研究提供的一个重要研究方法。

国内学者常常在民族志写作的过程中，采取翻阅文献、参与观察、访谈等方法，从而获取丰富而立体的资料。特别是在部分文化底蕴深厚的汉族地区，有着大量地方史志、民间文本、碑刻等文献资料。然而，在老挝赫蒙族的研究过程中，由于国家文化发展的阶段以及民族文化的特色差异，笔者无法找到类似的丰富文献资料，仅能发现零星的外文文献。因此，本书的主要资料来自田野调查过程中的观察和访谈，部分来自国内外同行的近期研究成果，较少运用传统意义上的古文献。田野调查中最有效的策略就是没有策略。③ 在实际操作过程中，笔者更多采取非正式的访谈

---

① 陈寅恪：《王静安先生遗书序》，《中学历史教学》2006 年第 4 期。
② 叶舒宪：《人类学"三重证据法"与考据学的更新》，《书城》1994 年第 1 期。
③ 大卫·费特曼：《民族志：步步深入》，龚建华译，重庆大学出版社，2007，第 12 页。

策略，以便能够获取更丰富的口述史资料以及能够反映出整个文化样貌的文本。只有怀着一颗同理心，发自内心地与被访谈对象真诚地沟通与交流，虚心向他们学习，才能获得高质量的第一手资料。没有任何道路可以通向真诚，真诚本身就是道路。

第一章
赫蒙族的迁徙与离散

第一节　老挝赫蒙族的源流

苗族起源于中国，历史悠久，其先祖可追溯到原始社会时期活跃于中原地区的蚩尤部落。苗族历来骁勇善战，蚩尤更为上古时代九黎族部落酋长，被尊为中国古代神话中的战神。蚩尤部落最终在"逐鹿之战"中战败，开始了漫长的迁徙。专家考证，苗族在历史上历经五次大迁徙[①]，大致路线是由黄河流域至湘（湖南），至黔（贵州），至滇（云南）、桂（广西）等地。部分苗族于19世纪开始经过云南进入越南、泰国、老挝等东南亚国家。1975年老挝"秘密战争"结束后，老挝赫蒙族经过泰国难民营向美国、法国、加拿大等西方国家避难，完成了由中国古民族向国际性民族的转变。

老松族系中诸多民族较晚才从中国南方迁去，故有人称之为"中国系"。有学者认为，自唐宋以来，苗族就分布在湘西至贵州境内，瑶族分布在湘西南与广东、广西地带。后来苗瑶不断南迁，一部分进入老挝、越南、泰国。张凤岐先生认为："自公元13世纪以来，历元、明、清三朝，苗瑶陆续向中国西南的云南及印度支那半岛的北部迁徙。"[②]

在苗族迁入老挝的具体时间上，有学者认为，1810~1820年，苗族开始逐渐从中国四川、贵州、云南等区域迁徙至越南境内，后又转迁到老挝。迁往老挝的部分苗族在越南停留的时间不长，许多只是经过越南。老挝人坎占·巴迪的《老挝外交史》一书提出："苗族和瑶族于1840年开始

[①] 石朝江：《苗学通论》，贵州民族出版社，2008，第211~222页。
[②] 转引自陈水逢《东南亚各国略史与现势》，台北，商务印书馆，1969，第163页。

从中国南方来到老挝各省。"① 美国出版《老挝地区手册》和《老挝——它的人民、社会和文化》二书都认为苗、瑶最早出现于老挝是在1850年。② 由此可见，赫蒙族于19世纪初开始从中国南方迁入老挝北部各省。

赫蒙族自迁入老挝高地开始，便对佬族人的权力构成了威胁。因为他们从来不像克木族那样屈服于低地老挝人，而是保持强烈族群自我认同，所以一直与低地省份冲突不断。从18世纪苗族在中国贵州起义失败后，开始向中国南部和印度支那北部迁徙。19世纪初叶，赫蒙族开始占据老挝北部高山地区，并在查尔平原附近的山区，与衰弱的傣族普安王族们建立了联系。赫蒙族不认为自身地位低人一等，但高地傣族人将其与卡人等同视之，借助法国人的力量对赫蒙族进行剥削。这种冲突最终在1917年导致了由赫蒙族领导的巴柴起义，它是赫蒙族在山区重新分配权力的尝试，虽然被农黑地区的区长罗比瑶和法国人联合镇压，但是它成为赫蒙族突破老挝限制而诉诸武力的一种模式。

巴柴起义虽然失败了，但是它最初的目的之一达到了，即与法国人直接对话，而不是由法国委派佬族来统治他们。在农黑地区，法国人从20世纪20年代便将这里交给当地赫蒙族进行管理。赫蒙族一直在农黑地区占据优势，人口快速增长，截至1975年，川圹省共有超过30万赫蒙族。但赫蒙族内部通过婚姻形式组成的是多变的家族联盟，其内部也产生了分歧。农黑地区由罗氏和李氏两个赫蒙族宗族共同统治，并最终在政治上产生分裂，罗氏头人进入老挝爱国阵线，而李氏则成为皇家老挝政府的一个主要支持者。这两支力量最终均一度接近自己的目标，1946年，李氏宗族的杜比成为川圹省的副省长，并于1947年被授予披耶爵位，以表彰其在支持国王反对自由老挝中的贡献。杜比甚至认为，在苗族的集体记忆中，这是赫蒙族第一次像世界上其他离散民族一样，真正有了属于自己的祖国。赫蒙族人民千百年来似浮萍般的离散生涯最终在老挝结束了，赫蒙族成为老挝

---

① 坎占·巴迪：《老挝外交史》，1971年老文版，第18页，转引自蔡文枞《关于老挝民族起源问题》，云南省历史研究所编《研究辑刊》1982年第2期。
② 转引自范宏贵等主编《老挝佬族起源研究文集》，世界图书出版社，2011，第82页。

诸多民族之一的第一步已经实现。①

但赫蒙族通过参政方式融入老挝和平进程所做的努力到 1961 年突然终止，这一年，老挝中立武装力量撤退到查尔平原，将赫蒙族卷入战争的旋涡。在此之前两年，美国中央情报局就开始在北部山地民族中招募士兵，并在 1959 年末开始组建特种部队，以便对北越和老挝爱国阵线进行长期的侦察巡逻。在这个过程中，他们选中了受过良好教育并具备军事才能的赫蒙族军官王宝，这也开始了老挝赫蒙族的噩梦。美国在军事方面的支援和基督教方面的努力激活了赫蒙族内心独立掌权的渴望。美国秘密支持王宝的军队来对抗北越以及老挝的共产主义势力的战争开始了，史称"秘密战争"。王宝将联合部队按照族群构成分类，其中赫蒙族占 48%，佬族占 27%，克木族占 22%，瑶族占 3%。由于美国的支持和援助，王宝部队在战争中一度占据优势，但随着美国陷入战争泥潭不可自拔并最终于 1973 年与北越代表在巴黎达成停火协议，并快速撤出老挝之后，王宝意识到大势已去，不得已转道泰国逃亡美国。在这场艰苦的战争中，这个地区大约 20% 的赫蒙族战死，并最终导致约 15 万赫蒙族逃离老挝，前往泰国以及西方各国寻求新的生活。美国接纳了大部分的赫蒙族难民。实际上逃离老挝的赫蒙族在此后相当长一段时间内出现了第二次移民，即从法国、澳大利亚、泰国等国迁往美国，美国成为西方赫蒙族的中心。

老挝赫蒙族早先在老挝被划为"老松族"，意为"高山地区的老挝人"，多住在海拔较高的山区或高原。"老松"是一个地理意义上的统称，除赫蒙族外，它还包括瑶族和阿卡族等。在老挝，赫蒙族在一定时期内获得了快速发展，在老挝北部取得了大片势力范围，并保存了文化和宗教等方面的独立性。然而，这种文化差异与民族隔阂在美国的干预下引发了严重的武装冲突。即便瑶族并没有赫蒙族那样的武力倾向，但特种部队中还是有 3% 的瑶族人，他们中的部分人在战争结束之后辗转迁往美国。美国人萨利的著作《移动的山岭：美国优勉瑶人的迁徙故事》对这段历史有比

---

① 格兰特·埃文斯：《老挝史》，郭继光、刘刚、王莹译，东方出版中心，2011，第 121 页。

较详细的描述。

1947年,老挝皇家政府在法国人的帮助下第一次立宪,试图建立现代化的国家治理机制。在宪法中首次承认所有少数民族均享有平等的公民权利,是老挝的合法公民。该理念比同时代的美国还要先进,美国直到1954年才通过消除种族隔离的《布朗法案》。到20世纪50年代,皇家老挝政府正式用"老听"来取代"卡人"(泛指地位较低的人,奴隶的意思),将讲孟高棉和南岛语的山地民族划分为"老听族"(即居住在高地者)。老挝皇室更是称"卡人"为"兄长",是老挝的原住民,正式取消过去沿用的等级制度。同样,赫蒙族作为老挝这个多民族国家中的一员,获得了法律上的平等地位。1975年之后,老挝政治局势开始稳定,赫蒙族作为人口较多的少数民族取得了相应的权利。但是与世界上其他多民族国家一样,从法律上的平等到事实上的平等还有相当一段路程要走。大多数居住在老挝边远山区的赫蒙族与政府的联系并不紧密,一度对政府强行搬迁的政策有所抵触。但从总体上看,赫蒙族在新时期还是取得了长足的发展,特别是在教育方面,每年外派留学生中都有赫蒙族学生,受过高等教育的部分赫蒙族人也能够进入老挝公务员系统当中。

第二节　分布格局与迁徙路径

一　老挝赫蒙族的称谓、分布格局

老挝赫蒙族依据语言、服饰被分为三大支系:白苗、花苗和黑苗。白苗的人数最多,花苗次之,黑苗最少。

白苗包含诸多家族分支:如 Lor(罗姓)、Her(侯姓)、Kue(古姓)、Lee(李姓)、Moua(马姓)、Tuo(陶姓)、Chao(朝姓)、Vang(王姓)、Xiong(熊姓)、Yang(杨姓)、Kong(宋姓)、Cheng(陈姓)、Vue(吴姓)等。

花苗主要分布在北部各省,如沙耶武里、华潘与川圹省,包括如下家族姓氏:Chang(张姓)、Her(侯姓)、Khang(康姓)、Kue(古姓)、Lee(李姓)、Tuo(陶姓)、Moua(马姓)、Chao(朝姓)、Vang(王姓)、Xiong(熊姓)、Yang(杨姓)、Kong(宋姓)、Hang(项姓)等。

自称为黑苗(Hmoob Dub)的支系人口最少,主要生活在华潘省的苏巴县和香括县,最引人注目的是位于老越边境的巴航村、蒙南村,传统文化保存完整。①

据老挝政府 2005 年第三次人口普查统计,老挝苗族总人口 438654 人,主要分布在万象、丰沙里、琅南塔、乌多姆塞、会塞、琅勃拉邦、华潘、沙耶武里、川圹、波里坎塞等省。人口分布如表 1-1 所示。②

表 1-1 老挝各省赫蒙族人口统计(1995~2005)

序号	省份	年份	省总人口(人)	赫蒙族总人口(人)	占比(%)
1	丰沙里	1995	154107	3648	2.37
		2005	165947	4638	2.79
2	琅南塔	1995	114741	5052	4.40
		2005	145310	7292	5.02
3	乌多姆塞	1995	210207	27478	13.07
		2005	265179	36818	13.88
4	会塞	1995	113612	11471	10.10
		2005	145263	19602	13.49
5	琅勃拉邦	1995	364840	55531	15.22
		2005	407039	65335	16.05
6	华潘	1995	244651	49725	20.32
		2005	280938	68289	24.31
7	沙耶武里	1995	291764	19879	6.81
		2005	338669	26807	7.92
8	川圹	1995	200619	68613	34.20
		2005	229596	88104	38.37

① 老挝社会科学院社会研究所提供。
② 老挝社会科学院社会学研究所民族研究室 Somthone Lobeeryao:《老—越边境苗族》,第 80 页。

续表

序号	省份	年份	省总人口（人）	赫蒙族总人口（人）	占比（%）
9	万象	1995	286564	21876	7.63
		2005	388895	68587	17.64
10	波里坎塞	1995	163589	15084	9.22
		2005	225301	32927	14.61

从表 1-1 来看，老挝赫蒙族分布呈现大杂居、小聚居的特点。过去赫蒙族主要分布在老挝北部地区，以川圹和琅勃拉邦为中心，华潘和乌多姆塞次之。1995~2005 年，赫蒙族分布出现了新的趋势，赫蒙族以川圹为中心，逐渐向周边扩散。赫蒙族人口集中度以川圹为最，紧邻的万象、华潘、琅勃拉邦等次之。川圹省作为赫蒙族的中心，赫蒙族主要分布在丰沙湾市、蒙毕县、蒙堪等 8 个县市，其中川圹省农黑县又被称为"赫蒙族大本营"，赫蒙族人口最为集中。据 2013 年最新资料统计，农黑县面积 233569.25 公顷，海拔 1200~1400 米，共有 4 个民族 37564 人，其中赫蒙族占 61.48%，佬族占 14.63%，克木族占 9.98%，芒族占 13.09%。[①]

总的来说，老挝赫蒙族的分布呈现如下特点。

第一，以北部山地省份为中心，向万象及中部地区延伸。苗族在中国便是一个典型的山地民族，以刀耕火种为主要生产方式，辅以狩猎采集。来到老挝之后，赫蒙族一方面为了避免与其他民族发生冲突；另一方面出于传统生计方式的延续，基本选择居住在北部山地各省。

这种分布格局一直延续到 1958 年才发生改变。当时赫蒙族开始跟随王宝从农黑转移到万象省的龙镇，此后，赫蒙族大批向老挝中部迁移。随着老挝革新开放政策的推行，市场经济快速发展，越来越多的赫蒙族开始加入商品贸易的队伍中，不断进入中部发达城市，其中以万象省赫蒙族人口增长最为迅速。2005 年，万象省赫蒙族人口 68587 人，位居全国第三。

第二，沿老越边境各省集中分布，老泰边境零星分布。从地图上可以

---

① 川圹省农黑县政府，2013 年 7 月 25 日。

看到，老越边境北部各省琅勃拉邦、华潘、川圹、波里坎塞均是赫蒙族主要聚居地，老泰边境沙耶武里、万象省也有不少赫蒙族人口居住。不仅如此，在边境各省中，赫蒙族人口也呈现靠近边境线聚居的特征。以川圹省为例，在8个县中，赫蒙族人口以农黑县最为集中，农黑县中心距离越南仅有15公里。在历史上，经常发生赫蒙族向两边交叉流动的情况，特别是在战争年代，频繁跨越国界是一条便捷的逃避战争的策略。调查发现，1945年前后有大量赫蒙族从老挝逃往越南，仅杨氏赫蒙族就有300多人前往越南义安省避难，直到1968年老挝局势稳定才有约150人返回老挝农黑县定居。①

第三，各阶段分布格局有所差异。赫蒙族迁入老挝之初，形成了如川圹、琅勃拉邦等几个主要的聚居地，但其迁徙过程并未停止，导致其分布特点一直在发生改变。早期阶段，赫蒙族从中国云南迁入，沿途寻找适合种植玉米、旱稻的山地，主要定居在乌多姆塞、华潘、川圹等老挝北方山地省份。此时的赫蒙族以山地种植为主，依附于农业与土地，多半聚居在地处偏远的山区。随着商品经济的兴起，部分赫蒙族开始涌入琅勃拉邦市、川圹省丰沙湾市等城市，从事小商品贸易与商业活动等。在相当长一段时间内，赫蒙族虽然发生着小范围的迁徙，但总体格局保持不变，主要集中在老挝北部山地省份。这种格局于20世纪60年代被打破，随着"秘密战争"的爆发，赫蒙族被迫开始了一次大规模的迁徙。在王宝的号召力影响之下，川圹及其周边各省的赫蒙族开始向农黑县聚集，随着战争局势的不断转变，赫蒙族跟随王宝转战南北。战争结束之后，十多万赫蒙族人被迫从老挝转道泰国等第三国前往美国、法国等国家避难。

二　赫蒙族迁徙路径

学术界对赫蒙族进入老挝的时间和迁徙路线众说纷纭，没有定论。刘君卫教授认为，赫蒙族最早于14世纪末或15世纪初进入中南半岛。根据

---

① 61岁的赫蒙族老人李峰·杨口述，2013年7月24日。

《邱北县志》记载,"蛮人明初由贵州省迁入云南,其中一部分继续向南进入老挝境内"。根据县志记载时间推算,赫蒙族进入老挝境内应该在1368年前后。① 这是目前学术界提出最早的赫蒙族迁入老挝的时间。无独有偶,翦伯赞先生指出,正统十四年(1449)邛水赫蒙族起义,起义失败之后,部分赫蒙族不屈服于政府的武力而迁入中南半岛。②

与此不同,西方学者因为缺乏相关的史料文献,普遍认为赫蒙族迁入老挝的时间在18世纪末或19世纪初,并且迟于移居越南的赫蒙族③,甚至是借道越南迁入老挝的。④ 19世纪初,最早研究赫蒙族的是法国传教士萨维纳神父,他认为,东京(越南河内)所有的赫蒙族都是从云南迁来的,老挝的赫蒙族便是从这里迁去的。到1850年,赫蒙族开始在川圹和琅勃拉邦建立村寨,开荒务农,并与当地的老挝人、华人和掸族人贸易往来。从1864年开始,大批中国军人反清复明失败后逃亡老挝川圹地区,他们当中有许多山地民族,包括苗族、瑶族和拉祜族。⑤ 而老挝本土历史学家富米·冯维希认为,赫蒙族大规模进入老挝北部地区是在17~18世纪。⑥ 之所以产生如此分歧,主要原因是各国学者均受获取文献资料的客观条件限制,各有优劣。中国方面的资料最为详细和全面,但缺乏第一手的实地调查资料;西方特别是法国学者的实地调查资料最丰富,但囿于法国人进入老挝的时间限制,之前则是空白;老挝科研发展水平较慢,长期处于诸侯割据并作为周边国家的属国存在,没有对境内各民族太多关注。至今老挝各县都没有县志,甚至一些省市连基本的民族人口数据都没有,可查找的本土文献非常少,因而对这方面的研究相对较少。鉴于此,笔者与老挝社会科学院合作对一些赫蒙族聚居区进行了田野调查,根据2014年

---

① 刘君卫:《苗族跨国迁徙与"民族立体分布论"论辩》,《苗学研究》,贵州民族出版社,1991,第11页。
② 翦伯赞主编《中国史纲要》第三册,人民出版社,1979,第115页。
③ 杨沫丁:《老挝苗族的历史》,王伟民译,《印度支那》1985年第2期,第65页。
④ 莫当:《越南、老挝和泰国的苗族》,张永国译,《贵州民族研究》1987年第1期,第121页。
⑤ 何平:《苗族向东南亚迁徙简述》,《贵州民族研究》2005年第1期。
⑥ 石朝江:《世界苗族迁徙史》,贵州人民出版社,2006,第223页。

和 2015 年暑假获得的第一手资料统计出一份表格，见表 1-2。

表 1-2　老挝赫蒙族 8 村迁徙路线

省份	县	村	赫蒙族人口（人）	村总人口（人）	赫蒙族支系	第几代	迁徙路线
川圹	蒙毕县	邦洋村			白苗	5	
川圹	农黑县	南光村	762	780	白苗、花苗	8	中国—越南—农黑
川圹	农黑县	三赛村	469	828	白苗、花苗	8	中国—华潘—农黑
川圹	蒙莫县	三节村	350	420	白苗、花苗	8	1823 年从中国—川圹—农黑（今蒙莫县）
琅勃拉邦	琅勃拉邦县	南水村	422	422		8	四川—丰沙里—琅勃拉邦
乌多姆塞	勐赛县	南旺诺（navannoy意即甜甜的田）	67	1423	白苗	8	中国—丰沙里—乌多姆塞
乌多姆塞	勐赛县	凤魁村（phovkeiw意即青山）	1221	1958	白苗	8	云南—越南—1952年丰沙里—1995年乌多姆塞
乌多姆塞	勐赛县	王黑村（vanghei）	97	408	白苗	6	中国—丰沙里—乌多姆塞

资料来源：笔者与老挝社会科学院王海花两人历时 35 天调查所得。

从调查资料可以看出，大部分赫蒙族家庭到老挝已经是第 8 代，其余从 5 代到 6 代不等。按照 25 年①一代来计算，他们进入老挝已有 100～200 年的时间，在 1800～1900 年从中国云南、四川等地直接进入或途经越南迁入老挝。赫蒙族先于泰族从中国北部迁入老挝，他们与泰族一样，先被政府驱赶到中国南部，然后进入老挝、泰国，一直到南越和柬埔寨。最后泰族人进入这片土地，凭借强大的武力后来居上，将赫蒙族人和卡人赶到深山密林，独占富饶的平原地区。②

---

① 有学者认为赫蒙族人结婚早，按 20 年一代计算。但考虑到第一胎并非都是男孩，按 25 年一代计算更加合理。
② 姆·耳·马尼奇·琼赛：《老挝史》，厦门大学外文系翻译小组译，福建人民出版社，1974，第 56 页。

笔者认为，自明朝开始，苗族为了生存从中国贵州迁往云南和四川，后零星小规模地迁入老挝，这部分苗族慢慢融入当地社会。因为年代久远，大部分已经与周边民族融为一体，难以分辨。这种情况在中国境内也不少见，比如湖南、广西和贵州交界处的草苗便是一个代表。作为苗族的一个支系，它兼具苗族、汉族和侗族的风俗习惯与文化要素，操侗语，是目前中国民族文化交融最为复杂的族群之一。从遗传基因和历史演进的角度来分析，草苗母系基因可能来自赫蒙族，因而心理上认同苗族，父系基因来自汉族，因为具备汉族风俗习惯。由于集体生活在侗族分布最为密集的区域，他们不断与侗族在经济、文化、生活上进行交流，又逐渐吸收了侗族的遗传基因并学会了侗族语言，成为今天的草苗。草苗复杂的遗传基因结构和文化交融特征是中国自古以来民族交流和互动的结果，是中华民族多元一体结构的外在表现。① 同样，迁入老挝日久的赫蒙族，在民族交流交融的过程中慢慢消减本民族的特征的情况时有发生，在川圹省以及乌多姆塞省的部分村寨中，部分赫蒙族体质特征不明显，已不记得家族迁入老挝的年代，也无族谱。这部分赫蒙族是不是最初一批迁入老挝的苗族，有待进一步调查研究。而本次田野调查的资料显示，老挝赫蒙族大部分迁入老挝的时间在 1800 年以后，以白苗和花苗最多，黑苗较少。如今老挝、越南赫蒙族可能是"古三苗"中被尧"迁于三危"那一支的后裔。这一支赫蒙族最初从三危南下巴蜀国，后向西进入四川、云南和贵州交界处，最终由于起义失败，被迫向南迁入四川南部、云南东南部，最后进入越南、老挝北部。②

关于赫蒙族最初进入老挝的路线，学界同样有所争议。周建新先生认为，赫蒙族进入老挝有两条路线：一条是从中国迁出后，经过越南奠边府一带，进入老挝的桑怒—川圹，抗美战争结束后，从川圹再迁到其他地方，走这条线的人数较多，这是白苗走的路线。另一条路线是从中国南方，经云南

---

① 李辉、李昕、杨宁宁等：《遗传和体制分析草苗的起源》，《复旦学报》2003 年第 4 期。
② 侯健：《论云南苗族迁徙及其文化的形成》，《苗侗文坛》总第 47 期，转引自石朝江《苗学通论》，《贵州民族》2008 年第 4 期。

江城县进入老挝乌多姆塞、琅勃拉邦和万象。这是黑苗和花苗走的路线。①笔者在前往乌多姆塞、琅勃拉邦、万象、川圹等省赫蒙族聚居区实地考察和访谈的基础上,将赫蒙族迁入老挝的时间和路径概括如下。

第一,从中国云南直接迁入老挝。这一路线具体又可以分为三条:其一,中国云南—丰沙里—华潘—农黑(川圹);其二,中国云南—乌多姆塞—琅勃拉邦—沙耶武里;其三,中国云南—浪南塔—会赛(波胶省)。

第二,从中国途经越南迁入老挝。根据越南中央民族事务委员会1961年的调查,当时高谅、河宣、黄连山、清化、义静等省的赫蒙族都是从中国迁入的。比较大的迁徙主要有三次,其中最大的一次约有1万人迁到老街、河江、安沛和莱州、山萝等地,经历了六至七代人。②这批赫蒙族有一部分从越南转而进入老挝川圹省,这从时间上刚好对应。此外,越南赫蒙族支系主要是白苗、花苗、红苗和黑苗,川圹省赫蒙族主要是白苗和花苗,从支系的对应上也可以证明。

三 从苗族迁徙透视其民族精神

苗族历史是一部迁徙的历史。苗族先后经过五次大迁徙最终形成如今的分布格局。苗族于唐宋时期开始在西南地区定居下来,除一部分聚居外,大部分与各民族交错杂居。明清时期,中央王朝对苗族开始有"生苗""熟苗"的区分。处于各经制府州县和土司直接管辖下的苗民谓之"熟苗",即在军事上被征服,政治上经过"王化"和接受汉族文化,其他则为"生苗"。

"生苗""熟苗"的划分一方面是中央王朝出于管理少数民族的政治需要,另一方面也是苗族内部分化的结果。部分与汉族杂居的苗族渐渐认同了汉族先进的文化和经济,这是生存策略的选择,是民族发展演变过程中的正常现象。正如民国时期也有壮族选择"过关"而成为汉族,族属问题远不如家庭、生存或人际关系重要,族群认同服务于个人利益。然而出于

---

① 周建新:《中越中老跨国民族及其族群关系研究》,民族出版社,2002,第139页。
② 林心、范宏贵:《苗族的迁徙与称谓史》,《民族译丛》1984年第6期。

客观原因,大部分的苗族依然远离汉族社区,僻处高山,据险为寨,言语不通,风俗迥异。故郭子章在《黔记》(卷59)中说:"近省者为熟苗,输租服役,稍同良家,则官司籍其户口,息耗登于天府。不与其籍者谓生苗,生苗多而熟苗寡。"

历史上被封建王朝视为"生苗"的主要有贵州腊尔山"生苗"区和雷公山"生苗"区。明清时期,朝廷开始对生苗区加强管理,推行军事封锁和隔离、用土司进行防范、置卫所屯兵钳制和镇压等政策,激起苗族的激烈反抗,引发多次与朝廷的剧烈冲突。从明朝开始,为了更好地统治和治理苗族地区,中央政府使用武力征讨,最终爆发"生苗"区三次苗民起义,引发了苗民不断从中国云南、贵州、四川等地向南迁徙,直到东南亚各国。[1] 苗族的迁徙历程并未到此为止,在王宝的影响力之下,大批老挝赫蒙族受美国中央情报局的怂恿参与到对抗越南共产党和老挝反皇室武装的"秘密战争"当中。这场战争给老挝赫蒙族带来了灾难性的后果,大约10%的赫蒙族人丧命,失败之后成为战争难民的赫蒙族被迫逃向泰国,并在联合国有关机构及其他国际慈善组织的帮助下,约15万赫蒙族进入美国、法国、加拿大等西方国家,因为王宝的影响,到美国的赫蒙族最多。[2]

在世界几千个民族当中,类似苗族横跨两半球迁徙历程的民族屈指可数。在缺乏现代技术和地理知识的年代,苗族一路从中国云南进入老挝和越南北部的崇山峻岭当中,他们或许只知道离中央王朝的势力范围越来越远,至于身在何处,并未可知。苗族的迁徙历程透露出其民族精神与独特气质,而这也是导致苗族长途迁徙的内在因素。笔者认为老挝赫蒙族的民族精神可以简单概括如下。

第一,追求自由的尚武精神。苗族的祖先是神话中的"战神"蚩尤,虽然最终被黄帝和炎帝联合战败,但蚩尤作为精神领袖一直在苗族

---

[1] 石朝江:《世界苗族迁徙史》,贵州人民出版社,2006,第166~180页。
[2] Tim Pfaff, *Hmong in America*, *Journey from a Secret War*, Chippewa Valley Museum Press, 1995, pp. 1-20.

传说和神话中得以世代相传，其尚武精神也被苗族所传颂。在几百年的历史当中，老挝赫蒙族经常用武力解决与其他民族的冲突和矛盾，借此取得应有的权利和地位。苗族进入老挝之后，与部分居住在山区的"卡人"因为争夺山林而发生冲突，最终赫蒙族凭借火枪赶走了使用刀剑的"卡人"。随后，赫蒙族度过了相对宁静的几十年。但好景不长，法国于1893年成为老挝的保护国，并开始向赫蒙族征收苛捐杂税，因而赫蒙族于1896年在川圹省爆发了反抗法国人的起义，虽然暂时得到政府的遏制，但最终还是发生了1918～1921年的"疯人战争"。虽然最终起义领袖巴斋被刺杀，起义宣告失败，但这引起了法国人和老挝政府对赫蒙族势力的重视，并最终促成了1947年的宪法中承认赫蒙族同其他民族一样享有公民权。① 而这比美国还要提前十几年，这与赫蒙族追求自由的尚武精神不无关系。

在尚武精神的影响之下，赫蒙族成为一个崇拜英雄的民族。在没有文字的历史中，赫蒙族正是依靠在口头神话、宗教仪式和口述历史中出现的英雄人物形象来构建自身的历史和文化，从而塑造族群的身份和认同，传承自身文化。"英雄在神话和民谣中得以代代相传，我们惊叹的同时应该想到，正是他们让赫蒙族作为一个古老的族群而被世界所熟知，并在几千年的历史长河中焕发青春活力。"②

第二，由祖先崇拜衍生的宗族观念。赫蒙族信仰鬼神，祖先崇拜是其重要组成部分。在乌多姆塞的一个民族混合村中，有来自川圹、丰沙里和琅勃拉邦的赫蒙族，他们聚在一起之后，因为赫蒙族各家族的信仰本身有所差异，便采取了一种折中的策略。比如就鬼神信仰而言，村民最终放弃了部分不共同信奉的门鬼、村鬼等信仰，选择共同信奉的祖先鬼信仰。此外对于各家族不同的婚礼、人生礼仪等传统仪式，该村赫蒙族只保留了共同的丧葬礼仪，这也是对祖先鬼的共同遵从和认同。

---

① 老挝1947年宪法规定："凡永久居住在国内的所有民族中的任何人，只要不拥有外国国籍，即为老挝公民。"
② Ya Po Cha, *An introduction to Hmong Culture*, McFarland Company, 2010, p.7.

对祖先鬼的认同衍生出赫蒙族强烈的宗族观念。正因为如此，虽然没有文字记录的族谱，但依靠口耳相传各家族都能够说出迁入老挝至今数代祖先的姓名。姓氏是宗族的标志，从姓氏更迭中可以看出各宗族的兴衰及其在苗族社会中的重要性。老挝赫蒙族的历史同样是一部各家族的斗争史。刚进入老挝时，"毛""李""罗"① 三个家族以所拥有的势力，自命为王。后来毛姓家族渐渐衰落，形成"李""罗"家族平分天下的局面。1865 年，中国来的李姓苗族前往川圹省农黑县（M. Nong het），并建立了自己的村落，农黑县渐渐成为赫蒙族的大本营，是赫蒙族重要的聚居地，很快与当地罗姓赫蒙族势力分庭抗礼。法国人因此将农黑县一分为二，任命罗姓冲杜为更规县（Keng Khoai）县长，同时任命李姓杜比的儿子为帕文县（PhacBoun）县长。奈比奈瑶于 1935 年逝世后，罗姓家族开始衰落，至此，农黑县的势力掌握在李姓赫蒙族手里。② 然而到了 1954 年前后，王宝的崛起彻底改变了赫蒙族的命运，将半数的族人拖入"秘密战争"当中，并造成至少 10% 的老挝赫蒙族丧生，约 15 万人前往西方国家避难。老挝全国的赫蒙族共有多少姓氏还不得而知，就川圹省而言，目前共有 22 个姓氏，包括 Vue（吴姓）、Tuo（陶姓）、Kong（宋姓）、Chang（张姓）、Moua（马姓）、Kue（古姓）、Vang（王姓）、Her（侯姓）、Xiong（熊姓）、Lee（李姓）、Yang（杨姓）、Pha（潘姓）、Lor（罗姓）、Chue（朱姓）、Fang（黄姓）、Hang（项姓）、Khang（康姓）、Cheng（陈姓）、Chao（朝姓）、Fong（冯姓）等。③ 除个别外，大部分老挝赫蒙族姓氏来自其祖先在中国便开始使用的汉姓，部分或者个别家族为了迎合老挝主流社会的习惯，借用佬语音节和词汇加入姓氏里，比如将"罗"（Lor）姓改为"罗比瑶"（Lobliyao）。不仅赫蒙族，老挝贺族也有类似情况，比如将"王"（Vang）姓改为"王玛尼"（Vang mani）。

老挝赫蒙族的命运此起彼伏，而其中最关键的一点便是何时何地哪个

---

① 因为翻译的问题，国内文章经常将"毛"误译为"马"，"罗"误译为"刘"等，这里统一更正。
② 杨沫丁：《老挝苗族的历史》，王伟民译，《印度支那》1985 年第 2 期。
③ 资料来源：川圹省民族局局长提供，2013 年 7 月 25 日。

家族掌权。以农黑县为例，赫蒙族至今仍然在为王宝的事情而争论，85岁的赫蒙族老人Vang baye①认为，自己当初最正确的选择便是没有与大多数李姓、杨姓、王姓和罗姓赫蒙族一起跟随王宝参战，而是站到了巴特寮这一边，否则多半战死或漂泊异国他乡。也有支持者认为他是民族的英雄，声称王宝在美国的葬礼有80多个国家的赫蒙族参加，而这种带有夸张性的说法在乌多姆塞省也能听到。而农黑县当时反对王宝的Vang、Yang、Lor等家族大部分至今仍居住在农黑县，成为目前该县13个姓氏中人口最多的三个。②

第三节 "秘密战争"

目前，赫蒙族广泛分布在四大洲十多个国家，除东南亚各国之外，在美国、法国、加拿大、德国、阿根廷、圭亚那、新西兰等国，赫蒙族均有分布，这一切都要从老挝"秘密战争"说起。本节笔者将以此为切入点展开，还原此次战争的来龙去脉、老挝赫蒙族离散美国等地的历史过程，以及赫蒙族在其中所扮演的角色和最终给老挝赫蒙族带来的一系列后果。

在国际政治的舞台上，大国博弈是一种常态，一些弱小的国家往往作为棋子成为大国政治博弈的筹码和工具。二战后，美国快速崛起成为世界超级大国，在美国的政治、军事外交战略当中，为了牵制中国和东南亚的大陆国家，美国蓄谋已久，试图控制印度支那半岛，并以此为跳板遏制中国。老挝作为东南亚内陆国家，毗连泰国、中国、缅甸、柬埔寨和越南，地势北高南低，山地和高原占全国面积的80%，有"印度支那屋脊"之

---

① Vang baye，白苗，1968~1998年担任农黑镇镇长。早年为法国人修路，后逃往琅勃拉邦读书，从事革命活动，1968年加入老挝人民革命党，是当时农黑镇5位赫蒙族党员之一。
② 农黑县赫蒙族现有13个姓氏：Vue（吴姓）、Tuo（陶姓）、Kong（宋姓）、Chang（张姓）、Moua（马姓）、Kue（古姓）、Vang（王姓）、Her（侯姓）、Xiong（熊姓）、Lee（李姓）、Yang（杨姓）、Pha（潘姓）、Lor（罗姓）。其中Yang、Vang、Lor三姓人口最多。

称，具有重要的战略意义。

历史上，老挝人民英勇反抗外族的入侵。1893年，法兰西帝国占领老挝，将其纳为殖民地，强迫签订《法暹条约》，划定了老挝的国界。在法国殖民期间，老挝人民展开了艰苦卓绝的反抗斗争。随后在1940年，日本侵占印度支那，法国占领军隔年便向日本投降，老挝爆发了大面积有组织的全国性抗日行动。1945年日本缴械投降，老挝伊莎拉战线独立运动建立了自由政府。1946年法国再度入侵老挝，伊莎拉政府被迫流亡泰国。1950年重建伊莎拉战线，后改称老挝爱国战线，成立了以苏发努冯为首的寮国抗战组织巴特寮。1954年，法国同越盟签订了《日内瓦协议》，并根据协议从印度支那撤军。美国抓住机会乘虚而入，立刻宣布对越、老、柬，即印支三国进行"援助"。但是到1960年，老挝国土的2/3已经被巴特寮所控制，并力图争取老挝的国家独立，不甘成为美国的附庸。美国不得已开始支持老挝王室政府，帮助王室政府推翻巴特寮的老挝爱国战线。1961年美国肯尼迪政府派遣"特种部队"到老挝训练山地游击队，用巴特寮擅长的战术对付巴特寮。然而美国人很快就发现腐朽的老挝王室完全没有战斗力，援助给他们的先进武器很快就被老挝军人拿到黑市售卖，或者被巴特寮游击队夺走。但很快，美国政府就找到了新的对象来帮助他们达成目标，这就是老挝赫蒙族，其灵魂人物则是青年赫蒙族军官王宝。王宝因为在查尔平原战役中的英勇表现，被老挝王室任命为老挝第二军区司令，该军区包括川圹和桑怒两省。1964年，王宝的武装已经发展到15000人，部署于上寮和下寮的5个地带和48个战区，他们由美国支持的老挝王室政府军指挥，大部分由赫蒙族构成。王宝将司令部搬到川圹省西南的龙镇，将这里建设成一个设有机场、军官训练学校、谍报和暗杀等技术训练中心等的秘密基地，大量招收赫蒙族青年进行训练。在1960~1973年秘密战争时期，王宝的队伍最多时有将近3万人，其间美国每年向赫蒙族武装提供6000万美元的训练经费。早期美国中央情报局主要依靠赫蒙族特种兵来收集老挝军事情报，后来慢慢发展成军事对抗。依靠王宝组织的30~40人游击队的麻雀战，在长达14年的时间里，美国成功遏制了老挝社会主义势力的发展。

借助王宝集团在军事上取得的成功，赫蒙族精英开始争取政治上的地位和影响力。1973年，土拜莱冯被任命为国家新闻部部长，并成为国王顾问委员会的成员，随后又被任命为最高法院检察官。国家顾问委员会除了处理一系列行政事务之外，还负责处理老挝的少数民族问题，赫蒙族因此获得一定的权利。当时的老挝国会共有34个席位，赫蒙族占有3席，同其10%的人口比例相适应。与此同时，老挝赫蒙族在16个省长当中有1个，而且有4个县长、24个区长及大量的乡长。赫蒙族人口占一半的川圹省表现尤为突出，一批优秀的赫蒙族青年被送去培养以作为将来的栋梁。当时有34名赫蒙族青年被送去国外大学深造，其中25人在法国。正如在军队中一样，老挝民众对赫蒙族同样存在极深的误解和排斥。对于赫蒙族势力的壮大，各民族感到深深的不安，他们怀疑王宝进行这场战争有其个人的目的，是否存在利用老挝王室发展赫蒙族的想法。为何在诸多山地少数民族当中，不允许其他少数民族参与到特种部队当中。土拜莱冯被任命为最高法院检察官也引起老挝国内广泛的争论，有人称他为"没有祖国的乞丐"[1]。

"秘密战争"的秘密之处在于，它虽然得到了美国的武器和资金上的资助，但是并没有公开宣称自己的立场，表面上王宝领导的赫蒙族部队受老挝王室政府军指挥，以至于很多赫蒙族士兵的身份非常尴尬。以"胡志明小道"为例，它是连接越南南北的一条陆路通道，通过这条小道不断为越共输送战备物资和给养，它经过老挝和柬埔寨。美国在1961年签署了《关于老挝问题的日内瓦协议》，保证老挝的中立国地位，无法从地面上对胡志明小道进行封锁。因此，美国一方面通过中央情报局雇用赫蒙族从正面干扰胡志明小道的运输，营救被击落的美国飞行员；另一方面则在表面上保证对老挝中立承诺的遵守，对此事保持高度机密。这种立场和态度为老挝赫蒙族带来了严重后果：一方面为美国人卖命，另一方面不被公开认可，无法得到支持和补偿。此外，秘密战争实际上是越南战争的组成部分，对越南战争的转折起到了延迟的作用。战争期间，老挝的政治分为亲

---

[1] 石朝江：《世界苗族迁徙史》，贵州人民出版社，2006，第250~253页。

美派和革命派两派,赫蒙族也由于居住地域和政见不同而分为两派,各有本民族的领导人。亲美派以王宝、李夫米为首;革命派以费当、叶务为领导人,费当是老挝爱国战线副主席,叶务是川圹省省长。两派当中也不乏年轻的苗族干部,革命派当中的女干部阿万,24 岁便依靠个人卓越的军事才能当上了琅勃拉邦最高军事指挥官。总体上来说,秘密战争将老挝赫蒙族一分为三:1/3 的人支持老挝王室政府并从美国获得支持和培训,即亲美的王宝派;1/3 为革命派,为老挝爱国战线浴血奋战;还有 1/3 的人选择中立,但是这部分人同样受到战争的连累,甚至遭受的痛苦有过之无不及。秘密战争结束之后,约有 15 万人被迫离开了老挝,逃离的主要是第一类和第三类赫蒙族。开始约有 5 万苗族人随同王宝撤离到美国,整个过程持续到 20 世纪 90 年代,最终撤离到美国的老挝赫蒙族达到 10 万人。

秘密战争还给老挝苗族带来了另外一个影响深远的后果。秘密战争期间,美国人为了获得苗族的信任,不仅提供了大批的军事培训经费、粮食及药品,还大力支持赫蒙族的鸦片贸易。金三角地区的毒品在政治博弈的缝隙中迎来了巨大的转机,在美国支持下的交易成本和运输成本大大降低。赫蒙族虽然获得了短期的收益,却为此付出了长期的代价。1970 年以后,随着美军的逐步撤离,战事对老挝赫蒙族愈发不利,部分士兵在内外压力之下开始吸食鸦片,更加速了战斗力的衰弱。同时,适宜的自然气候和地理条件让大批山地苗族大面积种植罂粟,希望靠此获得财富。然而很快,鸦片种植就遭到新政府的禁止,鸦片贸易转入地下,赫蒙族的财富梦想成为泡影。至今,在老挝山区依然随处可见这种残留的罂粟。

个案 1-1 替代种植项目

访谈对象:某男,31 岁,LONGLAN 村人,赫蒙族。

(根据 2015 年 8 月 3 日访谈整理)

如果你从万象过来,会发现路越走越窄。我们这个村寨大概就是你所看到的赫蒙族村寨中最穷的一个。但我要告诉你的是,相比过去几十年的悲惨生活,我们对目前的生活还是比较知足的。如果没有美国人的捣乱,我们这里应该不至于落魄如此。如果不是他们扶持王宝将军对抗政府，我们不会有那么多赫蒙族兄弟死于战场；如果不是美国人支持鸦片贸易，我们也不会有那么多赫蒙族人沉迷于毒品。你不知道，我们这里50岁以上的赫蒙族男人，基本没有不吸食鸦片的。

前几年，我还听说不断有赫蒙族村寨因为偷偷地种植鸦片而被老挝政府军围剿。我们这里人少，而且距离琅勃拉邦市也不算远，不像很多偏远的赫蒙族村寨，所以早早就放弃了鸦片种植。过去那些赫蒙族大家族比如李氏家族和罗氏家族等，大多是在外国政府的支持下靠鸦片种植和贸易起家的。现在，我们这里不断接到外国政府的替代种植项目，你看我们村口和村中随处可见的咖啡树，就是这些项目之一。除了咖啡树，还有路边的黄金柚木种植。从目前这些替代项目来看，普遍受到村民欢迎的是咖啡树种植项目。原因主要有两个。首先，投入小，见效快。咖啡树特别适应这里的气候，生长快，基本不需要肥料和农药。到了第三年就可以开花结果，果实容易保存。而且政府统一采购，不用担心销售问题。相反，黄金柚木一次性投入非常大，而且生长周期长，很难在短期内产生经济效益。其次，技术要求不高，适合家庭种植。咖啡树在生长过程中对肥力要求不高，也不需要村民有太复杂的种植技术。黄金柚木则不同，从栽培选种、水肥管理到病虫防治，每一个环节都需要精心护理。因此，你在路边看到的柚木种植林，一部分是有钱的家族联合起来找政府贷款种植的，一部分是外国人承包下来和政府合作种植的。当然，对我们也有好处，他们会聘请我们赫蒙族青年人去工作，协助管理，帮我们解决了年轻人的工作问题。

对于未来，我还是充满希望的。毕竟，现在政府会和外国人合作，不断给我们提供经济上的帮助，我们的生活越来越好，没有过去那种对整个赫蒙族带来威胁的事情发生。很多事情慢慢走上了正确的轨道，接下来就是等待时间的回报。你看到我们这里种植的咖啡树已经挂果了，再过两个月就成熟了，今年的收入又有了保障。接下来，我最期待的还有一件事情，就是政府能够在这里办一所学校，让我们的小孩能够接受教育，不要像我们这样永远待在这个地方，要走出去才会有更多的机会。

图1-1 仍然可见的罂粟果实

图1-2 村中随处可见的替代种植作物——咖啡树

图1-3 黄金柚木种植项目

图1-4 黄金柚木的护林员

老挝"秘密战争"结束之后,大批战争中的赫蒙族、瑶族和佬族等士兵逃离了老挝。随着战争的结束,老挝迎来了和平发展的时期,信仰佛教的老挝人民本身具有热爱和平的性格,很快国内便呈现出一派祥和的气氛。老挝政府也将主要精力投入发展经济的政策当中,人民生活水平逐步提升,社会秩序稳定,很少发生暴力事件。但作为当年秘密战争的主力,赫蒙族战士因为人数众多,还有相当一部分人没有能够离开老挝,出于对可能遭受迫害的恐惧,退避到原始森林之中,成为最后的赫蒙族战士。这主要因为当初老挝政府一度将赫蒙族士兵投入国内的几个秘密集中营,不少人被迫害致死,这加剧了赫蒙族的反抗情绪以及对被捕之后遭遇的恐惧。零星的赫蒙族士兵在川圹省山区几乎藏匿了30年。据说一段时间内他们靠售卖沉香木筹集资金招兵买马,以图东山再起。但是离开了美国的支持和战备资助,大部分人意识到大势已去,纷纷缴械投降。2003年上半年,川圹省和近邻琅勃拉邦省的大约700名赫蒙族战士向老挝政府投降,然后被重新安置在上述两省人口较为稠密的地区。因为被和平安置,2005年和2006年相继又有170名和400名赫蒙族青少年走出山野,被老挝政府妥善安置。笔者在川圹省政府了解到,时至2012年8月,仍然有一小撮赫蒙族反政府武装活动在川圹省境内的深山老林,他们对外声称要建立"赫蒙族独立王国",但对普通平民没有任何敌意,仅对政府发动小规模的破坏活动。2012年7月,川圹省公安部门还抓获了5名赫蒙族反政府武装成员,并于夜间在省内各交通路段设立关卡。笔者的学生跟随报道人范洪静于2014年7月29日前往农黑地区调查,晚上8点在回来的路上被民兵组织拦截,在被盘问了将近3个小时,缴纳了20万基普(约合人民币100元)之后才被允许回到邦洋村委,这也是本次田野调查在一个月的时间内唯一一次遇到麻烦,而这麻烦并非来自赫蒙族反政府武装力量,而是社会治安执法人员。

第四节 难民营

秘密战争作为美国越南战争的组成部分,其命运由越南和美国最终决定。1970年初,美国根据总统顾问基辛格起草的计划,开始逐步从越南撤军,并不再向越南方面提供武器、弹药及药品方面的支持。1973年1月,《关于在越南结束战争、恢复和平的协定》在巴黎签订,条约规定美国军队按计划撤出越南。越南军民重获自由,结束了10年抗战。与此同时,美国人发现老挝秘密战争失去了现实意义,开始计划撤出老挝。1975年4月1日,越南劳动党中央政治局下达"总攻击"的指示,同年4月26日,人民军发动具有历史意义的胡志明战役。4月28日夜,越南人民武装发起总攻。4月30日,人民军占领总统府,至此,胡志明战役胜利结束。美国发动越南战争的目的在于阻止印度支那三国成为社会主义阵营,最终以美国失败撤离而告终。在这场战争中,美国共损失57685人,15.3万人受伤;越南方面付出了更为惨重的代价,共有300多万人受伤,200多万人死亡,1200万人无家可归。

从1968年开始,老挝"巴特寮"进入反攻,并且逐渐收复失地。1971年,巴特寮控制了整个老挝北部山区,占领老挝的大半领土。在此过程中,王宝的"特种部队"付出了沉重的代价。在总数约3万人的队伍中,有3772人死亡、5426人负伤。部队战斗力大大减弱,并且部队中70%的新兵只是10～16岁的少年。1973年2月,《关于在老挝恢复和平和实现民族和睦的协定》在万象签订,规定美国必须遵守《日内瓦协议》,停止一切军事行动,美国人开始撤离老挝。到1975年5月,巴特寮违反《关于在老挝恢复和平和实现民族和睦的协定》,接管了老挝政权,并开始逮捕成千上万的政治家、军人、技师等,将他们送进政治再教营甚至集中营。12月2日,巴特寮废除老挝君主制,宣告成立老挝人民民主共和国,并开始了对苗族人民的血腥镇压和清洗,控告他们在老挝秘密战争时期是美国中央情报局的雇佣兵。老挝爱国阵线开始全面清剿赫蒙族地区,迅速占领了王宝部队的基地龙镇。

起初,大部分赫蒙族依然坚持留在老挝,特别是与秘密战争没有牵连的农民、商人、公务员和士兵,他们决定继续生活在新政权下的老挝,哪怕是在巴特寮统治下的老挝。然而事实的发展比他们预想的要残酷得多,巴特寮士兵开始不断潜入赫蒙族村庄,每家隐藏两个巴特寮士兵,日夜监视他们的行踪和日常言行。很快，不断有赫蒙族青年被送往劳改营进行强制性劳动，或被送进学习班进行整治再教育，这些进去的赫蒙族人几乎无人能够生还。赫蒙族村民的精神紧张到极点，开始逃离。曾经的赫蒙族革命派领导人中，排名第二的副主席费当和第四的西颂在清算中得以保全，其他部分赫蒙族干部遭到迫害。土拜莱冯作为亲美派被巴特寮送到桑怒进行劳动改造，1977年因为营养不良死在劳动营。①

根据部分媒体报道及幸存者回忆，老挝政府和越南当局均对老挝赫蒙族进行了惨无人道的清算和大屠杀，仅在富比山地区，估计就有5万赫蒙族人死亡。越南政府甚至使用了违反国际公约的化学武器和生物武器。1978~1979年，大批赫蒙族军人和平民被当局通过生化武器残忍杀害。美国陆军曾经派遣代表团前往泰国难民营进行调查，最终报告认定老挝和越南政府对赫蒙族使用了生化武器，这些毒气是一种对人体神经产生严重损伤的混合毒剂。②

根据杨道描述，一开始赫蒙族并没有意识到当局政府会进行大规模的报复行动，直到1975年《考沙恩·巴特寮》报上公开宣称"要铲除赫蒙族"，赫蒙族才开始意识到事态的严重性。当年5月9日，有4万人举行了万象和平大游行，队伍向国家领导人苏瓦纳·富马王子总理请愿，希望得到安全保障。但巴特寮向手无寸铁的游行队伍开枪，导致140人丧生。自此，赫蒙族清醒地认识到，流亡反抗是他们能够选择的唯一出路。最早一批历史性的移民是王宝部队的军官及其家属，以及几位省长与他们关系密切的赫蒙族人和克木族人，再加上川圹省和琅勃拉邦省的部分公务员。他们从龙镇出发，历时一周，最后借道泰国前往美国。③

很快赫蒙族知道了王宝离开的消息，再加上老挝当局和越南当局的迫害日益加剧，大批老挝赫蒙族开始冒死穿越湄公河逃亡泰国，这是逃离老挝最为便捷的道路。1975年5月，赫蒙族和其他族群到达泰国难民

---

① 莫当：《苗族史》，张永国等译，《贵州民族研究》1987年第1期。
② 《一场灭绝种族的大屠杀》，《曼谷日报》，转引自《人民日报》1981年4月14日。
③ 杨道：《苗族在西方》，香港华夏文化出版社，1999，第33页。

营。瑶族人、克木族人等其他山地民族随之而来，逃离巴特寮的统治。泰国政府在国际组织的协调下，快速建立起若干个难民营，接纳老挝赫蒙族难民。根据杨道先生估计，因为路途遥远，赫蒙族只能依靠野生植物来维持生命，再加上巴特寮巡逻队的围追堵截，赫蒙族难民当中大约只有1/3的人成功抵达泰国，其他人要么在伏击中丧生，要么被巴特寮俘虏。

从1975年到1992年，有10多万赫蒙族人逃到了泰国。很快，难民营中便人满为患，食品、药品资源极为短缺，居住和医疗等问题凸显。到1979年，难民营人数还在不断上升，原计划居住1万多人，却挤进了约4万人，甚至两家人凑合在仅10平方米的小木屋中，生存问题遭到极大的挑战。联合国难民署的救济资源显得杯水车薪，无法满足广大难民的日常需求。迫不得已之下，赫蒙族难民开始冒险走出难民营，一些人走出难民营帮泰国人打工谋生。严重的营养不良加上潮湿闷热的天气，传染病开始蔓延，难民营中在国际救援组织的领导下建立起临时医院进行防治。由村干部、家族族长和原军官将难民组织起来，分成小规模的小组，由组长随时报告疫情。由于没有足够的医生和药品，加上赫蒙族难民对西医的不了解，难民营中的医疗体系错综复杂。赫蒙族草医、赫蒙族巫师和西医轮番上阵，西医为病人打针配药，赫蒙族草医则为病人熬制草药，巫医则在营外设立路牌为病人和死者叫魂和送魂。尽管各路医生和专家纷纷使出浑身解数，但每天还是有难民死去。

为了减少难民营对援助的依赖，联合国难民署与各种国际救援机构合作开展一系列救助项目，其中最具代表性的是CAMA（儿童救助组织、国际救援组织和基督教与传教士联盟等机构的简称）发起的一项妇女自助项目。1976年，CAMA鼓励赫蒙族妇女发挥特长，制作赫蒙族传统手工艺品。早期由CAMA提供原材料，并聘请设计师在图案的选择、样式的设计、颜色的搭配和市场的销售等方面进行指导和帮助，从而制作出一种全新的手工艺品，在传统赫蒙族刺绣的基础上加入了迁徙历史和赫蒙族文化等元素，成为颇受市场欢迎的赫蒙族"故事绣"。这种赫蒙族故事绣至今依然畅销，成为赫蒙族文化的一大特色。如今，在老挝和西方很多国家的市场上仍然可以看到这种绣有赫蒙族特色图案的小工艺品,从布包、床单、桌布到围巾等。

从1975年开始到2009年泰国最后一个难民营正式关闭为止,老挝赫蒙族渐渐形成了独特的"难民营"文化:难民学校、难民市场和难民选拔的领袖,以及一年一度的赫蒙族新年庆典。在国际救援组织的帮助下,虽然生活依然困难重重,但是一切进入了暂时的平衡。手艺人制作工艺品并寻找市场进行销售,农夫则从泰国人那里租种土地,孩子们进入临时学校学习。每到年末,赫蒙族难民们会举行简陋的新年庆典,巫师们通过仪式来"驱赶"过去一年的不幸和苦难,"召唤"新一年的幸福生活。在这看似无奈的难民营生活中,赫蒙族依然有自由选择的权利和能力。或许正如维克多·弗兰克尔所言,"生活中确实有一种死亡驱力,但最终胜利的是生命驱力"[①]。一个族群和个人一样,均有自由选择和决策的能力,即便在身陷难民营的情况之下。赫蒙族难民似乎很快便从逃亡的惊恐和失去亲人的极度悲哀中安定下来,并开始思考未来去向的问题:难民营还可以待多久?未来的归宿在哪里?返回老挝还是继续逃亡他国?

图1-5 泰国赫蒙族难民营

[①] 古尔德、晓玲、弗兰克尔:《意义与人生》,中国轻工业出版社,2000,第4~6页。

第五节 离散世界各地

难民营中人数众多，成分也相对比较复杂，既有激进的军人，坚信要战斗到底，重返老挝，也有普通的赫蒙族农民，被迫迁往难民营避难。一开始，主张继续抵抗的力量占据上风，这些人由赫蒙族军官和士兵所组成，他们利用赫蒙族对于巴特寮大屠杀的恐惧和初到美国赫蒙族移民的种种困境，鼓动难民反攻老挝。但随着泰国和老挝关系的逐步正常化，泰国政府越来越反对难民营中反老挝的武装活动。1991年6月，在联合国组织的协调下，老挝和泰国政府签订一项难民安置的三方协议，争取在1994年前关闭难民营，尽快解决滞留的约4万名赫蒙族的去向问题，在移民第三国和返回老挝之间做出选择。此举引发了赫蒙族难民的强烈不满，美国赫蒙族移民举行了游行，反对泰国对这些赫蒙族难民的"强行遣送"；部分难民营中的赫蒙族同样抗议泰国政府的做法，因为对老挝政府缺乏信任，不愿意返回老挝。抗议者主要是军人及反政府武装的核心人物，他们控制了舆论导向，导致部分愿意返回老挝的赫蒙族也不敢表达意愿。一位移民美国的名叫 Mei Vue 的赫蒙族回忆道："实际上当时泰国难民营里还是有人愿意返回老挝的，但是他们不敢讲，如果讲了，很可能受到舆论的压力甚至人身威胁。我当时曾经表示希望回到老挝，不久便有人在我的住处附近扔了一颗炸弹。"[①] 虽然部分赫蒙族开始清醒地认识到，继续展开武装斗争夺回老挝的希望越来越小，并且也愿意迁回老挝生活，但整个难民营的舆论导向还是选择不与老挝政府和解，要么继续战斗，要么移民美国或其他国家。

1992年，泰国政府公开逮捕和驱逐了几个持有美国护照的试图在泰国组织颠覆老挝政府的赫蒙族政治人物，泰国政府坚定的立场和态度加快了赫蒙族难民的选择。从1991年开始的三年内，美国迫于人道主义的压力，

---

① 吴晓萍、何彪：《穿越时空隧道的山地民族，美国苗族移民的文化调适与变迁》，贵州人民出版社，2005，第22页。

率先接受了约 2.5 万名赫蒙族移民。1992 年底,最大的泰国 BAHVIHAI 难民营率先关闭,其他难民营相继关闭,最后一个难民营直到 2009 年 12 月 28 日才被强行关闭。由于不断有赫蒙族移民希望借道泰国难民营移民到美国等西方国家,泰国政府被迫在遣返难民上做了大量持续的工作,甚至拒绝联合国难民署和国际救援组织的食品和药品援助,尽快关闭难民营。泰国政府发言人称,在过去的十几年中,政府一共进行了 19 次难民遣返行动,滞留泰国并不比返回老挝更有希望。① 然而还有部分剩下的难民没有得到妥善安排,甚至流落泰国街头。

泰国政府对于大批赫蒙族难民的涌入非常被动,一方面被老挝政府指责为组织雇佣军,为老挝赫蒙族反政府武装提供了藏身之所,变相支持了武装分子;另一方面不利于泰国政府开展同化山地民族实现民族一体化的计划,扰乱了泰国正常的政治和社会秩序。泰国政府不得已向联合国寻求帮助。1975 年 7 月,联合国难民署派遣调研组前往泰国调研,就解决难民问题共商对策,最终达成了《1975 年印度支那移民与难民援助法案》。1975 年底,王宝和部队军官及家属成员 150 户约 750 人成为首批离开泰国难民营的美国移民。

在联合国的协调下,美国及其盟国率先接纳赫蒙族难民。法国作为曾经的老挝宗主国,也向赫蒙族敞开大门,每月接纳约 1000 名赫蒙族,1976 年全年接纳约 11000 人,成为接纳赫蒙族移民数量第二的国家。随后,中国、加拿大、德国、法属圭亚那、阿根廷、澳大利亚等国也接纳了几百到几千人不等。由于各国政府担心难民难以适应当地社会生活,接收国普遍倾向于接收受教育水平较高的赫蒙族青年。根据美国赫蒙族学者杨寇的研究,老挝 1975 年战争结束之后,有 10% 的人口沦为外国难民,这些人中半数以上为赫蒙族。当时老挝赫蒙族共约 30 万人,其中有一半人在 1975 年之后离开了老挝,离散到欧亚大陆、美洲大陆和澳大利亚。

法国共接纳约 1 万名赫蒙族,仅次于美国。但在此后的十年中,有近一半的赫蒙族二次移民到了美国,以寻求更好的教育和生活条件。法国赫

---

① http://news.163.com/09/1229/08/5RMGFU7Q0001121M.html,2017 年 8 月 2 日。

蒙族大部分分散居住在各大城市，如巴黎、里昂和尼斯等。1986 年，美国杨寇教授访问法国，他为法国赫蒙族所取得的成绩感到惊讶。巴黎的大街小巷可以看到赫蒙族司机，他们完全可以胜任新的工作和新的社会背景。与巴黎不同，尼斯和尼米的赫蒙族主要依靠农业为生，但与老挝时候的刀耕火种方式大有不同，他们已经很好地适应了法国的气候和自然条件。

在法属圭亚那的卡考和加沃黑，赫蒙族建立了两个传统赫蒙族村寨，各 1000 人。他们在此按照老挝赫蒙族的形态建立起家族组织，主要从事农业生产，改良了过去传统的农业技术，获得了自给自足的生活。这里的赫蒙族与法国和美国的赫蒙族之间保持较大的流动性，形成了一个跨国互动模式，不断有赫蒙族从这里二次移民到美国，寻求个人以及家族更好的发展。

外界对德国的赫蒙族知之甚少，直到 20 世纪 90 年代，一些在美国服役的赫蒙族军人在德国出差期间发现了一些赫蒙族家庭。这里的赫蒙族主要来自老挝西北部的沙耶武里省的 5 个姓氏宗族，现在主要居住在德国的斯图加特和伽马廷根，人数仅 97 人。他们抛弃了传统宗教信仰，改信基督教。①

---

① 杨寇：《战后时期的苗族大流散》，《亚太移民杂志》2003 年第 3 期。

第二章

赫蒙族在老挝的
内部迁徙

第二章　赫蒙族在老挝的内部迁徙

第一节　内部迁徙的趋势

老挝赫蒙族分布呈现大杂居、小聚居的特点。过去赫蒙族主要分布在老挝北部地区，以川圹和琅勃拉邦为中心，华潘和乌多姆塞次之。1995～2005年，赫蒙族分布出现了新的趋势，赫蒙族以川圹为中心，逐渐向周边扩散。赫蒙族人口集中度以川圹为最，紧邻的万象省、华潘省、琅勃拉邦等次之。赫蒙族以川圹省为中心，主要分布在丰沙湾市、蒙毕县、蒙堪等8个县，其中川圹省农黑县又被称为"赫蒙族大本营"，赫蒙族人口最为集中。

赫蒙族迁入老挝之初，形成了如川圹、琅勃拉邦等几个主要的聚居地，但其迁徙过程并未停止，导致其分布特点一直在发生改变。早期阶段，赫蒙族从中国云南迁入，沿途寻找适合种植玉米、旱稻的山地，主要定居在乌多姆塞、华潘、川圹等老挝北方山地省份。此时的赫蒙族以山地种植为主，依附于农业与土地，多半聚居在地处偏远的山区。随着商品经济的兴起，部分赫蒙族人开始涌入琅勃拉邦市、川圹省丰沙湾市等城市，从事小商品贸易与商业活动等。在相当长一段时间内，赫蒙族虽然发生着小范围的迁徙，但总体格局保持不变，主要集中在老挝北部山地省份。这个格局于20世纪60年代被打破，随着"秘密战争"的爆发，赫蒙族被迫开始了一次大规模的迁徙。在王宝的号召下，川圹及其周边各省的赫蒙族开始向农黑县聚集，随着战争局势的不断转变，赫蒙族跟随王宝转战南北。战争结束之后，10多万赫蒙族人被迫从老挝转道泰国等第三国前往美国、法国等国家避难。

近年来，随着老挝经济革新开放政策的推行，部分地区的经济增长较快，从而加快了人口流动的进程，赫蒙族作为一个有着迁徙历史的民族，自然也加入了这股浪潮。就田野调查所掌握的情况来看，赫蒙族目前在老挝境内的二次迁徙情况非常普遍，还在不断迁徙的过程当中。在调查赫蒙族迁徙的过程中，并没有一条清晰的主线可以把握，让笔者一开始便陷入了困境。只有在整体把握迁徙路线的基础上，才能理解其背后的复杂内在逻辑。

第二节　迁徙类型及分析

在试图找到赫蒙族迁徙的主线和逻辑失败之后，笔者认识到不能简单化地理解一个复杂的问题，开始更加深入地扎到田野点中去，倾听赫蒙族群众最真实的声音，从现实情境中去找答案。在调查了老挝北部、中部等大部分地区的十几个村寨之后，笔者开始调查赫蒙族二次迁徙的动态路线图。田野调查的资料显示，目前赫蒙族在老挝境内二次迁徙的路线主要有以下几条：第一条，从山区村庄迁往更为偏远的山区，主要发生在川圹、琅勃拉邦和波里坎塞等赫蒙族人口较密集的省份；第二条，从人口密集的城镇向城市聚集，主要从事商业活动；第三条，因为教育等因素从小地方前往大城市发展。

一　以生存为目的的迁徙

早期的山地赫蒙族生产方式落后，采用原始的刀耕火种：先砍伐地面上的草木等，草木晒干后用火焚烧；经过火烧之后，土地变得松软，再利用草木灰作为肥料，播种之后不需要施肥，一般数年后易地而种。这是一种粗放式经营的传统农业生产方式，亩产较低，对土地破坏较大。刀耕火种作为一种游耕农业，与定居农业相比是一种粗放式的生产方式，具体表现在轮歇耕作上。举例来说，定居的水田稻作民族人均所需土地2～3亩即可满足生存必需，而游耕则需要少则9亩、多则30亩不等，具体根据轮歇时间而定。①

---

① 尹绍亭：《一个充满争议的文化生态体系——云南刀耕火种研究》，云南人民出版社，1991年，第77页。

第二章 赫蒙族在老挝的内部迁徙

按照这种生产方式,单位面积土地能养活的人数非常有限。老挝山地赫蒙族对山林土地的需求量非常大,随着人数的增加,必须不断拓展土地的面积,因此出现老挝赫蒙族从山区村寨迁往更偏远山区的现象。需要解释的是,刀耕火种并非野蛮、落后、原始的生产方式,而是在特定地理生态条件下,居民充分利用自然条件因地制宜的结果。历史上不乏汉族移居云南之后开始刀耕火种的案例,为了适应当地自然地理条件,他们主动放弃了水田种植技术。刀耕火种并非"原始"的代名词,水田种植也并非文明的林志符,一切皆因自然选择和人类的理性选择而定。①

图 2-1 LONGLAN 村

老挝是世界上最为贫困的国家之一,而很多赫蒙族至今依然生活在最偏远的深山密林之中,捕捉其生活的原始场景一直是本次调查的重要内容。最终,在琅勃拉邦省和波里坎塞省的山区,笔者找到了这样的村庄。这些省份的大部分地区被森林覆盖,人口稀少,特别是波里坎塞省,有6片广袤的森林已经被定为国家保护区。这些处女地目前是两派势力博弈的

---

① 尹绍亭:《一个充满争议的文化生态体系——云南刀耕火种研究》,云南人民出版社,1991,第15页。

主战场，一方是主张开发老挝水电资源储备的经济改革派，另一方是希望保护亚洲最原始荒野地带的环保派。然而和大部分欠发达国家的情况一样，经济改革派短期内占据了上风，因为经济利益的诱惑对于一个贫穷的国家而言，其说服力是不言而喻的。与此类似，对于一个还在为生存而战的民族而言，哪里有土地，哪里就有希望。部分老挝赫蒙族还在不断开疆拓土的前进道路上，在他们眼里，原始森林非但并不危险，反而是希望所在。

这样一些村寨具有如下共同特点。首先，"小"。这里的小不仅指的是村寨规模、人口数量，还代表经济结构单一、抵御风险能力差。离琅勃拉邦市区约50公里的LONGLAN村，共20户，人口不到100人，大多人姓李，是名副其实的小村屯。村民经济结构简单，基本处于自给自足的小农经济阶段，以农林业为主。除了种植稻谷蔬菜之外，还有韩国非政府组织鼓励的咖啡种植项目，但均在试验阶段，还没有形成规模效应。正是因为小，存在许多问题。一是人口少，经济难以实现跨越式发展，一直以来都保持着小农经济自给自足的规模，很难有大的发展。目前值得期待的是能够与韩国公司合作，以"公司+农户"的方式，充分利用本地的森林资源，种植经济林，比如黄金柚木等。二是村子小，经济落后，很难吸引到外村女子嫁到本村，导致部分家庭出现"光棍"现象，不利于人口的繁衍。其次，"美"。这些村寨均地处偏远，自然生态保存完好，一些甚至在国家保护区之中，风景如画，美不胜收。这在外来游客的眼中自然是丰富的自然资源，但是生活在其中的居民会遇到各种问题。再加上老挝整体交通设施落后，全国都没有一条高速公路，交通闭塞是限制这些村寨发展的首要原因。交通闭塞带来了一系列的问题，比如教育、医疗等跟不上，部分村寨甚至还没有通水、通电，可见其还处在原始的经济状态。

个案2-1：心中那片自由的土地

访谈对象：某男，36岁，LONGLAN村人，赫蒙族。
（根据2015年8月5日访谈整理）
我们家最初是住在琅勃拉邦附近的村子，兄弟5人。家里有一小块山地，无法满足一家人的生存所需，只得租种佬族的土地，才可以勉强糊口。兄弟几个成家立业之后开始分家，老大继承了家里仅有的一块山地，其他几个包括我就开始四处寻找容身之地。这在赫蒙族家庭是很常见的现象，有些家庭10多个兄弟，到最后都要去外面发展。这和佬族小女儿留在家中招郎入赘、其他女儿都嫁人是一样的。

几经打听，我知道了这个村子，当时人还不多，我来考察了两天，觉得很适合。向村长申请获得同意之后，就决定在这里落脚。这个地方虽然偏远，但是自然条件好，很适合刀耕火种，我在村民的帮助下开垦了一块地，安顿下来。我们赫蒙族只要拥有一块属于自己的土地，那便是最重要的事情，就像猎人手中有一杆枪。这块土地除了是我们安身立命的根本之外，还具有更重要的意义。每个赫蒙族人，他自由的灵魂都必须对应一块属于自己的土地。如果没有土地承载自己的灵魂，那么死后只能作为孤魂野鬼游荡在外。这就是赫蒙族不断开疆拓土、不断迁徙的重要原因，我们每个人都必须找到属于自己的那块自由的土地。过去，我们主要是采用刀耕火种的游耕方法来获取粮食，因此必须要不断更换自己的那块土地，现在我们学会了定居，采取精耕细作的方式，这是一个很大的进步。定居这里之后，我不再需要像过去一样辛苦地迁徙，家里现在养了几头猪，准备有机会再买一头小牛，这样就不缺什么了。牛是我们赫蒙族家庭当中最重要的一部分，一定要尽快实现。

在这样的小而美的赫蒙族村寨，乍看是一片幽静的世外桃源。在这里，一切显得安静祥和，没有纷飞战乱，没有尔虞我诈，没有族群争斗……但是访谈几户村民之后，我和同行的老挝社会科学院的尚昆同志心里越发沉重。小而美的是外表，现实中的赫蒙族村民却各有各的无奈以及辛酸的奋斗历程。部分赫蒙族家庭有身患顽疾的老人，由于终日劳作而目光呆滞，只有儿童的脸上能够露出灿烂的笑容。由于缺乏必要的教育、医疗设施，这些赫蒙族儿童长大成人之后，或许要走上和父辈一样的艰苦道路，劳作一生而仅仅能够维持生存。即便如此，赫蒙族村民还是心怀乐观的情绪，对这样一片自由的土地充满了感激。如果没有这片土地，他们基本的生存

图 2-2　笔者与村民的合影

问题都得不到解决。

  这些村寨在很大程度上还原了最初的赫蒙族先民历经千难万苦从遥远的中国一路南迁的情景，虽然时间已经过去了上百年，这样的故事还在持续上演，或许还将持续下去。这与当前这个全球化的时代格格不入，却真实发生在地球的某个角落。这种迫于生存压力的迁徙主要是与苗族千百年来的传统生计方式有关，即依赖土地获取资源。如果和犹太人进行对比，可以发现民族性格对族群发展所带来的影响。犹太人在早期欧洲也是历经磨难，到处被排挤和打压，在一些国家被明令禁止不准拥有土地。犹太人被逼只能从事商业活动，摆脱对土地以及农业生产的依赖，并在商品贸易的基础上开展金融等活动。老挝赫蒙族与此不同，尽管也有赫蒙族在琅勃拉邦等城市开展一些商业贸易活动，但是相比他们祖辈世世代代最为擅长的传统农业生产方式，在陌生的城镇或市区进行商业活动则是一个完全陌生的领域，少有人参与，大部分赫蒙族会选择到人迹罕至的山区去寻找属于自己的那片土地。所以，一个族群的发展面临诸多选择，而有些选择是在族群互动过程中做出的，处处受到外在因素的限制和挑战。在最新的"路学"研究体系中，有学者发展出弹持论（Resilience Theory）来解释文化和生态两大系统自我修复与改进的动态过程。加拿大数学家路德维格（Don Ludwig）举过一个简单的例子：设想人们不断给一艘船添加石头，最终导致船只的沉没，那么在沉没之前所有石头的总重量就是那条船的弹持力的大小。这可以用来解释一个动态平衡的系统在不平衡状态下的自我修复能力，也可以测试一个系统对抗外界干扰的抵御能力的边界。[1]这类似于塔勒布在《反脆弱：从不确定性中获益》中提出的观点：每一个系统都有它的抗风险能力边界。适当的微风可以让蜡烛燃烧得更旺盛，但到一定程度就会吹灭蜡烛，临界点就是风险抵御能力的边界。[2]霍林认为，生态系统永远处于动态的变化之中，一系列不同形态和结构在长时间中交替延承。一个系统可以分为四个阶段：快速成长期、成熟期、突变期和重组期。弹持力在第一阶段最强，随着系统的成熟和各部分之间紧密关联交迭，弹持力逐渐减弱，最终达到一种脆弱状态。近年来，弹持理论也被用来解释社会历史现象，如美国电话电报公司的迅速崛起到盛极而衰。社会文化是一个各部分整合完好的系统，里面的各部分共同发挥功能从而使整个系统保持平衡状态。弹持论强调社会和生态系统之间的关联性，关注社会和人的因素，认为人类和生态系统的互动能够改变其弹持能力。这一观点凸显了生态和社会系统可以在一个整合框架中加以研究，而社会系统和人类的特殊性也应全面纳入考量。人类和生态系统互动，采取主动行动，在各种不同情形和环境中做出相应的决定。具有学习能力的人能够积累知识，建立社会组织，从而增强他们与生态系统互动的适应力和弹持力。[3]

二 以商业为目的的迁徙

老挝赫蒙族并非铁板一块，在漫长的历史长河中，赫蒙族内部出现了分层分化，这在第一章农黑县的情况中已做了介绍。赫蒙族内部分化导致

---

[1] 周永明主编《路学：道路、空间与文化》，重庆大学出版社，2016，第6~7页。
[2] 纳西姆·尼古拉斯·塔勒布：《反脆弱：从不确定性中获益》，雨珂译，中信出版社，2014。
[3] 周永明主编《路学：道路、空间与文化》，重庆大学出版社，2016，第8~9页。

内部分层，一部分赫蒙族人依靠自身努力和历史机遇成为地方首领，在特定历史时期依靠种植鸦片等获得了大量财富；一部分赫蒙族人流落到城镇，最终依靠商业活动谋生；大部分赫蒙族人还是聚居在山区，以农业生产为主要谋生方式。要从事商业活动，必须前往人口密集、经济相对发达的城市或集市，因此这部分赫蒙族的迁徙路线则是从传统赫蒙族聚居地川圹、丰沙里等开始前往商业发达的琅勃拉邦、万象等地周边，主要是从事地摊、手工艺品制作、餐饮等行业。

为了找到以商业活动为生的赫蒙族，笔者前往世界文化遗产城市琅勃拉邦，那里是老挝最负盛名的旅游城市之一。这里有来自世界各地的背包客，争相目睹这座被时光遗忘的城市，感受佛教文化的魅力和原始的自然风情。琅勃拉邦夜市是这座城市晚上最热闹的地方，吸引着各地的游客，同样也引起了笔者的注意。夜市位于洋人街（Sisavangvong Road），街道的一侧是佛教圣地普西山，另一侧则是旧皇宫。白天，这是一条普通的街道，可是到了傍晚，附近的小商小贩便开始搭起简易的帐篷，在里面摆满各种手工艺品、特色小商品等。这里的商品种类繁多，可以按照摊主的族属来分类。佬族摊主主要经营各种小饰品、佬族特色服装筒裙和筒裤，还有很大一部分是以佛教为题材的艺术品，包括佛像木雕、各种材料的复制品、绘画等。赫蒙族摊主主要经营各种赫蒙族特色服饰、刺绣等，还有一些刀具、古董等。这些小商贩主中有约1/3是赫蒙族人，大部分是佬族人，克木族等其他少数民族非常少见。

个案2-2 有人的地方就有生意

访谈对象：某女，52岁，KHOAWA村人，赫蒙族。

（根据2015年8月7日访谈整理）

我祖上是从中国搬来的，具体在哪里不记得了，但是我会讲一点中文（类似中国广东白话）。我们家在老挝境内的迁徙路线记得很清楚，先从MONGMIN搬到DUOLA，然后到DIANMASONG、LONGWAIMAI、LONG-WAIGOU，最后在LONGLAN生活了一段时间，20年前才搬来现在的村子

KHOAWA 村。现在我们的亲戚大部分还在 LONGLAN，当时那里有 80 户，现在还剩 60 多户。1994 年的时候，我们村有 10 个人共同筹集 1 万美元从佬族人手上买来 700 平方米的土地，然后建房定居下来，主要从事商业贸易。本村是赫蒙族、佬族杂居村子，由赫蒙族和佬族共同管理，有 3 个村长，其中 2 人为赫蒙族，1 人为佬族。目前共有 1535 人，其中佬族 65 户，341 人（女性 154 人）；赫蒙族 153 户，1194 人（女性 582 人）。1994 年的时候我们是较早一批搬来的赫蒙族，后来迁来的赫蒙族慢慢多起来。赫蒙族迁来这里的原因主要有两个，第一，琅勃拉邦的旅游业吸引了大量的外国人，同时也让当地的小商品市场快速繁荣起来，很多赫蒙族看到了商机；第二，老挝政府鼓励赫蒙族从山上迁到平地生活，给了一定的优惠政策。有钱的赫蒙族可以从佬族手里购买土地建房，也可以在政府划定的一片区域内免费建房，只需要缴纳少量租金即可，类似于政府廉租房。为了帮助赫蒙族安定下来，政府还让赫蒙族租种土地，每年缴纳一定量的"农田税"即可。很多赫蒙族一开始不敢离开世代生活的山区家园，主要是有后顾之忧，怕搬来平地之后没有生活来源，自从政府给予土地租种解决赫蒙族的生计问题之后，不断有赫蒙族落户这里。

经过亲朋好友介绍和帮助，越来越多的赫蒙族从山上搬来这里，大部分赫蒙族一开始依靠租种政府土地来维持生活，后来发现在市区做生意赚钱更多，也有一部分利用农闲时节学着去洋人街摆摊做生意了。我们家来得早，是最早去洋人街摆摊的一批赫蒙族。在我的带领下，现在 KHOAWA 村有将近 80 人每天都去夜市卖东西，占到洋人街的 1/3 以上。很多赫蒙族家庭的主要收入来自摆摊，农业收入维持家庭日常开支。农业生产看天吃饭，受到气候等自然条件的影响，投入劳动力成本高，收入还不稳定。摆摊则不同，投入成本低，一个女性就可以忙得过来，一个摊位一年的租金 300 万基普（约合人民币 2400 元/年），包括了摊位费、治安费、电费、垃圾费等。每年旺季的时候一天收入合人民币 50～100 元，淡季的时候也有 30 元左右。只要琅勃拉邦的旅游业能够继续发展，那么我们的生意就会越来越好。外国人非常喜欢民族特色的商品，我现在也在思考如何能做出更多更具有赫蒙族特色的物美价廉的民族工艺品。

图2-3 琅勃拉邦洋人街的赫蒙族店铺

从深山密林中走出来的老挝赫蒙族能否在这样一个旅游城市中依靠商品贸易占据一席之地呢？答案是肯定的，琅勃拉邦 KHOAWA 村的赫蒙族便是证明。但是这个过程远没有想象的那么简单，每一个赫蒙族人成功的案例背后都有一段艰辛的历程。例如个案2-2中洋人街的某女的祖先作为从农民向商人转型的赫蒙族代表，其走过的道路并不平坦，历经上百年的时间辗转了7个地点，最终才在琅勃拉邦找到一席之地，成功靠商业贸易谋生。而其大部分的同胞依然生活在山区的 LONGLAN 村，不足1/8的人迁往平地。一个普通的赫蒙族人想要从山区迁往平地生活并且能够成功转型，往往需要几代人的努力。只要老挝社会总体上向更开放的方向前进，赫蒙族迁徙没有制度上的限制，那么追求更好生活的内在动力会让更多年轻有活力的具有冒险精神的赫蒙族人继续迁徙。

三 青年一代的集体迁徙

判断一个族群是否有希望要看群体中的年轻人是否积极向上、开拓进取，是否具有冒险精神和创新精神。在老挝赫蒙族群体中，可以看到不同类型的年轻人，有的墨守成规，文化水平不高，终日陷于繁重的体力劳动中，不能接触外界的思想和新鲜事物，没有机会迎来生活的转机，

图 2-4　在洋人街与赫蒙族店主合影

甚至对未来不再充满希望；而同样还有一群年轻人，他们思维活跃，刻苦好学，努力抓住每一次机会，不断迎接新的挑战，最终成为社会的中坚力量，进入老挝社会的主流人群当中。这两类赫蒙族的差别更多发生在地区与地区之间，而不是不同支系之间，主要与赫蒙族所在地区的教育水平和经济发展水平相关。第一类赫蒙族青年主要生活在经济水平相对落后的山区，教育水平较低，甚至还有文盲的现象。缺少了教育这条通道，赫蒙族很难有向上流动的道路。第二类赫蒙族青年大多生活在城镇或城市，从小受到较好的教育，通过自身的努力获得向上流动的机会。

　　这种内部迁徙的赫蒙族群体人数最少，在数量上不能与前述以生存、经商为目的进行迁徙的赫蒙族群体相抗衡，但是在质量上或者说在影响力方面远远超过前述两类赫蒙族。在老挝社会有一个普遍共识，赫蒙族学生较其他民族的学生在学习上更加刻苦，平均成绩较好，在同龄人中具有较强的竞争力。2016年1月老挝人民革命党中央政治局委员11人当中，巴妮·亚陶都身为赫蒙族，当选九届政治局委员、国会主席。此外，在党内高层当中也有赫蒙族的一席之地。优秀的赫蒙族学生中有一部分获得了国家公派出国留学的机会，前往中国、美国、韩国、蒙古国等国家学习，回国后成为老挝经济社会发展急需的人才。以云南大学为例,目前在校老挝留学生共 105 人,其中赫蒙族 21 人。①

个案 2-3　感谢祖国的培养

访谈对象:某男,29 岁,琅勃拉邦,赫蒙族。

(根据 2015 年 8 月 9 日访谈整理)

我老家在离琅勃拉邦市区约 30 公里的一个赫蒙族村寨,父亲做生意之后搬到琅勃拉邦定居。父亲从小教育我要好好学习,争取成为一名公务员,将来可以为老挝赫蒙族做一点力所能及的事情。我很顺利地进入老挝国立大学,后来因为成绩优秀获得了公派留学的机会。我现在中国云南大学学习,虽然还有两年毕业,但是已经在琅勃拉邦师范学校找到了一份教师的工作。尽管没有实现父亲的理想,我还是非常高兴能够有这样一份工作,能够培养更多的年轻人,特别是一些有理想、有进取心的青年,使我们的民族更有希望。

在云南大学,我认识了来自世界各地的朋友,开阔了视野,了解了外面精彩的世界,也发现了老挝还有很多需要改进的地方。同时也认识了来自老挝各省的同学,虽然在不同的学院和大学,但是我们非常团结,每个学期都有活动,而且有老挝留学生联谊会加强联系,以便毕业之后还可以互相来往。每次看到这些朝气蓬勃的年轻同学,我就感到老挝很有希望,同学当中有老挝社会科学院的研究员,有琅勃拉邦市政府的官员,还有各大学的老师,这些同学将来都是老挝社会的顶梁柱,相信在我们学成之后,可以为老挝的发展做出自己的贡献,将老挝建设得更加美好。我作为赫蒙族,也非常感谢老挝政府的培养,如果没有奖学金的资助,我不可能有机会接触到外面的世界,不可能认识这么多优秀的同学,当然也不能提高自己的能力,为赫蒙族、为老挝做出更大的贡献。

---

① 　数据截止日期 2017 年 1 月 5 日。

图 2-5　与老挝赫蒙族留学生合影

第三节　未来趋势分析

在相当长的时间里，赫蒙族和佬族以及老挝其他民族都处于竞生阶段，赫蒙族时刻面临生存和发展的危机，大部分时间在考量经济生产方式、自然地理条件、土地资源等因素，而不断进行迁徙。在美国学者罗伯特·库帕看来，老挝赫蒙族迁徙与离散的重要因素是经济因素。1850～1880年，在华的苗族进行了一系列反抗清政府的斗争，这主要归因于清政府在第一次鸦片战争后向英国支付沉重赔款采取的重税以寻求生财之道的政策。因此，苗族与清政府之间的斗争具有突出的经济特点。[①] 19世纪以来，迁出老挝的赫蒙族难民与从中国迁出的苗族难民数量一样多，甚至更多。因此，清政府的镇压并不是导致赫蒙族迁徙的唯一原因。即便没有中国古代政权从政治方面施加的压力，赫蒙族也会因为人口增长带来的经济方面的压力而不断迁徙。一旦来自官方的压力消失，赫蒙族移民迁徙的速

---

① 罗伯特·库帕：《老挝苗族流亡与回归中的经济因素》，颜勇译，《贵州民族研究》1997年第3期。

度就会放缓,但不会停止,经济因素是驱动赫蒙族不断迁徙的重要原因。

在族群关系的依生和竞生阶段,群体最大的矛盾便是维持自身的生存与有限的自然资源之间的矛盾,因此往往产生族群之间的矛盾与冲突,族群也因此不断地迁徙,以获取最优的自然地理资源。而在目前所处的共生阶段,族群一方面考虑如何与其他族群更好地协同合作,以获取经济效益最大化;另一方面则争取在文化、宗教等方面与其他族群进行交往与互动,以降低沟通成本,增进互信。

过去,老挝赫蒙族多半采取粗放式的刀耕火种生产方式,以高山游耕生产方式为主,有效地利用了山地自然条件,但生产效率相对低下。因为山地高寒气候适宜种植鸦片,同时赫蒙族生活区邻近老挝、泰国和缅甸交界的"金三角"毒品贸易带,一段时间内,赫蒙族以鸦片种植为家庭主要经济收入来源,甚至一度被称为"鸦片民族"。从20世纪60年代开始,由于当地政府禁止种植鸦片,赫蒙族开始转型,部分迁居到平原地区,从事定居的水稻种植。由于战争的原因,有近3万名赫蒙族人下山前往军事中心龙镇,这批赫蒙族成为第一批大规模从事商业活动的赫蒙族城镇居民。1975年以来,老挝人民革命党也鼓励赫蒙族下坝定居,部分赫蒙族搬迁到公路附近的村庄生活。总体而言,老挝赫蒙族虽然大部分依然生活在北部高地,但是已有向平地迁徙的趋势。可以预见的是,在未来相当长一段时间里,这种趋势将会持续下去。经济互动与协作带来了一些新的变化。

其一,市场经济增强族群互动。自1988年革新开放政策实施以来,老挝政府大力吸引外资,国内经济被激活,大批合资、民营企业快速发展。国内银行、交通、电信、制造业等快速发展的同时带来了大量的就业机会,此外,来自中国、韩国、日本、澳大利亚等国的资本投资创办了采矿业、服务业等企业,也创造了大量的就业机会。这些企业在招聘过程中,主要考虑的是合格可靠的劳动力,并非把族群因素放在第一位,这给经济生产水平相对较低的少数民族带来机会。在万象市的一些企业,佬族、赫蒙族、克木族等在一家公司上班的情况比比皆是,这给各族群提供了加强互动、增进了解的平台,消除了一些固有的偏见与误解。革新开放政策实施以来,市场活力大大释放,一批赫蒙族商人通过商业贸易等手段赚取了第一桶金,拥有了自己的企业,这些企业除了招募赫蒙族工人,同样会聘用佬族、克木族工人。这些从整体上提升了赫蒙族的地位,改变了过去赫蒙族给人留下的贫穷落后的山地民族形象,他们不再是依靠鸦片谋生的农民,而是新的富有商人形象。虽然这只是少部分先富起来的赫蒙族群体,但是作为赫蒙族代表,无疑增进了整个老挝社会对赫蒙族的了解。

其二,市场经济加快了赫蒙族的内部迁徙,不断向城镇聚集。在老挝国内有一种内部迁徙的现象,一部分赫蒙族通过自身努力获取了财富,开始向城市迁徙,他们大多集中在城市周边,比如琅勃拉邦、乌多姆塞、万象市周边的村庄。因为老挝土地可以自由买卖,富有的赫蒙族便在村庄附近购买水田,过上定居的生活。这一般是以家族或家庭为单位的内部迁徙,在很多城镇可以看到。

不断壮大的赫蒙族村寨[①]

在距离万象市区 30 公里处有一个叫作弄宋洪的赫蒙族村庄,目前共有 412 户,总人口 3584 人,女性 1787 人。该村有 12 个赫蒙族姓氏,但主要有李、王、张、杨四大家族,其中李姓 40 户,王姓 40 户,杨姓 70 户,张姓 60 户,剩下为各地搬来的零星家庭。该村大部分人 20 多年前从川圹省搬来,由政府主导划出一块空地,让赫蒙族聚居于此。政府只是协调人的角色,土地是赫蒙族以家族为单位花钱从佬族人手中买来的,价格为 2000 美元/公顷。土地买来之后,再由家族内部分配田地。有了土地,在经济上站稳脚跟之后,该村赫蒙族开始了教育自强之路,通过升学就业,该村第二代中已经有了军人、警察、政府官员等,成为远近闻名的赫蒙族村。不少女性赫蒙族从川圹、华潘、乌多姆塞、琅勃拉邦等省远嫁该村。该村还隆重举办一年一度的赫蒙族新年活动,邀请在川圹、琅勃拉邦等省的亲戚过来参加,此外,还有来自美国、中国、越南的同族人积极的参与,占

---

① 根据 2015 年 7 月 19 日田野资料整理。

总人数的 20%。

正因为如此，该赫蒙族村有不断壮大的趋势。美国早期唐人街的形成是因为周边族群与华人关系恶化而搬走，剩下的华人越来越多，最终成为唐人街。与此不同，弄宋洪村并非一个赫蒙族孤岛，这里虽然是一个赫蒙族村，但与周边村庄保持着密切的交往。作为一个成功赢得佬族尊重的赫蒙族村庄，弄宋洪在赫蒙族圈子里也获得了良好的声誉，不断有赫蒙族搬来这里。

图 2-6　与弄宋洪村村干部合影

经济的快速发展让少数民族青少年充满了对城市生活的向往，电视媒体的普及也让青少年对外部世界有了更为深入的了解。老挝广大农村少数民族青少年通往城镇生活的渠道无非两条，一方面依靠读书考取大学，毕业之后在大城市谋取一席之地；另一方面则是前往城市的企业打工。这两条路都非常艰辛，必须付出大量的努力以及舍弃安逸的农村生活，无论如何，赫蒙族、克木族等少数民族前往大城市谋生的趋势已经形成。此外，除了青少年，一批具备劳动能力的中青年也不断前往城镇打工。这带来了一系列的社会问题，比如农村粮食产量开始下降，城市农民工也给社会治安等带来一定压力。但经济互动给城市带来了大量劳动力，促进了经济的发展。

马克思主义人口论认为，一切人口现象由经济发展决定，老挝赫蒙族的内部离散则是对这句话很好的注解。1853年，马克思在《强迫移民》中首次论述了人口迁移问题，认为不论是人口的国际迁移还是城乡间的流动，都受到生产力和生产关系的制约。老挝赫蒙族在国内的二次迁徙现象使赫蒙族摆脱了以往政治避难和迫害的阴影，具有一种积极主动的特征，同时它给赫蒙族自身以及老挝社会注入了活力，给族群的长远发展以及个人发展提供了机会。老挝革新开放政策大大促进了各中心城市的经济快速发展，创造了大量的就业机会，急需大量专业人才。在此过程当中，老挝赫蒙族青年不断学习，努力成为经济发展所需的专业人才，在城市中占有一席之地。

第三章

老挝赫蒙族的
生存策略

第三章 老挝赫蒙族的生存策略

第一节 三赛村的经济互动

一 三赛村概况

川圹省的农黑县①，被称为老挝赫蒙族的大本营，其战略地位意味着它是一个重要的补给和转运点，在印度支那战争和越南战争期间，经历了诸多动荡的历史战役。农黑是老挝东北部的一个市镇，距离老挝与越南边界线 13 公里，沿 7 号公路，距离川圹省会丰沙湾市 119 公里。农黑县有 107 个自然村，总人口 37564 人，其中女 18241 人。占地面积 233569.25 公顷，海拔 1200～1400 米。当地主要有 4 个民族，其中佬族人口占 14.63%，共 5496 人，女 2745 人；克木族占 9.98%，共 3750 人，女 1766 人；赫蒙族占 61.48%，共 23096 人，女 14191 人；朋族（Phong）占 13.09%，共 5222 人，女 2539 人。外来人口共 129 人，其中来自中国 41 人，女 19 人；来自越南 88 人，女 20 人。②

农黑县经济结构相对单一，以农业、养殖业、种植业、采矿业等为主。畜牧业是一般家庭的重要收入来源，该县共养牛 23695 头，马 1726 匹，羊 5502 只，猪 32883 头，家禽 115254 只。耕地 4000 公顷，产粮 7200 吨。水稻种植面积 360 公顷，生产稻谷 750 吨。菜地面积 145 公顷，产蔬菜 1595 吨。玉米种植面积 8500 公顷，64076 吨。草地 192 公顷，产草 779 吨。水库 1 个，占地 20 公顷。鱼塘 1118 个，占地 218 公顷。采金矿收入

---

① nonghet、nong 在老挝语中是池塘的意思，het 是犀牛的意思，合在一起是犀牛聚集在池塘周围。

② 资料来自老挝川圹省农黑县政府，2013 年 7 月。

16.68亿基普（约合人民币133万元）。在商贸方面，年出口玉米41326吨，李子183吨，桃子80吨，黄瓜60吨，其他生态蔬菜7吨。居民年均收入647美元，比上年增加8.7%。目前，该县共有58个贫困村，贫困家庭409户，占7.44%。其中48个村雨季无法通行，40个村没有通电。全县107个自然村，89个村已经接上自来水，还有18个村没有自来水，每个村都有小学、医务所。①

该县存在的主要问题是吸毒和非法种植鸦片。2012~2013年，共有7个自然村非法种植鸦片，偷种面积达13700平方米，这主要由当地的经济发展水平较低所导致。该村计划引进咖啡种植项目，以替代鸦片种植。2013年登记在册的吸毒人员33人，实际数字远超于此。该县另一个亟待解决的问题是处理"秘密战争"时遗留在地下的炸弹，总面积约333156平方米，已处理的面积157973平方米，已经拆除1926个炸弹。在排雷的过程中有14人受伤，2人死亡。这是关系到居民生命安全的重要工作，在国际有关机构的协助下正在紧张开展当中。

三赛村（thamxay）② 位于农黑县城所在地，是各民族聚居的自然村，全村总人口828人，女403人。其中赫蒙族67户，佬族72户，克木族32户。该村佬族共有5个姓氏，分别为Ha、Za、Lao、Va、Ta。赫蒙族共有13个姓氏，分别为Yang（杨姓）、Vang（王姓）、Lor（罗姓）、Vue（吴姓）、Fong（冯姓）、Tuo（陶姓）、Kong（宋姓）、Chang（张姓）、Her（侯姓）、Kue（古姓）、Khang（康姓）、Lee（李姓）、Hang（项姓）等，其中Yang（杨姓）、Vang（王姓）、Lor（罗姓）三姓人数最多。

该村距离老越边界13公里，边贸比较发达，有一些中国人和越南人来此做生意，主要售卖日常生活用品。村民主要以农业、畜牧业、种植业等为收入来源，经济结构比较单一。村中有家庭旅馆7个，共35个房间；饭店4家。因为地处老越边境，村委计划开发旅游，目前计划建设2个旅游区，正在接洽投资方。未来几年，旅游开发、经济作物种植比如咖啡等或

---

① 资料来自老挝川圹省农黑县政府，2013年7月。
② tham在老挝语中是平地的意思，xay是幸福的意思。

将成为新的经济增长点。

最早来三赛村定居的是佬族，具体时间不详，老人估算大概有300年。赫蒙族从各地迁移至此有5~8代人。据赫蒙族老人回忆，迁移到此的路线，主要有两条：第一条，从中国到老挝北部丰沙里省，再到华潘省，再到川圹省农黑县三赛村；第二条，从越南边境的5个村子迁移至此，这一部分的人数并不多，占总人口的3%~10%。调查发现，1945年前后有大量赫蒙族从老挝逃往越南，仅杨氏赫蒙族就有300多人前往越南义安省避难，直到1968年老挝局势稳定才有约150人返回老挝农黑县定居。① 据说最早到此的赫蒙族是罗姓和王姓两家，来的时候发现已有佬族在此居住，所以住在附近的山上。直到1975年民族关系渐趋融洽，赫蒙族才逐渐搬到平地，与佬族共同居住。

二 赫蒙族的传统生计方式

（一）赫蒙族农牧业

1. 旱稻种植

老挝是一个农业国家，地广人稀，耕地面积大。赫蒙族沿用传统的刀耕火种技能，以种植山地旱稻为主，以水稻、玉米、木薯等为辅。老挝属热带和亚热带季风气候，全年分旱雨两季，5~10月是雨季，11月至次年4月是旱季，气温北低南高，各地年平均气温20~30摄氏度。老挝自然资源主要有锡、铅、煤、金、铜、白金等，迄今得到少量开采的有锡、石膏、钾、盐、煤等。老挝森林资源丰富，全国森林覆盖率约40%，出产许多珍贵木材，"安息香"的产量和质量都居世界首位。此外老挝还出产茴香、豆蔻，各种纤维植物及竹类、藤类、棕树等。

3月左右，赫蒙族开始上山选出一片山林进行砍伐（如果继续种植去年的山地就不用这道程序），然后放火烧山，借助草木灰的肥力来提高产

---

① 资料来自61岁的赫蒙族老人李峰·杨口述，2013年7月24日。

量。烧山之后要放置一个月左右，这段时间赫蒙族会将山地上的大石头以及树根清理掉，大的树根没有办法清除则继续保留，这类似水稻种植的犁田和耙田的过程。到5月则开始用传统的方法进行播种，首先用木桩在地面打孔，一般播种深度以2~3厘米为宜，人工用犁开沟，播种后及时踩好。播种后要全面检查，对覆土过深或有大坷垃的地方要用耙子搂除，对覆土过浅和不严的地方及时覆土盖严、踩实。覆土过深或因表土形成硬盖使幼苗难以出土时，要及时用短齿小钉耙搂开硬盖或厚土，以起到助苗出土和消灭部分苗间杂草的作用。这里土壤肥沃，且雨季雨量充沛，基本不用再追肥和田间管理，等到10月左右收割即可。

个案3-1 旱稻种植农忙季节

访谈对象：某男，40岁，赫蒙族。

（根据2014年7月13日访谈记录整理）

我家有7个孩子，5男2女。一个妹妹嫁给万象的赫蒙族，一个嫁到附近村。大哥从小就很活跃，头脑好，早年在琅勃拉邦一带做点小生意赚了钱，主要是把一些中国生产的生活必需品拿到老挝来卖。后来到成家的年龄，便想安稳下来。在父母的劝说下用3000万基普（折合人民币2.4万元，当时这笔钱还是很多的）从邻村佬族手里买来0.7公顷水田，然后搬到那里居住，并在那里与一个佬族的姑娘结婚了。

父亲去世得早，目前我们其余4个兄弟和母亲住在一起，由于兄弟之间感情好，日子过得还可以。平时靠种植山地旱稻为主，山地离住的地方步行要2个小时，来回一趟不太容易。所以我们几兄弟和老婆一起上山种旱稻，这段时间吃住都在山上，只留一个怀孕的弟妹在家看门。今天我回来拿种子，待会儿还要上山。旱稻种植比较方便，只是4月比较忙碌，种好之后就等7月收割。我们的山地一般2~3年换一块地方，然后烧山，这样可以保证肥力。

以前我们10月收割好旱稻，就打包装好放在山上。因为旱季无雨，天气炎热，也不用晒，放在山上就可以保存得很好，到要吃的时候就上山去取。现在不行了，一些好吃懒做的人会去偷，所以我们兄弟几个要轮流把稻子背下来，去年我们一共收了 100 包旱稻，兄弟几个光把它们扛回家就用了 20 天左右的时间。每袋旱稻有 50 公斤，够我们全家吃，吃不完的还可以拿到丰沙湾市场去卖，一公斤 3000 基普（折合人民币 2.4 元）。我们赫蒙族没有水田，只能种植偏远的山地，每次做工要走 2 小时的山路，而且因为肥力问题，我们 2~3 年就必须更换一块山地来种植旱稻。我们也希望能够从佬族那里买些水田，可是一来现在水田的价格更贵了，二来佬族那些好的水田都自己留着，该卖的也都卖完了。现在唯一的办法就是租那些佬族的水田来种了，虽然租金有些贵，但毕竟比种植旱稻要方便很多。

2. 租种佬族水田

老挝地广人稀，可是在聚居地开垦出来质量好的水田已被佬族所占有。赫蒙族住在山腰上，除了极少数人买了些水田并搬下来与佬族一起居住之外，其他人必须步行很远种植旱稻。近年来出现了一种新的情况，一些佬族忙于生意，无法顾及家里的水稻生产，便想租给赫蒙族种植，并以交租的方式互利共赢。这种方式对赫蒙族有几个好处，第一，相对比较贫困的赫蒙人不用交钱便可以租种水田，只要付出劳动和交租即可；第二，可以不再去偏远的山地，忙碌的时候也可以照顾家庭；第三，租种的水田有一年的使用权，可以在旱季水稻收割之后种植蔬菜自家吃或者卖钱。

个案 3-2　一半粮食交田租

访谈对象：某男，30 岁，赫蒙族。

（根据 2014 年 7 月 14 日访谈记录整理）

我们家是一百多年前从老挝与越南交界地区迁来的，当时战乱，哪里都不容易生存。中途住过几个地方，一个家族边走边停，每到一个地方就有一个兄弟留下，走到川圹的时候只剩下我父亲了。我父亲很勤劳，当时帮佬族放牛，后来入赘佬族家里当女婿。我有 14 个兄弟姐妹，一个在万象……我们这里男的成家立业之后都要独立出来，否则会遭人嘲笑的。我和老婆一共生了3个小孩，1男2女。我是3月从外面搬来的，听说有赫蒙族村寨，我便到村长家里，看能否到这里定居。最后付给村长10万基普（折合人民币80元）获得了允许。其他赫蒙族有山地，我因为来得迟，山地也没有，便想到去租种，我租的是佬族的水田，步行只要十多分钟的时间。

我没有水稻种植的经验，好在田主对我们很慷慨，水稻育苗和肥料都由他提供。我只需要按照他的交代来做工就可以了。5月犁田，因为没有工具，我花了50万基普（人民币400元）请人用拖拉机来犁田。田主6月开始培育秧苗，他们家一共请了4个像我一样的赫蒙族人来租种，秧苗都由他提供给我们。7月插秧的时候我和老婆用了5天时间。之后撒了一些肥料，需要20万基普（人民币160元）。我一共租种田主0.3公顷水田，大概可以收40包粮食，其中20包交给田主做租金，剩下的20包够我们一家5口生活的了。我计划水稻收割之后，等旱季来临，就用这块水田来种青菜，这里的旱季青菜可以成熟5次，目前青菜的价格是每公斤5000基普（人民币4元），卖的钱可以给小孩买点衣服。

3. 其他品种的种植

赫蒙族的饮食结构以糯稻和旱稻为主，辅以少量的蔬菜和水果。这些蔬菜和水果则靠自己种植来自给自足。在各家房前屋后，随处可见香蕉、芭蕉、木薯、玉米、生姜、葱、辣椒、茄子、豆角、黄瓜、丰收瓜、梨子等。这些种植量不大的品种分为三类：一为杂粮类，主要是玉米和木薯，用来作为糯稻和旱稻的粮食补充，多的则用来喂猪；二为蔬菜类，主要是辣椒、茄子、豆角、黄花菜、黄瓜、苦瓜和丰收瓜等，品种极为丰富；三为水果类，主要品种是香蕉、杧果、芭蕉等。

目前杂粮种植以玉米和木薯为主，多种在家门口的空地和山腰上。本地玉米是一种小玉米，果实大小为中国常见玉米大小的1/3，颜色偏黑，是糯玉米的一种，味道较好，营养价值较高。村中小孩经常拿着当零食来吃，是老少咸宜的食品。木薯主要是酿酒的原料，但现在老挝流行喝啤酒，酿酒的家庭越来越少，随之木薯的种植也开始减少。因为家门口可种植的面积有限,所以玉米和木薯的产量不高,基本满足自家食用,剩下的则喂猪。

图 3-1 小玉米

蔬菜种植以丰收瓜、辣椒、黄瓜、苦瓜、南瓜等容易生长的品种为主。他们的房前屋后经常被藤状的黄瓜、丰收瓜围绕和装饰。因为种植面积有限,他们偶尔也会到偏远的自家山地去种植一些蔬菜,但量很少,主要是他们认为粮食才是生存所必需的,蔬菜仅仅是调味的而已。他们吃饭极为简单,经常是左手捧一把糯米,然后上面放几颗红色小米辣,一家人只需要一个小小的酱油味碟就可以津津有味地吃完午餐。从老挝人的日常饮食结构可以发现,日常饮食以粮食为主,占到95%,蔬菜摄入量较少。这种不合理的饮食结构主要有以下几种原因:一是可供种植蔬菜的土地不够,山地仅供种植粮食,在优先考虑吃饱肚子的情况下,蔬菜自然成为备选品,因而产量低,满足不了需要;二是经济生产水平低下导致赫蒙族对生活质量要求不高,在长期的低水平之下已经形成习惯,并未产生追求更高生活品质的想法;三是教育水平落后,他们没有所谓营养均衡、饮食结构的概念,也从来不认为少食蔬菜是不健康的。

赫蒙族种植的水果主要是香蕉和芭蕉,其他的杧果、木菠萝、梨子等大多是天生天养,不用花费任何劳力。本地香蕉由于光照时间长,产量较高,味道香甜可口,并且是每家每户日常饮食的必需品,在他们饮食当中仅排在米饭之后,是很好的蔬菜替代品,以补充维生素摄入量的不足。每家每户均会种植香蕉树,基本够自家吃的,也是当地人待客的主要点心。杜果树是当地比较常见的果树,它的最大特点便是抗病能力强,挂果率高,产量大,一棵杜果树一次挂果成熟往往就够一个家庭食用几个月的。此外,山上还有一些野果也是赫蒙族喜爱的食物,虽然量小,但种类极为丰富,含有人体必需的微量元素与矿物质,均是蔬菜摄入量不足的必要补充。

(二)赫蒙族畜牧业

1. 黄牛养殖

当地的黄牛,主要用来耕种、驮运或作为宗教仪式的祭品等,广泛参与到百姓日常生产生活、宗教仪式、婚丧嫁娶等环节中,因而具有不可替代的重要作用,受到赫蒙族的尊重。黄牛的地位并非来自自然逻辑中的物以稀为贵,比如某些村寨将唯一的百年老树称为"神树"。在邦洋,黄牛的地位首先来自经济价值以及容易养殖的特性,其次是在重大节庆与红白喜事中的作用。

无处不在的黄牛。当地最常见的宗教仪式"束魂"中经常要用牛祭祀;在盛大节日赫蒙族新年中也有斗牛的节目;在分家的过程中,父母会给每个儿子一头牛;为了祝福新婚夫妇,男方与女方的父母均会送上一头牛;父母去世,一个儿子杀一头牛;小孩降生,满月即要杀牛。正因为如此,牛是赫蒙族人心目中的神,其地位与其他家畜不可同日而语。在这里,牛大多是横冲直撞的,在马路中央,黄牛可能一躺就是几个小时,没有人管。家家户户都有一个牛头骨挂在大厅墙壁上,用以代表对祖先的思念和尊敬。在某种程度上,牛已经上升为一种符号象征。

黄牛的功用。作为老挝最常见的大型家畜,首先它的作用是作为人类的帮手,是经济生产中的工具,其次才进入人与人之间经济交往、社会关系、宗教仪式等各个环节,并充当重要的角色。牛的功用因此可以划分为三个层次。一是生产生活中的帮手,是重要的生产工具。作为"帮手"和"工具"的牛可以帮助赫蒙人驮运货物或者粮食等,此外在农忙季节还可以帮助犁田耕地。赫蒙族的生产方式还停留在原始的粗放型阶段，基本依靠人力和畜力，很多生产环节需要黄牛，从驮运、耕地到收割等。二是宗教仪式中的重要祭祀品。作为"祭品"的牛具有神圣性，首先是作为主角出现在赫蒙族一年中最盛大的节日赫蒙族新年。新年是赫蒙族的传统节日，全村人欢聚一堂，其中最热闹的环节之一便是"斗牛"。作为一个历来爱牛、崇拜牛的民族，牛在他们眼中是力量、勇敢、勤劳、健康的象征。每年在斗牛活动中获胜的牛，在身价倍增的同时受到村民的爱戴和崇拜，失败的牛则命运悲惨，好一点的会被圈养，等待来年继续作为代表参赛，伤残的牛则被祭祖。其次是在红白喜事中出现。在邦洋，大的红白喜事是必须要杀牛的，这是身份和地位的象征，更是家庭和谐、兴旺的预兆。三是作为象征符号。作为象征符号的牛被提升到精神层面，进入赫蒙人的鬼神观念中。苗族有牛图腾崇拜的历史，苗族从中国迁往老挝之后，这种传统被赫蒙族延续。当地不少家庭的墙上挂有牛角，这是在老人过世之后杀牛祭祀中保留下来的黄牛头骨。

图 3-2 黄牛

黄牛的养殖。黄牛是一种陆生动物，各地皆有分布，在大多数发达国家仅仅是一种稳定、高营养的食物来源，在老挝当地则远不止于此。黄牛的养殖相当简单，只需要每天喂食草料即可，草是最容易获取的资源。在老挝，黄牛一年四季都可以吃到营养丰富的青草，因此黄牛的生长更加快速。除了在黄牛产仔的一周内,主人会对它小心看管,给予更多草料之外,其他时间不需要花太多时间照看。黄牛一般一年一胎,总共可以产仔5个以上。一个家庭往往同时拥有数头黄牛,以便应对各种需要。

个案3-3　牛的神话传说

访谈对象:某男,38岁,赫蒙族。

(根据2014年7月16日访谈记录整理)

我们家现在有5头牛,都是那头老黄牛生的。我们赫蒙族非常喜欢牛,关于它还有传说的。以前,我们的祖先从中国南方逃难到这里,一路艰难险阻、天险不断。有一天遇到一条大河无法通过。正当大家愁眉苦脸苦思如何过河之时,他们的一头大水牛驮着一个小孩已经游到了河中间,在大家的惊恐声中安全游到了彼岸。然后,这头水牛又返回带领其他水牛将所有人一个个安全送达对岸。最后这头大水牛由于疲劳过度死掉了。祖先们非常感动,当即表示以后不杀水牛。水牛也因此成为我们的长辈,是我们尊敬的对象。你注意到我们这里黄牛多、水牛少吗?那是因为水牛是先辈,只能用来犁田、拉货,不能用来杀的。以前我们赫蒙族在新年时斗牛用水牛,后来我们村认为每次斗牛都有一两头水牛因为取悦主人而在争斗中导致伤残,有些回来就死掉了,所以我们现在都用黄牛来代替水牛。这是老人的说法,我个人认为主要还是和生产生活有关,我们祖先在中国是耕种水田的,水田当然用水牛了。现在我们迁移到了这里,这里的水田肥沃,全都被佬人占用。我们大多在山腰上种植旱稻,根本用不了水牛,只能用黄牛。水牛和黄牛最大的区别就是一个喜水,一个怕水。

2. 生猪养殖

猪是当地普遍养殖的家畜,是主要的肉类食物来源之一。一个家庭一般在新年后买两头小猪崽来养,根据高低价格从20万到40万基普(折合人民币160元到320元)不等。市场上的猪崽放在笼子里卖,不需要称斤来卖，看中哪头价格合适即可成交。这种小黑猪，肉质鲜美，深受当地人的喜爱。这种猪主要喂食米糠、玉米、剩饭以及山猪草，养到赫蒙族新年即可宰杀，届时大约可以长到120斤。新年后没有吃完的猪肉都被用土法做成肉干留着平时食用，制作方法也比较简单：先将猪肉切成细细的长条，这样便于风干保存，然后用绳子挂好放在炭火上烟熏烘烤，烟熏过后的猪肉有一种特殊的香味，并且可以长时间保存而不变质。小块的猪肉干取食方便，用水煮熟即可食用。除了可以保证家庭日常生活中的蛋白质供应，还是招待客人的美味佳肴。

图 3-3 小黑猪

3. 家禽养殖

邦洋村赫蒙族家家户户都养殖鸡，部分家庭养殖少量鸭子。在他们的观念里，鸡的繁殖能力强，而且不需要管太多，是老天赐予的最好的礼物之一。鸡的养殖方法简单，容易繁殖，深受当地赫蒙族的喜爱。这里饲养的鸡为本地品种，体型偏瘦，善于低飞，抗病能力强，适合家养。此外这种鸡均为放养模式，白天就在房屋周围以及菜地里寻找小虫、青蛙等食物，晚上它们会自动回到主人在房屋一楼设置的鸡笼休息。每天只需要早晚喂食两次，食物多为玉米和稻谷，这样可以加快土鸡的生长速度，否则饲养出来的鸡太瘦，口感不好。本地旱鸭子和鸡的饲养方法大致相同，只是鸭子生长速度稍慢，当地赫蒙族喜欢养殖周期短的鸡。

食用方法比较传统和简单，鸡鸭均是拿来煮熟之后，手撕成小块装盘，然后调好蘸料装碗。蘸料由辣椒、酱油、盐、薄荷等配料所组成，味道偏辣。鸡鸭主要在节日或者重要客人来访的时候才上桌，平时是吃不到这些传统美食的。

（三）赫蒙族家庭手工业

老挝赫蒙族的经济生产水平相对落后，各家各户以自给自足的小农经济生产方式为主，辅以家庭手工业，部分家庭的剩余劳动力开始在本地打零工或外出务工。家庭手工业是指依靠手工劳动进行生产的活动，与农业联系密切，是工业生产的前身和雏形，其特点是以一家一户为单位，家庭成员之间进行简单的劳动分工与协作，主要是生产特色小商品等。老挝赫蒙族的家庭手工业主要有刺绣、淘金等。

刺绣是一种民间传统手工艺，在人类各民族历史上存在了相当长的时间，赫蒙族先民同样掌握了这种技术，并将它与自己的生产生活、宗教信仰、族群历史等紧密联系起来，创造出形式多样、内容丰富的刺绣作品。赫蒙族人民乐观执着，能歌善舞，具有热情勇敢、勤劳智慧、顽强不屈的精神，他们虽然只有语言没有文字，却创造了让刺绣承载文字功能的奇妙方式，保留传承下赫蒙族自身独特的历史和文化。赫蒙族刺绣记载事物源自远古的赫蒙族人南迁，传说有位女首领为了让大家不忘先祖、不忘故乡，记住迁徙跋涉的艰辛和坎坷，想出了在服饰上用彩线记事的办法。经过河流时绣条黄线，越过山川时绣条蓝线，沿途走过的高山峻岭、迷雾险滩、泥泞沼泽、阳光坦途以及走在漫漫长路上渴求平安幸福的强烈情感等，都在服饰上绣个符号作标记。终于抵达可以安全落脚的聚居地时，赫蒙族妇女的服饰从衣领到裤脚已经绣满了各种图案。从此，刺绣服饰成了赫蒙族记载历史、表达事物的载体，从祖辈传说到现实生活，从氏族图腾到情感表达都积聚到了彩色的绣片上，赫蒙族刺绣逐渐成了内容丰富的"无字书"。

邦洋村赫蒙族家家户户保留刺绣的传统，从几岁的儿童到几十岁的老妇均在闲暇时间拿出针线来绣。他们主要绣在自家用的衣物上，比如在枕头上绣一对小鸟,寓意百年好合;在背包上绣一个鸡蛋花增加美观。村中只有一家是主要靠刺绣为生的,并在丰沙湾市的农贸市场里租了一间铺面来销售刺绣以及其他服装等民族工艺品。

赫蒙族刺绣具有构图对称、内容丰富充实和颜色艳丽等特点,图案内容具有很强的叙事性。对称美要求构图对称和谐,充实美要求整幅绣品不留空白,艳丽美要求用色大胆鲜亮,给人以强烈的视觉冲击。

图3-4 绣片

图3-4就体现了赫蒙族刺绣讲究的三个主要特点:构图对称美观,不是一对一的简单对称,而是男女、颜色、人与物的对称;内容丰富充实,人和动物以及各种生活场景几乎占满了绣布;颜色各异,色彩绚丽,图3-4的绣片颜色和内容均没有雷同,极富视觉感染力和冲击力。就内容上看,第一、第二幅主要描绘赫蒙族人民的生产生活场景,生动活泼。从牵马驮运、饲养鸡鸭到灌溉农田、采集玉米等应有尽有,画面感极强,充分反映了老百姓日常生活的繁忙与充实。第三幅则主要刻画赫蒙族在老挝秘密战争失败后的场景,画面中的赫蒙族纷纷逃离故土,有的抱着行李,有的抱着小孩,真实地再现了当时赫蒙族悲惨的境地。第四幅绣片则是赫蒙族最具特色的作品,它以讲故事的形式讲述老挝赫蒙族迁徙的历史,赫蒙族绣片也被称为研究老挝赫蒙族历史的"活化石"。总的来看,赫蒙族

绣品色彩鲜明艳丽，且叙事性强，再现民族生产生活以及重大历史事件的场景，具有传承族群历史与文化的功能。随着现代文明的日益发达，赫蒙族的生活方式和生活环境不断改变，日益增多的现代元素融入进了赫蒙族村寨，赫蒙族历史正谱写着新的篇章。在市场经济的带动下，赫蒙族刺绣的经济价值和文化价值慢慢体现出来，开始焕发出勃勃生机，原始古朴的赫蒙族绣片，洋溢着诗画的美。

个案 3-4 刺绣工艺的传承

访谈对象：某女，34 岁，赫蒙族。

（根据 2014 年 7 月 16 日访谈资料整理）

我从小跟随母亲学习刺绣技术，从简单的花朵图案开始，等掌握了基本的运针技术之后，再开始绣一些小动物，最后到一些生活场景。基本的刺绣与日常针线活是我们赫蒙族姑娘都会的，但要绣出精品，甚至拿到市场上去卖则不是那么容易。除了有兴趣外，还要好师傅来教。我比较幸运，我的母亲是这方面的能人，从小母亲就要求我学好这门技术，还告诉我凭这个就可以嫁个好人家。一开始因为年纪小，怕辛苦，有过一段时间的逆反心理。随着年龄的增长，自己慢慢对刺绣也产生了兴趣，并且看到了刺绣所带来的经济收入，也暗自下决心一定要超过我母亲。现在我的刺绣得到了广大赫蒙族同胞的认可，也找到了如意的丈夫，首先要感谢的当然是我的母亲。

几年前，有外地商人来我家里收购刺绣，新的、旧的都要，而且出的价格很高，比如一块半个月可以做好的绣片，他们出价 15 万基普（约合人民币 120 元），当时我们家一年的收入也不过 150 万基普，当时卖的 10 件旧绣片总价格超过了我们家一年的收入。这件事情给我们家触动很大，随后就召开了家庭会议，并让在外面打工的弟弟回家商量对策。后来经过全家表决，让弟弟先去丰沙湾市人流量最大的农贸市场里租下一间 30 平方米大小的铺面，由我负责刺绣的销售。刚开始这里只有我们 1 家卖刺绣，现在有 3 家。但生意并没有受到影响，因为除了刺绣之外，我还到万象以及琅勃拉邦等地去批发一些年轻人喜欢的时尚小包以及服饰等，也制作一些赫蒙族男女服装。

现在我开始自己设计一些图案，加入具有民族特色以及时尚特色的元素，然后绘图，再用绣花机绣到包包或者一些挂饰上。我这里的顾客各种年龄段都有，中老年人主要来买传统的赫蒙族服饰，现在一般家庭已经不太愿意自己制作这种衣服了，年轻人也很少穿了。赫蒙族服装穿起来虽然好看，但是干活不太方便，远没有流行的T恤衫轻便和舒适。年轻人虽然不来买民族服饰，但是他们对我这里的时尚小包和挂饰等比较喜爱。在我设计的图案中，象征美好生活的劳作图最受一般老百姓欢迎，而一些国外来旅游的朋友则喜欢反映我们赫蒙族迁徙的图案。有一次一个从美国回来探亲的赫蒙族朋友一次性买了10个绣片，说回到美国要分给他的亲戚朋友。经过近三年的摸索和实践，我们这家赫蒙族服饰店基本走上了正轨，目前在丰沙湾市有了一定的知名度，生意也越来越好。我有一个想法，招聘一些年轻的姑娘到我家里批量生产，由我设计图案，然后让我弟弟先去万象找一些旅游点代销。如果销量好，到时候我们在万象或者琅勃拉邦也开一家这样的小店，一来帮助更多赫蒙族姑娘找到一份好的工作，二来也可以传播我们赫蒙族的传统技艺。我们村很多姑娘和我一样从小学刺绣，都有一定的功底，培训起来应该很快的。

图 3-5 小孩刺绣

（四）狩猎与采集

赫蒙族世代在深山生活，时常迁徙，精于刀耕火种。虽然从狩猎和采集转变为农耕为主的生计方式，但他们大多数依然保留着这种传统的技能。俗话说"靠山吃山，靠水吃水"，赫蒙族人熟悉山上的飞禽走兽和草木水石的特性，积累了许多草药验方和生存技能。听年纪大的赫蒙族猎手说，以前采集一种"见血封喉"的毒树汁，浸染在箭头上，每射中猎物，见血必死。现在的成年男子大多会狩猎、采集、编藤竹，在这里采集并非女子的工作，因为这里的山路险峻，而且往往需要步行数个小时才能找到需要的草药和野果。目前，在赫蒙族生活当中占据主要内容的有捕鸟、采集和狩猎等。

1. 捕鸟

赫蒙族爱鸟古已有之，捕鸟更是赫蒙族的一项传统技艺。在中国贵州西北部有与鸟同名的支系喜鹊苗，黔东南的苗族百鸟衣是他们这一文化的典型代表。深处老挝内地的邦洋村赫蒙族，虽然与中国苗族差异较大，但依然保留着诸如爱鸟等文化习俗。在这里，几乎每家每户都有一个精致美观的鸟笼，除了作为一种装饰外，小鸟清脆悦耳的叫声给日常生活平添一份情趣，逗鸟、喂鸟也为他们平淡乏味的休闲时间增加不少乐趣。鸟是自然界所有脊椎动物中外形最美丽、声音最悦耳的动物之一。赫蒙族世代久居山林，与自然环境融为一体，自然爱鸟备至。

除了可以愉悦身心之外，鸟还可以给赫蒙族带来切实的经济利益。附近市区的佬族和赫蒙族市民一样喜欢养鸟、逗鸟，因此一只稀有品种的鸟可以卖到很高的价格，从几万到几十万基普不等（人民币几十到几百元）。可以用来卖的鸟品种很多，从八哥、云雀到画眉（出于翻译原因大部分未被记下来）应有尽有，而且他们同样认为八哥剪了舌头可以学人讲话，这与中国的情况相同。鸟价格的高低与品种有关，叫声悦耳、外形靓丽的鸟比如画眉较受大家追捧，现在这种画眉已经比较稀少，一只的价格约合人民币 600 元。

捕鸟是一项技术活。首先，砍来一节竹子，选取粗细均匀的竹节，破

图3-6 赫蒙族家门口的鸟笼

图3-7 佬族家门口的鸟笼

成0.5厘米宽、30多厘米长的竹篾，编成一个巴掌大的小簸箕。然后，找来一根33厘米长、内径2厘米左右的柔韧性比较好的木棒，用比较结实、韧性好、不易扭断的藤绑住两头，弯成弓形。把小簸箕夹在藤中间，往一个方向旋转，至旋转力有一定的强度即可，主要部件就做成功了。接下来还有一个小机关，用一支筷子长的竹签连一条结实的细线，再弄一个火柴头般粗细、2厘米长的小竹筒，小竹筒要砍两个小口子（用竹签卡住小竹筒的口子才成机关）。到此，这个捕鸟的夹具就全部做完，可以拿柴刀上山了。到了山上，首先找一棵有虫的树，再找两根固定夹具的小木头，然后物色场地。要选鸟经常出现的灌木丛边，尽量把场地整平，顺便把新鲜的泥土翻出来，这样才能引起小鸟的注意。用小木棒固定好夹具后就安装机关。机关的关键就在于，鸟只要一动这个树虫，机关就会开脱，夹具在藤的扭力下立即关闭，鸟即被抓住了。安装机关的时候力度要适中，太紧的话鸟把虫子吃了机关都开脱不了；太松的话，机关会自动开脱，夹具会扑空。用这个方法捕鸟，鸟不易受伤，可以拿来自己饲养或去市场销售。这种方法简单而传统，一般一次只能捕到一只，只有鸟争抢来吃虫子的时候才能捕到两只，遇到大型鸟类则无能为力了。

个案 3-5　捕鸟哲人的心得与困惑

访谈对象：某男，30 岁，赫蒙族。

（摘自 2012 年 7 月 31 日田野日记，根据当日访谈资料整理）

从小我就随父亲上山捕鸟，不过那时候捕鸟大部分是家里吃的，偶尔捕到好看的画眉则家养或送人。当时这种鸟还很常见，并没有像现在这样难捕到。我从捕鸟这件事情上学到很多东西，学会如何选取材料制作捕鸟器，小心安装捕鸟器，然后耐心等待鸟入笼。除了这些，我还懂得一个很重要的道理，真正的能力需要花很多的时间去积累，从大量的经验和教训中去总结，我大概 7 岁就学会了捕鸟器的制作工艺，8 岁随同爸爸一起去山上选点放置，可是直到 12 岁，我才真正捕到喜欢的云雀。这里面的学问很多，比如对鸟食性的把握，有些鸟是吃虫子的，有些是吃植物种子的，这从鸟的嘴型就可大致看出来，小嘴的一般吃虫子，比如树莺等；中等长度的是吃植物种子之类的，比如画眉；最长的一般是吃鱼的；带弯钩的则是最凶猛的鸟类，比如老鹰，甚至可以吃蛇和小鸟。又比如对捕鸟地点的选择，有些喜欢阴凉的矮树丛，有些喜欢向阳的草丛等。没有这些知识的积累，捕到的鸟只能靠运气，捕到鸟的种类必定很单一。真正掌握这些知识和技能，没有5～10年是不可能的。

捕鸟是我现在一个重要的谋生技能，除了种植旱稻之外，它就是我的主要工作。捕鸟一般在旱季，雨季来临则休息。以前的鸟根本没人要，大部分送人。实际上也就是5年前，鸟的价格才慢慢高起来的。现在的行情非常好，有时候我一个月捕的鸟，卖的价格相当于旱稻3个月的收成。买的主要是城里的佬族人，他们整天吃饱了没事干，有些人开始相互攀比，有一只画眉鸟是地位高的象征。我不管他们，反正对我们捕鸟人是好事。但有一个问题，现在捕鸟越来越难了，这样下去，再过几年，要捕到一只值钱的鸟几乎是不可能的。举例来说，以前我一个月可以捕到10只画眉，现在一个月只能捕到2～3只。人类就是这样，从来不站在它们的角度来想问题，只索取不知道回报，所以忘恩负义的多，知恩图报的少。可是作为捕鸟人，我又靠这个改善生活，家里几个小孩现在都在读书，不捕鸟哪里来的钱。难道为了保护它们就让自家小孩像我一样一辈子捕鸟吗？何况他们几个从小就没有学，现在开始学即便可以学会，到时候恐怕也没有鸟了，我又不能教他们其他的手艺和技术。人活着有太多无奈，有时候我安慰自己，这些鸟被卖到富贵的人家，好吃好喝伺候，或许是它们的福气。如果我是一只鸟，我也愿意过养尊处优的生活，而不要整天在山林里游荡，风餐露宿的，就像我不希望像我父亲那样一辈子辛苦劳作、省吃俭用，可是到头来还是像他一样养家糊口，勉强度日，整日为生活操心。

2. 采集

采集是赫蒙族靠山吃山的又一体现，虽然他们早已进入农耕社会，可是由于旱稻产量相对较低，在旱季与雨季交替之际，旧粮和来年新粮往往衔接不上，因此采集野果和上山狩猎则是食物的重要来源之一。此外，赫蒙族自古有使用中草药的传统，日常的多发病、常见病都有自己的一套治疗方法，日常使用的苗药也是上山采集的范围。

邦洋地处热带，森林植被茂盛，物产丰富。能吃的野果、野菜、蜂蛹等食物也相当丰富，而且功能各异。比如马达葛是一种随处可见的果树，果实个小味甜，吃了可以生津止渴，强健脾胃。还有一种长约1.5尺的扁豆吃起来味道极苦，却备受当地人喜爱，吃了可以消炎止痛，去火退热，当地人称常吃百病不生。野生蜂蛹也是一道美味，可以用炭火烧烤，香甜可口，蛋白质含量非常丰富，并且具有益气壮阳之功效。芭蕉芯拿来做汤则香甜可口，有解毒去火的功用。此外，毛香草、野生姜等品种则可以作为调料，是一日三餐必备的食材。这是老天对贫困的赫蒙族人特殊的恩赐，除了自己吃外，多余的野菜野果等均可以拿到5公里外的农贸市场去卖，很受市民的喜爱。

至于苗药的采集并不像采集食物那样随意，要求具备一定的医药知识才可以。一般的村民大多可以掌握十几种简单的药物，更多的则由专门的苗医来采集。简单的药物在家门口都可以采到，但是部分名贵的药材需要到很远的山里去采。不同的药材对地理环境有不同的要求，掌握这些知识同样需要很长的时间积累。

个案3-6　苗药的采集

访谈对象：某男，42岁，赫蒙族。

（根据2014年7月19日访谈记录整理）

苗药是我们祖先留给我们最好的礼物，从小我都没有去过医院，有病了都是靠苗药治好的。我父亲是村里的医生，我的苗药知识都是他手把手教给我的。苗药比较擅长治疗一些疑难杂症，比如胆结石、肾结石、风湿还有一些慢性病等，花费少且药效好，以中草药为主，也有一些取材自动物的，比如牛黄等，但大部分还是植物。所以大部分空闲时间，我都要到山里去采药。采药很辛苦，我经常一个人带上干粮一出去就是一个星期，晚上就在外面搭个简单的帐篷，但只要能采到我需要的药物，总觉得那是值得的，毕竟治病救人是我的职责，我父亲也是这样教育我的。

我个人认为，苗药大部分是植物里面的精华，本身就是很独特的，比如三七，每一棵都是7片叶子，没有例外。经常有人问我，为什么苗药那么神奇。我告诉他，因为这些植物本来就是很神奇的。有些草药被采集之前已经生长了几年甚至几十年，然后才具有了神奇的功效。这就是苗药疗效好的原因所在。此外，它们都吸收了大自然的精华，经过风吹日晒，有太阳的阳气和月亮的阴气。

采集草药唯一的原则就是要在草药最茂盛的时候采集。如果是取花，要在花朵最艳丽的时候来采，等花期过了，这棵药就没有用了；如果它是取叶子的，要等它枝叶最旺盛的时候来采，等过了季节，叶子都枯萎、干瘪了，这药采回来，即便有用效果也不是最好；如果是取根部的，就要根据时间来，有些是一年就成熟的，有些则需要几年或者更久才能成熟，我们就要根据时间在它们最饱满的时候去采集，才能取得最好的药效。这就是我们采集苗药的最重要的原则，其实苗药采集回来之后的处理也很重要，处理不好，不但药效成问题，有些甚至会害人。因为有些药本身是有毒的，但经过简单地处理，比如蒸煮、暴晒等之后毒就没有了，剩下的就都是有益的成分了，这些是祖先们长年累月总结下来的经验，我有责任把它传承下去。

3. 狩猎

狩猎是人类早期主要的食物获取方式之一，但随着人类社会进步到农耕或游牧阶段之后慢慢退出历史舞台，然而在老挝邦洋村的赫蒙族中，可以看到这种曾经占据人类历史相当长时间的生产方式依然发挥着重要的作用，是一种依然具备多种功能的基本技能。除了作为食物补充来源之外，还是重要的商品，更是传承赫蒙族性格的一个重要载体。

赫蒙族历史上的狩猎是否为多人联合的大型围猎已经不得而知，现存的狩猎方式是以家庭为单位的单独狩猎为主。一般是成年男性拿着猎枪、刀、干粮等上山打猎，也有家中兄弟几个一同去的。一人上山则捕捉一些兔子、山螃蟹、山龟、蜥蜴、山鼠、竹鼠等小型猎物；多人上山则捕捉鹿、豪猪、野猪、獾等大型猎物，一旦发现上百公斤重的野猪，往往出现需要回来找村里男人帮忙的情况。打猎最好的季节是旱季，雨季上山非常不方便，而且很难寻找到动物出没的痕迹，也不好跟踪。

这里人少山多，山中的猎物特别丰富。打猎相对来说比较容易，经常见到的有山龟、竹鼠、野猪、豪猪等。近年来随着一些市民生活水平的提高，对这些野味的需求也大幅攀升。就山龟来讲，以前每只也就 5 万基普，如今每斤就要 5 万基普，据说食用这种山龟能够延年益寿，补气壮阳。甚至有邻国的商人开始计划引进这种品种进行人工养殖，并不断从这里购买然后通过国际班车运回去。老挝政府意识到这种情况之后，也制定了相关的政策，将一些珍贵品种比如山龟、娃娃鱼、部分蜥蜴等列为保护动物，希望制止部分狩猎行为。但老挝地广人稀，管理起来非常困难，所以在各地的农贸市场这类拿来销售的动物随处可见，包括老挝国家一级、二级保护动物。

由于诸如山龟、蜥蜴等珍稀动物的价格越来越高，赫蒙族村民狩猎方式开始发生一些改变，以前以自家吃为主，现在开始有针对性地捕猎这些价格高的动物，虽然暂时还未显现出不良影响，但长久下去必然造成对生态系统的破坏以及其他一些负面作用。目前老挝政府已经认识到这个问题，并且制定了相关法律来保护，在很多村寨或村口商店中均可以看到宣传单。但是限于人力、物力，要在广袤的山林中杜绝狩猎珍稀动物的行为还需要相当长的时间。首先，要让保护动物的观念深入人心，还有待时日。需要通过国家行政体系自上而下的宣传教育，同时也要增加相关护林员等执法人员的配置。其次，让村民树立珍稀动物与一般动物的分类意识，在打猎过程中严格区分还有相当难度。老挝山林广袤，动植物资源相当丰富，不可能限制百姓打猎，重点是保护珍稀物种。但要使普通百姓能够在打猎的时候有针对性，除了强制性的法律法规之外，还要增强民众的保护意识，形成动物分级的概念，从而执行国家的有关规定。

个案 3-7 培养性格是关键

访谈对象：某男，49 岁，赫蒙族。

（根据 2014 年 7 月 19 日访谈记录整理）

我们这里山多人少，打猎除了是为家里补充食物之外，也有自我保护的作用。前几年还经常发生黄鼠狼夜里来偷鸡的情况。黄鼠狼只要用一些简单的捕鼠器就可以对付，但是像野猪到旱地里偷吃红薯等情况就没有更好的办法了，只有靠我们晚上偷偷伏击它们。以前我们有时候整个月都住在山上伏击，非常辛苦。如果我们没有猎枪，那么连养活自己都困难，不是它们怕我们，是我们怕它们。野猪这种大型动物的袭击，一个晚上就可以把一亩地破坏掉一半，我们几个月的努力就白费了。

除了自我保护外，我认为狩猎是培养我们赫蒙族人优良品质的重要方式。我们世代靠山而居，而且经常迁徙，首先需要一个强健的身体，否则很难应对繁重的体力劳动；其次就是要具备一个果断、勇敢、有责任心的好品质，这与好身体同样重要。你看我们赫蒙族，一直以来都具备一种不屈不挠的精神，为了争取民族的利益从来没有妥协过。

图3-8 蜥蜴

图3-9 山螃蟹

三 三赛村苗族的经济互动

图 3-10 佬族民居

图 3-11 赫蒙族民居

三赛村是本次调研的一个重点村。首先,它处在农黑县所在地,很多重大的历史事件在这里发生。我们可以通过访谈的方式去还原历史真相,同时也可以从侧面去了解当地赫蒙族和佬族对这些重大历史事件的看法,以及他们处在历史旋涡中的个人抉择,可以发现大历史与小人物的博弈。其次,三赛村是一个杂居村子,赫蒙族人口和佬族人口相当,这给该研究的族群互动提供了方便,可以通过经济互动、婚姻互动等方式来发现族群

第三章 老挝赫蒙族的生存策略

图 3-12 与三赛村村干部合影

交往的密度和距离。最后,这是曾经的赫蒙族大本营,也是赫蒙族命运的重要转折点。通过三赛村的人口流动可以看出赫蒙族的发展以及族群离散的发展趋势,通过其与当地佬族的经济互动可以发现族群互动的新动向。

图 3-13 与赫蒙族老党员合影

(一)贫富阶层带来的族群互动

由于三赛村地处农黑县政府所在地,经济水平比高山密林深处中的地区和村庄要好很多,但是内部分化也非常严重,从村民的住宅可以最直观地辨别贫富差距。但凡见到法国式的别墅建筑,十有八九是佬族富人家

图 3-14 已经被禁止流通的纸币

庭，而木结构的房屋多半是赫蒙族普通家庭。虽然贫富差距明显，给外人一种不和谐的主观感受，然而，深入的调查研究发现，或许正是这种贫富差距给赫蒙、佬族带来了更为频繁的经济互动。

如果赫蒙、佬民族处在相似的经济发展阶段，那么经济互动则较少，顶多就是类似中国普通农村之间农忙时节的邻里互助，没有太多经济互动上的交集。然而在三赛村情况不是如此，总体而言，当地经济水平较低，经济基础薄弱，但是落后地区往往有后发优势。借助外来资金和投资，当地政府启动了宏伟的长期发展规划和构想，包括大规模的基础设施建设和医疗卫生、学校教育方面的投入，以及农业和旅游业等方面的开发项目。农黑县政府提出在未来三年投入建设 30 个新项目，继续建设 8 个老项目，总投入 3570 亿基普（合计约 2.85 亿元人民币），其中国家投入 3432 亿基普，引进外资 138 亿基普。这些投资主要集中在基础设施建设和建房、学校建设、农业投资和各种小型商业贷款上。其中对村民经济有直接刺激作用的小型商业贷款占 163 亿基普，这部分最受当地老百姓的欢迎。[①]

三赛村地处农黑县政府所在地，村委以及部分村民消息灵通，对政府的一些经济政策最先了解，这也使三赛村经济发展水平要明显优于其他偏远山村。调查发现，三赛村有两类人最先富裕了起来，第一类是携一定资

[①] 资料来自老挝川圹省农黑县政府，2013 年 7 月。

本从外面进来投资的佬族人,第二类是村干部以及部分致富带头人。第一类大部分是从川圹省省会丰沙湾迁来的商人,具有丰富的商业经验和一定的资金量,这部分主要是佬族,主要经营家庭旅馆、日用电器销售、木材贸易等。第二类则是佬族和赫蒙族各半,主要从事一些小餐馆、运输、杂货店等经营活动。

第二类致富带头人一般以夫妻或家庭为单位个体经营,前期投入小,主要靠勤奋和良好的人际关系。在经营活动过程中,需要处理好赫蒙族与佬族的人际关系,否则生意难以长久。在学习市场经济规律的过程中,他们淡化或者说刻意忽视族群之间的差别,甚至迎合不同顾客的需求。不同于我们以往理解的族群经济互动和交往,而是发生在顾客与老板之间的交往。

个案3-8 生意得来的感悟

访谈对象:某男,35岁,三赛村,佬族。

(根据2013年8月4日访谈整理)

5年前,我发现来农黑的人开始多了起来,同一时间这里来了越南人和中国人,他们到这里有从事边贸的,也有种菜的。后来种菜的说这里土质条件不好,离开了。我和老婆商量了几天,决定开一家小饭店,老婆考虑到自己在丰沙湾的一家饭店当过两年厨师,认为技术还可以,就同意了。一开始想得比较简单,早上卖米粉,中午、晚上卖小炒,用的都是当地产的蔬菜和肉类。但是不断遇到新的问题,比如顾客的口味,晚上打烊的时间等。如今我才感受到这一行业的辛苦,以前做厨师不用考虑进货、现金、流水的问题,现在样样都要自己亲力亲为,有时候真想休息不干了。也有值得骄傲的地方,比如顾客越来越多,我自己也因为饭店结识了不同地方、不同民族的朋友。

说到碰到的问题,我印象最深的有几点。第一,不同顾客的口味不同。我们佬族的饮食习惯认为,一般的蔬菜洗干净之后要生吃才有营养,原汁原味,味道也好。所以早上的米粉都附送一盘新鲜蔬菜和酸辣味的味碟。但是渐渐的，我发现各地的客人口味要求不一样。如果是佬族当然很好伺候，只是个别的喜欢豆芽，有些喜欢生菜。赫蒙族则不太一样，他们更喜欢小米辣椒，吃的新鲜蔬菜没有我们佬族多，所以经常会剩菜。如果是中国人，则很少有吃完蔬菜的，他们喜欢把蔬菜放在碗里烫过，好像菜里有虫子一样。如果是越南人，他们则更喜欢一种有刺激性味道的薄荷叶。了解到这些之后，我看到外地的客人，比如中国人，一般都会问一下是否需要把青菜烫熟；遇到赫蒙族人则问一下是否需要加小米辣椒。久了之后，我便知道一些熟悉的客人的喜好，不用每个都问了。虽然是小小的事情，但我渐渐地发现来我小店里面的赫蒙族人更多了。还有小炒，以前都是一些佬族人喜欢的小菜多一些，比如肉拌蔬菜、炸牛皮等。现在我会在菜单上添加更多的赫蒙族菜谱，比如腊肉。第二，便是晚上打烊的问题。正常情况下，我们这里是晚上9点钟就打烊了。但是考虑到顾客的特殊需求，偶尔会推迟到10点甚至11点。比如有人办生日聚会，或者家庭聚会。有一次我碰到几个年轻的赫蒙族人，他们边吃边喝，有说有笑。我问了他们才知道是赫蒙族新年，同意了他们11点回去的请求。因为这件事情我还和这几位赫蒙族人成了朋友。

五年来，三赛村以及农黑县城的几个村里的几千人，我认识了一大半，一些人甚至成为我的老顾客，其中包括相当一部分赫蒙族朋友。不忙的时候，特别是晚上，我也会加入他们当中，陪他们喝喝酒、聊聊天。熟悉了之后，很多话题可以聊。我才发现，过去存在于佬族和赫蒙族之间的很多误解听上去很可笑，而这些误解大部分是我听佬族长辈们说的。现在经过我自己的求证才发现大部分是以讹传讹的，比如说赫蒙族人会用蛊，其实大部分赫蒙族人自己都不知道蛊是什么东西，来到三赛的赫蒙族基本无人会用蛊，这是他们遥远的祖先曾经使用的一种技能，主要是用来治病救人的，并非我们理解的控制他人、放毒害人。再比如说赫蒙族人人都吸食鸦片等，其实现在很少有赫蒙族人种植鸦片了，就算想吸也买不到。其实这些我们自己认真想想也知道是传闻，但是没有人去认真思考，都是人云亦云。同样，在赫蒙族朋友那里，也有不少关于佬族人的误解。比如说他们都以为佬族人很懒惰，赫蒙族人很勤奋；佬族男人怕老婆等。其实这些大部分是对我们佬族人的误解,根本不是大家说的那样。

现在,我也经常教育子女,要多交朋友,特别是和赫蒙族小孩多交流。甚至可以学习他们的语言,只有相互理解进而成为朋友之后,彼此之间的认识才会深入。我相信,以后我们这里的赫蒙族和佬族之间关系会更加亲密,毕竟我们要共同生活在一起,我们都是这个国家的成员。

第一类情况稍有不同,这些来自丰沙湾的佬族人一般资金实力比较雄厚,开办的家庭旅馆或汽车维修店等都要招聘员工,因此给当地带来了就业机会。他们虽然是外地来的,与当地人不太熟悉,交流也不多,但是通过聘用的方式,客观上带来了族群互动的机会,增进了族群之间的理解。

个案3-9 老板不都是坏的

访谈对象:某男,28岁,三赛村,赫蒙族。

(根据2013年8月4日访谈整理)

我初中没毕业就回家干活了,主要还是因为家里穷,兄弟姐妹又多,一共有九个。我是老四,看到父母不容易,就决定回家帮忙,其实我读书成绩还可以。在我们班上,前十名有六个是赫蒙族,三个佬族,一个克木族。回家之后,主要是帮助父母下地种植旱稻。辛苦不说,关键是赚不到多少钱。后来有佬族老板从丰沙湾过来开了一个家庭旅馆,要招人。当时基本没有赫蒙族人要过来,都说佬族人不好伺候。我当时觉得只要给工资,管他好不好。来了之后发现应聘的人不多,加上我有初中文化水平,就被老板选中了。其实工作一开始很辛苦,我负责打扫卫生、洗床单这些苦力活。最开始没有洗衣机,都是我和另外一个年轻人包了。因为我在家就是干农活的,所以虽然辛苦,还可以坚持。那个邻村的年轻人后来干了三个月就离开了。到了第二年,老板看我工作认真负责,刚好这个时候又买了洗衣机,就安排我到前台负责登记和接待顾客。现在我得到了老板的重用,很多事情安排我去做,工资比原来增加了一倍。在农黑,这算是高工资了，比我原来在家干农活不知道要强多少倍。我现在最希望的就是农黑能够快点发展，旅游区能够快点建成，多一些越南人和中国人来做生意。曾经有一个越南人在我们这一住就是三个月，这是旅店最愿意接待的客人，哪怕给他优惠价格都行。

我们老板平时不太喜欢说话，性格比较安静。但喝酒的时候就不一样，有一天晚上老板和我们几个员工吃饭的时候喝多了，说了一些他之前奋斗的故事。我们大家都挺感动，那天我才知道原来老板不是一开始就有钱的，也是通过自己的努力奋斗得来的。我明白不是每个佬族人都有钱的，和我们赫蒙族一样，大部分佬族人也是贫穷的，毕竟整个老挝都还是一个不发达国家。我现在的目标就是多存点钱，以后我希望能够开一家饭店，当然老板给我加工资我也可能一直在这里干下去，毕竟自己干的话投入太大，还有一定的风险。

这两类先富起来的人所带来族群之间的互动是当地比较常见的类型，也是当地比较有特色的地方。其实和丰沙湾的邦洋村一样，也存在赫蒙族租种佬族水田的情况，因为雷同所以这里不再强调。从这种族群经济互动的方式来看，得益于农黑县经济结构和类型的多样性，这里的族群互动比邦洋村更加频繁，形式更加多样。当地人的心态更加开放，特别是新一代的年轻人。从人类发展的历史来看，富人和穷人之间的矛盾或者比族群之间的矛盾来得更加久远，也更加不可调和。但是与以往单一结构的农业经济时代不同，在如今的市场经济环境下，只要肯努力，抓住了机会，市场经济可以帮助你暂时绕开民族之间的差异和矛盾，跨越穷人和富人之间的鸿沟。或许，在不久的将来，我们可以看到赫蒙族和佬族之间因为市场经济的存在而缩小经济上的差距，拉近彼此族群之间的距离，消除认知上的隔阂，真正成为一个和合共生的大家庭。

（二）经济生产方式的互动

三赛村共有142户828人，其中赫蒙族67户，佬族72户，克木族3户。这67户赫蒙族迁来农黑的时间早晚不一，再加上老挝针对农业农地方面政策的制定①，导致出现了一些新问题。一直在此地居住的赫蒙族和佬族一样，分有田地，但是在分田到户之后，特别是近年来搬到三赛村的赫蒙族没有水田，以农业为主要经济来源的赫蒙族一方面只得继续传统的刀耕火种，另一方面向村委②申请租种水田。针对这种新情况，在村民召开会议讨论之后，三赛村村民划出了一块地盘给赫蒙族建房居住，并在此基础上，为新来赫蒙族提供了以下三个经济上的解决方案。

其一，免费让赫蒙族租种山地。这与赫蒙族最早迁入老挝时的情况类似，赫蒙族在获准进村居住之后，佬族便让赫蒙族免费种植山地，而这些山地租种给外村人是收费的。免费租种的山地偏远，距离三赛村有1个小时以上的路程，但这足以让赫蒙族解决生计问题，让赫蒙族有了安身立命之所。虽然笔者所见的赫蒙族依然贫困不堪，一日三餐以玉米以及旱稻为主，仅能解决基本的温饱，谈不上营养均衡，但并未见赫蒙族有抱怨以及不满的情绪，表面上一片平静与祥和。

其二，租种佬族或赫蒙族的水田。老挝地广人稀，可是在聚居地开垦出来质量好的水田则被先来此居住的佬族和赫蒙族所占有，这是由老挝分田到户的政策决定的。近年来出现了一种新的情况，一些佬族人忙于生意，无法顾及家里的水稻生产，便想租给赫蒙族人种植，并以收租的方式互利共赢。这种方式对赫蒙族有几个好处：一是相对比较贫困的赫蒙人不用交钱便可以租种水田，只要付出劳动和交租即可；二是可以不再去偏远的山地，忙碌的时候也可以照顾家庭；三是租种的水田有一年的使用权，可以在旱季水稻收割之后种植蔬菜自家吃或者卖钱，这种方式目前在三赛

---

① 1976年颁布的《农业条例》及1978年的《关于农业合作化的暂行规定》和《在全国开展农业合作化运动的决议》规定了在农村开展的农业合作化运动。1980年老挝人民革命党中央发布了《关于整顿农业合作运动中若干问题的紧急指示》，废除了《农业条例》，对农业合作社进行整顿和合并，并在农业社中推行家庭承包制。从1986年开始，老挝党和政府逐步推行了从家庭承包制转为土地私有化的政策，实行"分田到户家庭经营"。1990年政府向农户颁发了土地证，规定农民对土地拥有经营权、转让权、继承权和出售权。

② 在老挝农村，村委会具有较高的权力，外地迁来本村，必须向村长所代表的村委会申请，获得同意之后才可以落户。

村比较普遍，而且已经被双方所接受。在此基础之上，佬族认识到赫蒙族的勤劳肯干，在农忙的时候经常会雇用赫蒙族青年来帮工，并付以报酬，一般一天4万基普（约合32元人民币）。

其三，购买水田。一些赫蒙族经过自身的努力比如经商赚到一些钱之后，开始觉得山地种植劳神费力，便想在村边购买佬族的水田，一来产量高，二来不用走太远，农忙时候不用住在山上。这种情况有但不太常见，主要有两个方面的原因，一是佬族将质量稍差的水田已经卖得差不多了，好的水田必须留给自家种植。二是现在水田的价格逐渐攀升，特别是农闲的时候佬族在水田种植蔬菜获利之后。现在一般赫蒙族家庭很难有能力购买一亩水田。

个案3-10　一步步走向平地

访谈对象：某男，26岁，三赛村，赫蒙族。

（根据2013年8月5日访谈整理）

之前我居住的村子离农黑县城大概20公里，因为是山路，走的话要大半天。也是经亲戚介绍，我们家才决定搬来三赛村。赫蒙族都是以家族为单位聚居的，但一些人头脑灵活，消息灵通，他们较早搬到山下城镇谋生，混好了之后亲戚也慢慢跟随着搬到了平地。我们家便是这种，看见亲戚混好了便下山投靠亲戚，其实就目前来看，山上的赫蒙族日子也不好过，非常辛苦，也就仅仅能填饱肚子而已，根本谈不上买漂亮的衣服，更别说什么子女的教育问题了。

来到三赛村，我们就由亲戚介绍，向村长申请，由村委会帮着联系租种一户佬族人家的田地。这户人家现在主要做日用小商品零售的生意，经常忙着往返于农黑与丰沙湾甚至琅勃拉邦之间，根本无力从事农业。我们租种他的水田，不用付钱，只需要折合成稻谷上交就可以了。但最初的问题是我们习惯刀耕火种，根本不懂水田种植的技术，还是不断向周边赫蒙族学习才渐渐掌握了这门技术。现在几年过去了，我们存了一些钱，也开始有更长远的打算了。现在明确的一点是一定要在三赛村落脚，再苦再难也不回山上去了。经过几年的水田种植，我发现水田的产量比刀耕火种的游耕要高很多，更重要的一点是，因为不断迁徙，所以家里的东西根本无法带走，只有定居在一个地方才可以慢慢积累财富。为什么佬族的房子那么漂亮？因为他们一直都是定居啊，我们赫蒙族以前经常迁徙，所以都是草木房子，盖得再好看也没用，说不定第二天就要搬走了。明确了这一点之后，剩下的目标就很清楚了，租种水田每年可以存一些钱，等到适当的时候，我们要买一块属于自己的水田。在老挝，土地是私有的，可以随便买卖，只要你有钱就行。我现在要考虑的是等小孩大一点，一定要送到学校好好学习，将来要去丰沙湾甚至琅勃拉邦、万象读书，一定要在城市里站稳脚跟，这样才会有更好的发展，赚更多的钱，彻底改变我们家的命运。

现在我常常去亲戚家，除了感谢当初他劝我们搬下来之外，还要学习他的很多想法和做法。他比我们早搬下来几年，但是现在已经开始做一些小生意了，是很有经济头脑的人。正是受到他的启发，我才明白一个道理，赫蒙族人一定要团结，要抱团取暖，依靠宗族和集体的力量。所以我现在每年还会去之前住的村子，告诉他们我现在的情况，也希望他们能够搬下来，但是效果不好，特别是40岁以上的人基本不愿意，我现在把目标放在30岁以下的赫蒙族，我用自己的经历告诉他们同样的辛苦和付出，在山下肯定比山上生活得更好。经过我的努力，最近两年，开始有几位年轻人从山上搬下来谋生，我同样会热心帮助他们，就像当初亲戚带我去找村长一样。我相信，经过我们几代年轻赫蒙族的努力，赫蒙族只要能够在平地、城镇站稳脚跟，就会有更美好的未来。如果一直待在山上，那么我们就会和他们的现在一样，没有更好的未来。

老挝政府曾经采取多种方法希望包括赫蒙族在内的山地民族能够下山，搬到平地靠近城镇或交通比较便利的地方居住，但是收效甚微。很多山地民族一开始就很抗拒，认为这是政府为了更好地管理他们，再加上有些民族下山之后没有找到好的生计又搬回山上，愿意配合政府的就更少了。然而通过上面这个个案，或许老挝政府应该改变策略，通过赫蒙族人自身的榜样力量，即赫蒙族精英来主导这件事情或许会比政府要高效得多。

赫蒙族下山是一个系统工程，并没有政府想得那么简单。政府单方面认为，山上交通不便，条件艰苦，为了赫蒙族长远的考虑，下山是必然选择和发展趋势。但是站在赫蒙族这边，下山之后带来一系列的问题，从生计到生活方式的改变，再到文化差异带来的不适应，都是摆在面前的现实问题，不是一天能够改变和适应的。

（三）未来已经来临

无论如何，尽管赫蒙族下山存在一些现实问题与困难，但可以客观理性地预测，在未来一段时间内，越来越多的赫蒙族会从山上下来，融入城镇和平地的生活。这个转型的过程必定很痛苦，但最终的结果将有利于整个赫蒙族发展。真正对赫蒙族发展有利的行为最终会被赫蒙族社会认识并且接受，只是需要一个漫长的过程，需要时间来做出选择。

科学研究不仅在于解决问题，更重要的目的在于提出问题以及提供对未来可能性的预判。从这个角度来讲，赫蒙、佬民族关系的未来发展我们没有办法准确地预测，也不可能提供一个完美的解决方案，但是我们可以提供一种未来发展的可能性。

赫蒙族作为一个离散族群，历经千年的大迁徙，大部分赫蒙族人没有一个明确的故土故国的概念，只是在神话传说中有一丝模糊的记忆。这与犹太人不同，犹太人的历史有明确的文字记载，再通过犹太教反复强化族群的集体记忆，从而使"犹太人以积极进取的精神，向先进地区开拓，在保持自身独立性的基础上，把世界先进文化吸收过来发展自己，而苗族却不断向偏僻荒野进军，远离先进文化中心，影响了自身的发展"[①]。老挝赫蒙族则正是如此，在相当长的一段时间内是沿着老挝北部山地迁徙，刻意绕开人口密集的城镇和村庄。然而历史并不等于未来，从三赛村赫蒙族下山进入城镇的个案，可以乐观地预见在不久的将来，将会有越来越多的赫蒙族

---

① 潘定智：《从苗族民间传承文化看蚩尤与苗族文化精神》，《贵州民族大学学报》（哲学社会科学版）1996 年第 4 期。

加入下山进城的队伍中，未来已经来临，只是还未在赫蒙族人中流行。

真正要让下山进城在赫蒙族人群中流行起来，则需要几个因素：一个重要的赫蒙族人物引导，一个旗帜鲜明的宣传口号再加上赫蒙族内部的舆论导向。但要实现这几点并不容易，这要求由赫蒙族精英来主导这件事情，相信这一天很快会到来。

通过美国离散赫蒙族的情况，我们则更有理由对赫蒙族的未来充满信心。老挝赫蒙族成为跨国离散族群之后，开始迎来新的转机。特别是在移民到西方国家之后，要面对许多新的挑战，例如失业、严重的世代沟通问题、文化差异、语言隔阂、家庭暴力、离婚、种族歧视等。根据美国1990年人口普查，美国赫蒙人有67%靠社会救济生活，到2000年，约30%在靠社会救济生活①，可见越来越多的赫蒙族移民，与犹太人一样，开始积极把握世界先进文化所提供的教育与职业机会。自1975年起移民美国的赫蒙族难民大部分不会讲英语，也不识字。30年之后，美国许多赫蒙人有自己的房子，从事老师、教授、律师、牧师、参议员、电视制作人、警察、医生等各种行业。虽然国外的赫蒙族人，跟犹太人一样，也吸收其他国家的文化，但是仍保持一定的民族认同感。

美国赫蒙族经过30年迎来了整个民族的新生，这个时间占据了个人生命的大部分，但是对于一个民族迁徙和发展的历史而言，仅仅是沧海一粟。美国赫蒙族通过一到两代人的艰苦努力和付出，换来了整个民族的幸福。由此可见，在世界形势趋于和平，国家民族政策趋于平等的今天，民族的和平共处、共同繁荣发展是可以在一到两代人的努力下实现的。通过族群之间的经济互动、跨族婚姻、文化教育和宗教交融等方面的不懈努力，最终实现族群真正的交融。有理由相信，在如今老挝开放的民族政策之下，新一代赫蒙族人同样可以建立开放的心态，树立民族自信心，依靠自身的努力来渐渐融入平地的生活方式，完成从山地民族向低地民族的过渡。

---

① Hmong Socioeconomic Census Data，http://www.hmongcenter.org/hmonsoccenda.html，2014年8月10日。

图 3-15　新一代赫蒙族青年

第二节　南光村的宗教变迁

一　南光村概况

（一）琅勃拉邦概况

1995年12月，因为全市有679座有保存价值的古老建筑物，琅勃拉邦经过联合国专家组考察后，被联合国教科文组织（UNESCO）列入世界文化遗产名录。丰厚的历史文化积淀使琅勃拉邦成为老挝最受欢迎的旅游城市，每年接待来自世界各地的大批游客。

琅勃拉邦省是老挝一个省级行政区，总面积16875平方公里。琅勃拉邦省与川圹省、万象省、沙耶武里省和乌多姆塞省为邻，山道纵横，交通不便。省会琅勃拉邦位于一座狭长的半岛之上，处在湄公河与南坎河的接合部。半岛的中心是著名的普西山，也是全市的最高点。琅勃拉邦省下辖12个县，包括琅勃拉邦县、香恩县（Xieng Ngeun）、南县（Nan）、巴乌县（Pak Ou）、南拜县（Nambak）、Ngoi、Pakseng、彭赛（Phonxay）、Chomphet、Viengkham、Phoukhouny以及Phonthong。王宫，省会的国家博物馆和Phou Loei Protected Reserve（Phou Loei保护区）都是琅

图 3-16　南光村路牌

勃拉邦省重要的处所。该省著名的寺庙包括香通寺（Wat Xieng Thong）、维苏纳拉寺（Wat Wisunarat）、Wat Sen、香曼寺（Wat Xieng Muan）以及 Wat Manorom。

琅勃拉邦历史悠久，在早期中国历史中被记载为"孟骚"（或孟兆、孟斯瓦），是南诏国的一部分，后属高棉。1185～1191 年，琅勃拉邦曾经历了一个短暂的高棉领主时期。13 世纪，琅勃拉邦被改为傣文名称香通（Xieng Dong Xieng Thong，意为"金城"）。1353 年琅勃拉邦成为澜沧王国的都城，开始成为老挝的政治、文化中心。从 1560 年开始，因为供奉一尊来自斯里兰卡名为"勃拉邦"的佛像，改名琅勃拉邦，意为"勃拉邦佛像之地"。后来一度作为澜沧国（孟骚）、澜沧王国（南掌）、琅勃拉邦澜沧王国的国都。

19 世纪晚期，老挝北部遭到大规模的太平天国运动和中国南方潘泰起义余波的影响，起义军残部在黄黑①或条纹旗的指引下向南进发，席卷了整个老挝北部，对琅勃拉邦造成一定程度的破坏。佬族人非常害怕，将他们称为云南"华族"（Haw）。"华族"的掠夺削弱了琅勃拉邦的实力，一些下属酋邦纷纷脱离控制。1875 年，琅勃拉邦发生了卡人起义。其领导人

---

① 老挝人称之为"黄旗军""黑旗军"。

尼（Nhi）是克木族人（Khamu），他组织了一群劫掠者，但不久便被暹罗老挝联合武装剿灭，卡人起义失败。"华族"的入侵导致了暹罗于1882年派遣部队驻扎在这里，但是1887年西双楚泰的首领刁文池联合华族洗劫了琅勃拉邦。紧接着，1893年，两艘法国战舰开抵曼谷，暹罗迅速妥协，同意割让湄公河东岸给法国，琅勃拉邦由法国统治，改组琅勃拉邦王国。此后相继被日本、法国占领，直到1975年老挝巴特寮社会主义革命，首都改为万象。琅勃拉邦的城市规模在历经劫难的过程中发展缓慢，19世纪中叶法国探险家亨利·穆奥记载，"这是一个讨人喜欢的小镇，占地1平方英里，只有7000~8000名居民"[1]。

这座老城从"华族"的洗劫、日本人的侵略中幸存了下来，并且在印度支那战争中作为保皇派的大本营而幸免。同样的，在美国几乎摧毁了老挝北部所有城市的地毯式轰炸中，琅勃拉邦也幸免于难。20世纪80年代，社会主义集体经济改造导致了大批资本家、企业主、上层阶级和知识分子离开了琅勃拉邦。由于缺少资金和投资意向来支持琅勃拉邦原本的皇家及殖民地生活方式，琅勃拉邦的繁荣风貌一去不返。这种情况在1989年老挝革新开放之后得到改善，私营企业的回归令长期关闭的商店重新开张，一度荒废的别墅变成了酒店和客栈。特别是琅勃拉邦在1995年被纳入联合国教科文组织世界遗产保护名录，加快了琅勃拉邦城市发展的步伐，提升了它在国际上的影响力。为了保持琅勃拉邦的新形象，它在建筑上确立这样一种原则：保持寺庙的核心地位，任何新建建筑物不得高于寺庙。这一指导性原则使琅勃拉邦在进入21世纪后，逐步成为国际知名的旅游胜地，如今在城中的某些区域，客栈、餐厅、精品店和画廊的数量，已经超越了居民住宅的数量。旅游业的发展使这座老城从此焕然一新，重新回到现代人的视野当中。如今，琅勃拉邦已经成为老挝历史与文化的名片。

（二）琅勃拉邦的民族结构

过去十年里老挝人口增长比较缓慢，根据老挝国家指导委员会公布的

---

[1] 转引自格兰特·埃文斯《老挝史》，郭继光、刘刚、王莹译，东方出版中心，2011，第33页。

2015年第四次人口和家庭普查结果显示，老挝人口总数已达6492400人（其中女性3237600人，男性3254800人）。年平均人口增长率为1.45%，与2005年第三次人口普查结果相比，降低了0.63个百分点。人口流动基本保持不变，其中15%的人口居住在沙湾拿吉省，13%在万象市，11%在占巴塞省，7%在琅勃拉邦省，赛松本省人口数量最少，仅占全国人口的1%。普查结果还显示：全国家庭总数增至120万户，家庭平均规模为5.3人。琅勃拉邦省人口约45.43万人，其中克木族约5万人，占12%。

1. 克木族

历史上，琅勃拉邦历经各民族的统治，但并没有改变该地区的族群结构。所以，还是可以大致梳理一下琅勃拉邦历史上民族构成以及变迁的大致脉络。首先，琅勃拉邦的原住民应该是克木族人、阿卡人等今天依然被称为"老听族系"的族群，在语言系统中属于孟高棉语族和南岛语族。虽然是原住民，但与世界各地的原住民一样，因为文化水平相对落后，政治、经济、军事实力不足而沦为其他民族的附庸。在琅勃拉邦，老听族系同样沦为低人一等的"卡人"，泛指所有地位较低的族群，但这种格局并非没有来自原住民的抵抗和抗争。实际上1875年，克木族人领袖尼（Nhi）就领导了卡人起义，只是因为人数与军事实力的悬殊，很快便被统治者镇压下去。

这一说法从考古学上也可以得到支持。古人类学的研究认为，澳大利亚—尼格罗人种是东南亚地区广泛分布的原始人，包括尼格罗人、美拉尼西亚人和印度尼西亚人等亚种。其中，尼格罗人于公元前1世纪前后进入中南半岛北部和云南境内。根据《后汉书·明帝纪》记载：永平十七年（公元74年），"西南夷哀牢、儋耳、僬侥、盘木……诸种，前后慕义贡献"。同书注："《国语》曰，僬侥氏3尺，短之至也。"僬侥或许是分布在云南地区的尼格罗人，这一人种后来与由北向南迁徙的南亚语系、南岛语系和汉藏语系三大语系诸族群互相交融，成为今天老听族系中的一些族群。①克木人是老听族系中最大的族群，占老挝总人口的10%。

然而，日本学者饭岛茂认为，东南亚地区各族群的形成仍有大量未解

---

① 申旭：《老挝史》，云南大学出版社，2011，第6~7页。

之谜,由于该地区缺乏系统的历史文献记载,特别是中国、印度文明进入该地区之前,未形成统一的文字。此外,东南亚地区高温潮湿的气候不便于保存竹木等器具,因此历史文物也难以保留。正因为如此,神话和传说成为研究东南亚民族历史与文化过程中重要的材料和线索。根据目前仅有的历史学、民族学和考古学方面的成果,大致可以推论:东南亚大陆上有从北向南的民族迁移痕迹①,南岛语系族群是第一次民族移动的东南亚大陆居民②。也有学者认为,中国南部也许才是南岛语系族群的最早定居点。③ 林惠祥先生认为,南岛语系族群可能与中国"百越"有关,他们在新石器时代沿着两条路线向南迁徙:一条向西沿着印度支那到达苏门答腊岛,最后分布在菲律宾和印度尼西亚的广大区域;一条向东沿着中国广东、福建沿海途经台湾抵达菲律宾群岛。④

第二次大规模向东南亚移动的是孟高棉语族(属南亚语系)民族,迫使南岛语系的民族向海岛地区迁移,大多数在印度尼西亚和菲律宾群岛定居下来。近代孟高棉语族的祖先或许是商朝时期广泛分布在中国西南部的濮人。⑤ 濮人从中国西南部向南迁徙:一支沿着湄公河抵达孟河流域成为孟族,并于公元初至公元16世纪在中南半岛建立了孟族诸国,包括著名的白古王国、直通王国和罗钵底王国;一条抵达柬埔寨成为高棉族,并于公元1～7世纪建立了扶南王国,后来建立了吴哥帝国,留下了辉煌灿烂的吴哥文化。孟高棉语族势力强大,将之前的南岛语系诸民族驱赶到海岛上生活,并在中南半岛上统治壮傣语诸民族长达几个世纪之久,但最终孟高棉语族被打败而迁徙。一部分孟高棉语族进入柬埔寨,演变交融而成为高棉

---

① 〔日〕饭岛茂:《东南亚社会的原型——从文化人类学来考察》,马宁译,《东南亚历史译丛》1982年第2期。

② 王民同:《东南亚民族的来源和分布》,《云南师范大学学报》(哲学社会科学版)1984年第2期。

③ P. S. Bellwood, *Man's Conquest of the Pacific: The Prehistory of Southeast Asia and Oceania*, 1979, p.11.

④ 林惠祥:《南洋马来族与华南古民族的关系》,《厦门大学学报》(哲学社会科学版)1958年第1期。

⑤ 尤中:《中国西南的古代民族》,云南人民出版社,1980,第9页。

族;另一部分则留在缅甸、老挝和泰国境内的山区继续生存,演变而成为今天的克木族。孟高棉语族与南岛语族长达数世纪的斗争与交融,奠定了今天中南半岛上的民族关系格局和文化形态。①

2. 佬族

在与东南亚民族形成相关的三次大迁徙中,最后一次民族迁徙属于壮傣语族,源自中国南方的"百越"族群。百越族群经过漫长的演化,逐渐发展成中国西南地区的壮、侗、水、傣等族群,一部分进入中南半岛演变交融而成佬族、泰族以及掸族。掸族曾经于公元初在缅甸北部建立了掸国,并向汉朝派遣使者互通友好。佬族于公元14世纪在琅勃拉邦建立了南漳王国。

3. 赫蒙族

赫蒙族从中国迁往老挝的两条路径前文已经重点阐述,具体进入琅勃拉邦的时间目前就笔者目力所及,还未找到相应的描述与记载。但根据笔者田野调查发现,琅勃拉邦的一些赫蒙族村庄已经有200多年的历史。可见赫蒙族在漫长的迁徙过程当中,遇到无人居住的山区便落地生根,在整个老挝北部均有赫蒙族的村庄,琅勃拉邦也不例外。据赫蒙族老人口述,19世纪初,赫蒙族开始占据老挝北部高山地区,在琅勃拉邦开始有不少赫蒙族人种植鸦片和其他作物。尽管赫蒙族刻意绕开其他民族,在高山密林中选择刀耕火种的游耕方式来生存,但赫蒙族最终还是与周边族群发生了冲突。见识过大清帝国威严的赫蒙族并不认为佬族人比自己高级,但佬族人则把远道而来的赫蒙族与以克木为代表的老听族系等同视之,认为他们是低级的。赫蒙族开始联合衰弱的普安王族们,以对抗佬族。总而言之,赫蒙族一开始便与佬族处于对立的状态。

(三)村庄简介

南光村距离琅勃拉邦20公里,交通便利,在万象通往琅勃拉邦的省级公路边上。这是一个纯正的赫蒙族村,62户,共422人,除了几位嫁来的

---

① 李成武:《克木人:中国西南边疆一个跨境族群》,中央民族大学出版社,2006,第121页。

佬族姑娘，其他均为赫蒙族，属白苗支系。该村由老挝国家旅游局（LNTA）和亚洲发展银行（ADB）共同资助，大力发展旅游项目，主要是向外国游客展示赫蒙族村落的原始生态以及赫蒙族刺绣等艺术品。除此之外，政府还鼓励周边的赫蒙族搬来该村，并为他们划定一片田地种植水稻和蔬菜，以25个家庭为一组，共同开垦种植3公顷土地。正因为如此，发展旅游的七八年来，不断有附近村子的赫蒙族搬来南光村，大部分能够留下生活，但也有部分因为不能稳定下来而返回。该村也从最初的几户人家发展到现在的62户，发展速度非常迅速，但因为土地面积有限，近年来有放缓的趋势。

个案3-11　现实问题慢慢浮现

访谈对象：某男，38岁，南光村，赫蒙族。

（根据2015年8月4日访谈整理）

我们家是最早定居在这里的几户赫蒙族之一，我爷爷说他是来这里的第五代，他现在已经91岁了。我小学毕业，后来从亲戚那里学会了苗文，现在担任副村长。目前全村62户，一共拥有8公顷土地用来种植水稻和蔬菜。自从政府鼓励我们搞旅游开发项目之后，我们的家庭收入开始增加。就我而言，每年旅游旺季（从9月到来年6月生意最好，国外游客最多），我个人收入平均每月200万基普（约合人民币1600元）。正因为如此，上面的一个邻近赫蒙族村也打算要做旅游村，但是还得有政府的支持才行，否则游客根本不知道，更加不会来的。看到我们村搞旅游之后，经济水平有所提高，附近的一些赫蒙族开始搬来，都是亲戚朋友介绍来的，大部分能够留下。但现实问题是政府最初划给每家每户的土地是有限的，后来的不能再享受，毕竟土地是有限的。如果要从附近佬族村购买土地，价格大概是1亿基普每公顷（约合人民币5333元一亩）。大部分赫蒙族还是没有这个经济实力的，如果没有土地作为基础，全靠旅游收入是不可能维持全家的经济来源的，特别是每年还有三四个月的旅游淡季。在我看来，我们村现在的规模刚刚好，不能够再扩大了。

作为副村长，我必须考虑一些现实问题，除了刚才说的土地问题，更重要的是每年来这里的游客人数是固定的，虽然现在游客每年递增，但并不明显，所以来买我们刺绣和民族工艺品的总量是相对固定的。在这种情况下，如果来的赫蒙族人多了，那么平均下来，每个家庭的收入不但没有提高，反而会下降。所以为了我们村考虑，我现在和当初的想法发生了重大改变。最初，政府帮助我们搞旅游开发，我们村是半信半疑的态度，但是因为不用我们出钱，还帮助我们修路，花钱送我们去培训等，大家开始积极配合。过了一段时间之后，大概到了第三年的时候，旅游开发项目开始显现出经济效益，不断有国外游客来我们这里观光，并购买一些带有赫蒙族文化特色的工艺品，比如木雕、刺绣、纺织品等。有了效益，村民的热情更高了，开始加大投入。在泰国赫蒙族基督教协会的帮助下，我们村选派了几位赫蒙族妇女前往泰国学习刺绣和缝纫，我妻子也是其中一位。那时候，我感觉赫蒙族的机会终于来了，非常兴奋地告诉了我所有还住在山上的亲戚朋友，希望他们也搬来南光村，虽然他们大部分还是半信半疑的态度，但作为亲戚朋友，我已经尽我所能帮助他们了。现在我们村的资源也几乎用完了，包括建筑用地、田地之类，所以不再劝说朋友来了。人生也是这样，一开始总是把未来想得很好，但是现实问题会慢慢浮现，必须做出妥协和取舍。

二 宗教的变迁

自英国人类学家泰勒所著《原始文化：神话、哲学、宗教、语言、艺术和习俗发展之研究》以来，宗教人类学获得了快速的发展，从关注无文字、孤立的小型社会到如今研究农民社会、工业及都市社会，宗教人类学将研究视野逐渐转向发达民族和地区的宗教文化。[①] 赫蒙族在漫长的历史长河中，创造了丰富而独特的宗教文化。针对这方面的研究取得了比较丰

---

① 王建新：《宗教民族志的视角、理论范式和方法——现代人类学研究诠释》，《广西民族大学学报》（哲学社会科学版）2007 年第 2 期。

富的成果，20世纪以来，赫蒙族宗教研究存在原生宗教（传统宗教）与制度化宗教两条主要的研究方向，且都产生了可喜的研究成果。传统宗教研究成果主要体现在祖先崇拜、图腾崇拜、巫术等方面，而制度化宗教研究成果主要在于赫蒙族基督教与天主教两方面。① 近年来最具代表性的著作是美国布朗大学人类学教授特丽夏·西蒙斯（Patricia V. Symonds）的《招魂》②，在前往泰国北部一个叫作 Flower Village 的村子进行一年的田野调查之后，详细记录了当地赫蒙族所唱的招魂曲，这是海外赫蒙族人类学界公认的宗教民族志的名著之一。该书在翔实的田野调查资料之上，探讨了泰国赫蒙族宗教信仰中关于生死、命运、宇宙的看法，并追寻赫蒙族族群宗教文化中的核心要素。

赫蒙族具有丰富的传统宗教文化，从中可以折射出赫蒙族的世界观和核心价值观。同时在长途迁徙的过程中，相对独立封闭的赫蒙族传统宗教在与外部世界和环境互动的过程中不断发生改变和调适。在赫蒙族现在的宗教信仰体系当中，和中国内地的宗教信仰发生了哪些改变，又有哪些内容依然保留。宗教传播与民族迁徙是一个广受学术界关注的话题，西方基督教文明与伊斯兰教文明1300多年的冲突历史，其实也是一个宗教交融和传播的过程。东西文明的交流除了丝绸、大黄、茶叶、瓷器等商品贸易活动外，更重要的是精神文化的交流。发源于波斯的琐罗亚斯德教和摩尼教，发源于印度的佛教，发源于阿拉伯半岛的伊斯兰教主要是通过中亚由西向东传播。③ 同样，赫蒙族作为典型的离散族群，在从中国往越南、老挝迁徙的过程中，除了与其他族群在经济、政治等方面的互动之外，必然也伴随着宗教文化的互动与交融，而这为我们研究赫蒙族提供了一个重要的视角。

---

① 罗兆均、徐祖祥：《20世纪以来国内苗族宗教研究述评》，《民族论坛》2013年第7期。
② P. V. Symonds, *Calling in the Soul: Gender and the Cycle of Life in a Hmong Village*, University of Washington Press, 2015, p. 11.
③ 潘志平、王智娟：《鸟瞰中亚宗教、民族之历史与现状——兼评亨廷顿的"文明模式"》，《西北民族研究》1994年第2期。

（一）传统宗教

南光村有赫蒙族 62 户，目前 46 户依然以信仰传统宗教为主，16 户以信仰基督教为主，这基本可以反映出老挝各地赫蒙族的宗教信仰情况。南光村共有 7 个姓氏，包括 Lor（罗姓）、Vang（王姓）、Lee（李姓）、Yang（杨姓）、Chang（张姓）、Her（侯姓）、Xiong（熊姓）等。91 岁的张姓赫蒙族老人明确地告诉我们，他们和熊姓等几个姓氏最早是从中国四川迁来老挝的。宗族观念浓厚的赫蒙族按照姓氏，一共有 9 个巫师①，负责每个宗族的祭祀、治疗疾病等。

老挝赫蒙族的宗教信仰主要有祖先崇拜、自然崇拜以及多神崇拜等。赫蒙族处在万物有灵的传统宗教信仰阶段，认为生活中的一切都由鬼神所主宰，如"水神""地神""门鬼""灶神""屋神"等，诸多神灵各司其职，互不干扰。师公是负责沟通人和鬼神的中间人和桥梁，在老挝的赫蒙族村寨中，一般有一个以上的师公。南光村有一位师公，现在已经将技术传给儿子，确保后继有人。

南光村赫蒙族是鬼神论者，信仰自然神和鬼神。他们认为：雷有雷神，树有树神，风有风神，山有山神，甚至连怪石也有石神，等等。这些"神"，也像人类社会的统治者和权力者一样，只能敬奉，不能得罪。敬祀它，它就降福；得罪了，就降祸。因此，他们常以供品甚至宰杀牲口去祭祀这些"神"。南光村边的树脚、石边、水边仍可见到祭神的供品，村前寨后仍保留有林木葱茏的"神山"和参天的"神树"。

1. 祖先崇拜

南光村赫蒙族每年要杀猪、羊、鸡祭祀祖先的灵魂，用意在于除祸降福。祖先崇拜是南光村赫蒙族最重要的宗教信仰，它是在血统联系和集体幻想的基础上自发产生的，在现实社会生活各方面仍发挥作用的意识特征。祖先崇拜一方面已对客体加以神秘性崇拜，另一方面通过仪式和习俗

---

① 基本是每个宗族有一位，之所以出现 9 位，是因为有年事已高的赫蒙族巫师正在本宗族中培养年轻接班人，所以有些宗族出现两位的情况。

在场景中再现先祖，因而具有世俗性的一面。

南光村祖先崇拜具有如下三个方面的内涵和表现形式。

（1）共同的远祖崇拜

远祖就是所有赫蒙族共同的祖先，他开创了赫蒙族历史与文化，并指引着当地赫蒙族来到南光村。但远祖已经没有具体的形象，也没有书籍、图画刻画祖先的外形及特征，只是停留在口头民间传说中，在仪式内容中再现。远祖成为南光村赫蒙族的集体想象，同时也是赫蒙族族群认同的符号，是族群心理边界的延伸。

（2）家族祖先崇拜

家族祖先包括本家族共同的祖先以及家庭中的父辈两种类型。南光村赫蒙族相信自己无时无刻不是生活在"鬼神"之中，任何事情都不能触犯鬼神，否则必然引来灾难。此外，鬼神都是死去的先人变成的，离自己最近的鬼神就是本家族的祖先，特别是自己家庭的成员。所以按照这个逻辑，敬鬼神从自家开始。每家都设有神龛，家人每日都要祭拜。在他们的观念中，鬼神不会无缘无故地找上门来，特别是外面的孤魂野鬼，一般都是自己家没有安抚好祖先的灵魂，才招致灾祸。这体现在丧葬习俗以及相应的仪式中。

（3）牛头崇拜

牛头崇拜实则是祖先崇拜的延伸，是对赫蒙族远祖蚩尤的追思和怀念，以牛头来寄托对"战神"蚩尤的崇拜。中国苗族有传说，牛养久了会变成神牛，神牛是蚩尤的精灵。苗族老人寿终正寝，需要杀自养老牛献祭，意即由神牛引路，让死者的灵魂回到祖居地。老挝赫蒙族同样继承了尊牛的传统，奉老牛如神灵。每家都要有一个老人负责照看牛的日常生活，雨季则经常割草送到牛圈。南光村每个赫蒙族家庭的一面墙壁上必须挂有牛头骨，牛头骨是家中长辈去世之后举行的祭祀活动中留下的。牛头越多，代表家庭对鬼神越敬重，也预示之后的家庭会得到鬼神的保佑。在南光村赫蒙族的观念中，屋内挂牛头，恶鬼不敢近身，更不敢入内作乱；牛头角挂得越多，家族越兴旺发达，子孙可保平安。每隔13年举行一大祭；最隆重的祭祀是"打老牛"。

牛头崇拜在当地赫蒙族的日常生活中具有重要的文化内涵和象征意义。首先，牛头崇拜是敬神娱神的载体。老挝赫蒙族将牛视为祖先之一加以崇拜，地位很高。在现实生活中，牛又充当了必不可少的生产工具。牛也因此成为赫蒙族人最亲密的朋友，同时在重要的节日，又成为赫蒙族与祖先沟通的重要媒介和载体。当地赫蒙族每当家中老人去世，便会牺牲一头老牛，亲朋好友在共同分食牛肉之后，帮忙处理牛头，牛头风干后挂在家中墙上，作为日后与祖先神鬼沟通的媒介和载体。

其次，牛是当地人财富和权力的象征。在经济相对落后的赫蒙族地区，以农业种植为主要经济来源，牛便是农业社会最重要的生产工具，也是财富的象征。穷人家只有一头牛，甚至出现几家共同拥有一头牛的现象。而富人则以牛的数量作为财富的象征，遇上红白喜事，往往会宰杀几头牛来显示经济实力。头人或家族族长无疑是拥有牛数量较多的，但是一旦谁的牛数量减少，则往往发生改选，重新推举财富拥有者作为头人或族长。

图 3-17　牛头崇拜

再次，牛是娱人的重要载体。牛虽然是祖先的化身，但牛只是载体，仅在特定的节日才是人鬼沟通的媒介。在大部分的节日中，牛是娱人的载体。特别是在赫蒙族新年中，斗牛便是所有节目的重头戏，直接将新年气氛推向高潮。牛作为赫蒙族竞生阶段的重要部分，体现出赫蒙族开始不再被动依赖

图 3-18 悬挂的动物头骨

自然，等待大自然的馈赠，而是积极主动改造自然，牛是改造自然的重要工具。在节日里支配、娱乐消遣牛也是赫蒙族支配改造自然的一种体现。

个案 3-12 "牛头多少代表幸福"

访谈对象：某男，45 岁，赫蒙族。

（根据 2014 年 8 月 1 日访谈资料整理）

我们南光村赫蒙族对牛非常敬重，传说中水牛带我们跋山涉水，历经艰难险阻才来到这里。没有牛，便没有我们现在安定的美好生活。你看我们这里一般的红白喜事都要杀鸡、杀鸭，甚至杀猪、杀牛，这只是表面现象。其实，牛还是杀得比较少的，比如小孩满月，杀一头猪已经很隆重了。当然现在有钱人为了显示自己的财富，小孩满月都要杀牛，那是不对的，是对老祖宗的不敬。以前，我们一般是在老人去世的时候，举行隆重的仪式之后才杀牛，这个时候杀的牛越多越代表子孙满堂、代表子孙的孝敬。最少要杀一头牛，否则鬼魂不能安息，不能顺利回到祖居地。有些老人子孙多，可能一次杀几头牛。举例来说，假如一个老人有5个女儿、2个儿子，在他们结婚的时候，老人平均送他们每人一头牛。那么老人去世后，每个子女必须送来一头牛表示自己的一片孝心。你看我们家墙上挂了3个牛头骨，就是当初我父亲去世的时候，我和我弟弟、妹妹分别送的。在我们这里，有牛就代表家庭幸福、家庭和睦、子孙满堂。现在村民养黄牛比较多，像我们家挂的这种水牛头已经很难见到了。

2. 鬼魂崇拜

鬼魂崇拜是赫蒙族鬼文化的主要内容。南光村赫蒙族认为，人的生老病死，自然现象的千差万别，都是鬼魂作祟的结果。赫蒙族崇尚万物有灵，任何一种不幸追根究底都能找到其背后跟"鬼"的联系。南光村赫蒙族鬼文化中代表性的有"家鬼""门鬼""恶鬼""石鬼"等，但其观念中的"鬼"和中国民间信仰中的"鬼"不太一样，它具有"神鬼不分"和"善恶鬼"两大显著特点。

首先，"神鬼不分"。赫蒙族神鬼不分，鬼可曰神，神可曰鬼，二者可通释互义。如"门神"就是"门鬼"，为赫蒙族尊奉的大神之一。可见在南光村赫蒙族人的观念中，还没有善神恶鬼之观念，在通常情况下是可以通释互义的。赫蒙族将一切鬼、神、灵通称为"鬼"，反映了"万物有灵"原始信仰。这在一定程度上证明了鬼早于神出现在人们的观念当中，从文字起源上也可以得到验证，"鬼"字的出现比"神"字要早。甲骨卜辞和金文中经常出现"鬼"字，而"神"字直到殷周才开始出现。

其次，鬼有善恶之分。南光村赫蒙族认为，鬼魂虽然众多，但按照其去处总体可以分为两类：一是祖居地，二是生活过的房屋、农田、山林等。赫蒙族人认为，死后其灵魂要沿着生平常去的自然场景返回祖居地，表明其世俗性特征。一般认为，正常死亡的多为善鬼，而死在外地的、意外死亡的、被人谋害的则是恶鬼、孤魂野鬼。这些恶鬼经常会出来为非作歹，影响人们的正常生活。

图 3-19　设在正屋的神台

（1）家鬼

"家鬼"也是赫蒙族鬼神信仰中的一个重要组成部分。赫蒙族认为，每家都有家鬼，这是一种善良的鬼。如何吸引一个好的"家鬼"到自家与住房的选址大有关系。南光村赫蒙族认为一家人命运好坏在很大程度上由家鬼决定，家鬼又与住房的屋基密不可分。因此，盖房造屋时，要占卜屋基的吉利与否。占卜的办法是：先在选好的屋基位置上挖一个小洞，放进三粒玉米，呈三足鼎立之状，用碗罩好，然后盖上土。第二天一早去看，玉米位置不变为吉利，反之则不吉利，屋基必须另选。或者，在选好准备作屋基的位置上挖一个小洞，吸几口叶子烟将烟雾喷入小洞，如烟雾在小洞内长久不散则吉利，反之则不吉利。

（2）门鬼

在诸鬼中，南光村以"门鬼"最具特色，因为最为醒目，它出现在每家每户的入口。过去，赫蒙族修建房子，安大门时要请师公来主持敬"门鬼"仪式。赫蒙族敬祀的"门鬼"与中国汉族地区常见的"门神"不同，它并非历史人物，而是一个用草和竹篾做成的篾兜，偶尔放入牛、羊、猪、鸡等家畜家禽的毛，钉在大门上后便称"门鬼"。敬"门鬼"非常注重时间因素，一定要选在夜深人静的时候，巫师一边口念咒语，一边杀鸡或狗，取其鲜血举行仪式。肉要一顿吃完，否则不吉利。

图 3-20 门鬼

3. 自然崇拜

在南光村赫蒙族看来，鬼无处不在，在大自然中有水鬼、山鬼、树鬼、雷鬼、河鬼等。这是一种典型的万物有灵的传统宗教信仰，万物都被赫蒙族赋予了鬼魂。在南光村后面的山上，有一块大石头，巨大无比，在当地的土山丘中显得突兀。这自然成为他们供奉的石鬼对象，在石头的下方平坦地带有一个神龛供来人上香祈福。不仅如此，在途经丰沙湾市的路边有一块石头，赫蒙族人开车经过都要鸣喇叭致敬，这已经成为一个不成文的规定。他们认为，如果不对石鬼鸣笛表示尊敬，很快石鬼就会找麻烦。

总之，南光村赫蒙族信仰鬼神，敬奉祖先，驱鬼撵鬼，都是一个目的：保佑村寨及全家平安喜乐，无灾无难。老挝赫蒙族在漫长的历史过程中，不仅与大自然不断地抗争，也与其他兄弟民族不断地交往、交融。在那样的历史背景和时代环境下，形成了独特风情习俗以及绚丽多彩的神话信仰，等等。

（二）基督教

宗教活动涉及人类的终极依赖情感。无论在什么宗教中，人们在情感上都执着于某种不可亵渎的神圣存在。然而在现实生活场景中，宗教又与经济生产、娱乐生活交织在一起，具有世俗性的一面。人类社会复杂多变的宗教关系史告诉我们，宗教所承载的是一种终极情感依赖，在不同宗教碰撞的过程中，一旦一种宗教无法继续承载人们的终极情感依赖，它将难以继续存在。为了继续满足人们的终极情感依赖，这种宗教要么发生相应的改变和革新，要么人们会选择一种新的宗教信仰。现代开放社会与传统的封闭的农业社会不同，不同宗教的时空接触越来越频繁，因此宗教之间的对抗与冲突也越发明显。在老挝赫蒙族社会，这种宗教变迁的现象非常典型，本节将详细描述老挝赫蒙族在族群迁徙、社会变迁的过程中，如何在经济发展及与各民族、政府博弈的背景下与基督教产生良性互动，并设法把基督教及其信仰形式建构成自身的信仰模式之一，使基督教成为继传统宗教信仰之后赫蒙族底层信仰和价值观的重要组成部分。

1. 基督教的进入

赫蒙族的传统宗教属于万物有灵信仰，包括自然崇拜、鬼神崇拜和祖先崇拜等，这种多神论可以概括为宗教发展的初级阶段，是与赫蒙族封闭农业社会相适应的。随着西方传教士的不断努力，基督教最早于1642年开始进入老挝社会。[①] 然而由于老挝总体上是一个以佛教为主的国家，赫蒙族又是一个传统信仰根深蒂固的民族，再加上赫蒙族分散居住在深山密林，因此西方耶稣会信徒的传教工作开展并不顺利，基督教在老挝社会的影响力一直不大。基督教在以信仰印度教、佛教和伊斯兰教等为主的东南亚国家取得进展，要等到19世纪晚期从正式进入少数民族地区的时候算起。通过帮助改善少数民族的教育、医疗和社会工作，天主教开始于19世

[①] P. C. Phan, *Vietnam, Cambodia, Laos, Thailand, Christianities in Asia*, 2011, pp. 1 – 129.

纪晚期在老挝社会取得一定的文化影响力。经过长期的努力，基督教在东南亚社会依然处于边缘地位。历史上没有被殖民过的泰国，开放程度最高，经济文化水平发达，但是佛教信徒占了90%，第二大宗教是伊斯兰教，信徒占5%，基督教信徒仅仅占1.5%。而在相对落后的老挝、越南和柬埔寨，基督教的影响力仍在缓慢地发展，信徒不到2%。[1]

1896年，英国传教士克拉克（Samuel R. Clarke）在贵州开始针对黑苗的传教工作，他向黑苗信徒潘秀山学习苗语，并以拉丁字母设计黔东苗语拼音文字。在收集了赫蒙族诸多神话传说的基础上，帮助黑苗写下了创世故事。[2] 1949年12月，法国天主教传教士贝尔特海第一次来到老挝琅勃拉邦，并在一个叫作"野牛山"的赫蒙族村寨开始传教活动，他利用闲暇时间按照法文的字母及发音体系设计了一套简易苗文。巴尼则是一位来自美国的年轻人类学者兼基督教传教士，一边在老挝川圹省一个赫蒙族村寨传教，一边从事人类学田野调查。在此期间，巴尼也创制了一套苗文，并以阿拉伯数字表示声调。1953年4月，贝尔特海、巴尼与赫蒙族青年杨英、陶护以及语言学家斯莫莱一起共同努力改进了苗文方案，后来被称为RPA（罗马字母通行文字）。随着全球赫蒙族的跨国流动，RPA传入越南，并在西方世界赫蒙族当中广泛传播，成为最为流行的一套国际苗文。[3] 可见，基督教在传入赫蒙族社会的过程当中，除了开展教育、医疗及社会救助等，还深入赫蒙族群众，学习赫蒙族语言和文化，在取得赫蒙族信任之后渐渐开展传教工作。

基督教是从1978年开始进入南光村的，但是因为南光村太小，并没有固定的传教士，也没有教堂，只是个别传教士流动性传教。村民只是偶尔参加传教士举行的传教活动，并没有受洗成为真正的信徒。直到前几年村庄在政府的支持下发展旅游经济，村子开始繁荣起来。2008年，在琅勃拉邦基督教教会的资助下，南光村建起了一个简易的基督教堂，从外面看，这

---

[1] R. B. H. Goh, *Christianity in Southeast Asia*, Institute of Southeast Asian Studies, 2005, p. 69.

[2] 艾斯翠：《西部苗族的创世纪与〈圣经〉（创世纪）之比较》，硕士学位论文，台湾政治大学社会科学学院民族学系，2005。

[3] 石茂明：《跨国苗族研究：民族与国家的边界》，民族出版社，2004，第280页。

图 3-21　赫蒙族基督教堂

和一般的赫蒙族木制房屋没有太大差异，条件相当的简陋。然而正是在这样艰苦的传教条件下，南光村现在已经有 16 个家庭信仰基督教。

个案 3-13　基督教的精神

访谈对象：某男，33 岁，赫蒙族。

（根据 2013 年 7 月 20 日访谈资料整理）

南光村基督教传教活动的发展非常不容易，从第一天开始我就认识了现在的赫蒙族神父。整个过程非常艰难，最初是一个法国的传教士来到南光村，我们当然不会接受一个外国人来传教，甚至非常排斥，见到他来就把门关上。后来他开始帮助一些贫困的赫蒙族家庭，哪个家庭遇到困难，他便前去帮忙。主要是帮助治疗一些疾病，免费发放药品。通过这种方式我们开始接纳他，也开始听他讲一些圣经的故事。后来在琅勃拉邦教区的资助下在村里建立了一座简陋的教堂，开始定期有村民前去教堂做礼拜。教堂的建立是一个转折点，一些村民渐渐地通过参加礼拜活动接触基督教，开始深入理解基督教的教义和精神。第二个转折点是派来一位赫蒙族神父，他的到来拉近了村民与基督教之间的距离。赫蒙族神父能够体会我们赫蒙族的苦难，因此他的传教内容能够说到我们的心坎里，慢慢地信教的家庭开始多了起来。只要一家之主来了，整个家庭就都来了。

现在，南光村的传教活动已经步入正轨。神父大部分时间不在村里，而是前往更加偏远、落后的赫蒙族村寨。平时由我来打理教会的日常工作，维护教堂的正常运行。当然教会每个月发给我 10 万基普（约合 80 元人民币）的误工费。我本来作为一个负责人，也是耶稣的门徒，不应该要钱的，但是为了养家糊口没办法，我家里还有 3 个小孩，生活还是比较困难的。

2. 基督教与社会生活

无论基督教一开始是通过何种方式进入赫蒙族社会，在一部分人将基督教作为宗教信仰之后，重要的是这种新的宗教如何与个人的社会生活相适应和对接，无人再去关心和讨论最初进入的方式。现在，南光村村民讨论的更多的是基督教到底怎样改变了他们的生活方式，对他们的生活有没有帮助。更重要的一点是，基督教信仰对不同年龄和不同层次的人其意义完全不同，对基督教的看法也是不断发展变化的。就目前而言，基督教在南光村赫蒙族人社会生活的一些方面起到颇为重要的作用。

（1）基督教与疾病防治

在南光村赫蒙族的传统观念中，得病是一种很正常的事情，和人要吃饭喝水一样常见。但与一般民族的不同在于，他们认为生病的原因主要是：三魂走丢了一魂，或者因为惊吓灵魂暂时离开身体；因为做错了事情，受到祖先灵魂的惩罚和警告；因为去了不该去的地方被自然神惩罚。这无疑是赫蒙族传统宗教体系在特定生活场景中对疾病所做的解释，为赫蒙族人提供了一幅认知上和情感上的地图。在这幅地图中，只要有人生病，便可以按图索骥，从赫蒙族人生活的自然环境和社会结构中找到原因，并对症下药。与此相对应，治病的方法也很简单，找到每个宗族固定的巫师，由巫师作法之后确定生病的类型和种类，到底是丢魂还是被祖先、恶鬼抑或是自然神所警告，然后通过特定的一套宗教仪式来化解即可。当然如果治好了，则是成功化解了；如果失败，则说明没有得到相应神灵的原谅。

基督教在看待疾病方面则与赫蒙族传统宗教明显不同，它通过两种方法来共同治愈疾病：上帝的力量与现代医学相结合。一方面，神父会告诉每一位赫蒙族信徒，自加入基督教的那一天开始，便是上帝的信徒，必须严守十诫，便会得到上帝的护佑，每位赫蒙族基督教家庭都有一瓶"圣水"，这是加入基督教"受洗"当天从教堂带回来的；另一方面，神父经常会带来一些治疗日常疾病的药品，比如眼药水、退烧片等，这些药品在治疗某些疾病方面比赫蒙族传统巫师的宗教仪式更方便快捷，因此在村民当中比较有说服力。令人意外的是，在巫师仪式治疗与基督教治疗并存的过程中，这种矛盾并没有给村民带来任何困惑。就村民而言，只是多了一种选择而已，并且在大多数情况下，神父不在村中，或者药品用完的时候，只能继续向赫蒙族巫师求助。

个案 3-14　到底谁的力量大

访谈对象：某男，37 岁，赫蒙族。

（根据 2013 年 7 月 22 日访谈资料整理）

我有 4 个小孩，小孩比大人抵抗力弱，经常生病是正常的，不用大惊小怪。大部分情况下，我们赫蒙族小孩生病是不用管的，除非高烧不退或者非常严重了，才会去找巫师来作法。自从信仰了基督教之后，从教会领了一瓶"圣水"回家。神父说好好保存这瓶"圣水"，经常向上帝祷告会有神奇的效果。我是按照神父说的去做了，并且坚持了相当长一段时间，似乎家里小孩比以前少生病了。现在，家里有人生病，如果是小病，我首先会想到去教堂负责人副村长那里看看有没有现成的药品，他那里有治疗眼疾和消炎等常用药品。如果那里没有，我再去找巫师。平时还是不要找巫师的好，一来是因为巫师比较忙，特别是农忙的时候很可能他半个月都没空；二来是请巫师看病，经常需要准备很多东西。如果是大病，往往需要举行比较隆重的仪式，有时候还要设宴三天。对我们比较贫穷的家庭而言，很多人病不起，病了也没有实力请巫师来举行治疗仪式。

由以上个案可以发现，大部分信仰基督教的赫蒙族家庭还是采取西药和巫医相结合的治疗方式，但还是以巫医为主，特别是没有信仰基督教的家庭。从现代医学的角度来讲，赫蒙族主要依靠巫医来治疗疾病的方式无疑是不科学的，很多时候甚至会耽误疾病的治疗。但是在医疗水平和条件不具备的情况下，将巫医作为治疗疾病的替代方式也是一种选择。现代医学告诉我们，大部分疾病其实是可以自愈的，不管是西医西药还是巫医草药，在大部分时间里是充当安慰剂的作用。在南光村，我们还是可以看到一种进步的方向，部分赫蒙族开始求助于高效的西药来治疗常见病，而不是求助于巫师。这是一大进步，然而却引来了一些赫蒙族老人的不安，他们认为年青一代的赫蒙族人开始有忘记传统的倾向，从而产生一种担忧的情绪。然而与老年人的担忧类似的是，年青一代其实也无时无刻不处在困惑和迷茫当中：到底该继续坚守传统，还是拥抱不可知不了解的新事物、新观念和新信仰？

（2）基督教与身份认同

基督教教堂的建立为南光村赫蒙族提供了一个闲暇时间共同学习和交流的场所，这里有时候是医务室和聊天室，但更多时候则是学习的教室。大部分的时间里，大家在一起学习基督教的教义、进行祈祷，每周都会有苗文学习课程并讲述赫蒙族的创世故事。在这个过程当中，特别是苗文和赫蒙族创世故事的学习让每一个赫蒙族都得到了族群意识的强化和觉醒。在笔者看来，老挝赫蒙族长期没有文字作为记载工具，在颠沛流离的迁徙过程中，很多本民族的神话传说、宗教仪式等不断遗失，在调查过程中很多细节可以佐证。比如我们很难得到村寨老人关于族群和宗族迁徙准确的时间表和空间路线，而这在越南和老挝的瑶族过山榜中则有详细的记载。同样，老挝赫蒙族的宗教虽然可以从总体上归类为祖先崇拜、鬼神崇拜、自然神崇拜等几类，但在很大程度上是现代学者的归纳和整理，一些赫蒙族老人自己也无法准确地讲出这些类别，或者一些称呼在村寨的几位老人口中都无法统一，更别说在不同村寨、不同支系的赫蒙族语言体系中。无独有偶，这种现象在美国赫蒙族移民中也普遍存在，吴晓萍在其专著中有所描述。

除了关于称谓的不统一之外，宗教仪式的缺失或不完整也是司空见惯的。在乌多姆塞省勐赛县的南旺诺村（navannoy，意为甜甜的田）、风魁村（phovkeiw，意即青山）、王黑村（vanghei）都普遍存在一种现象：作为从深山迁入城镇的村子，因为生活环境的改变、巫师的缺失，再加上生计压力的现实考虑，传统的婚姻、生产等场景过程中的宗教仪式均大幅简化，甚至消失，唯独依然重视的仪式为丧葬仪式，即便如此，仪式过程还是得到了简化。由此可见，赫蒙族因为文字的缺失造成了传统文化传承上的困难，带来了一系列问题，这或许也是基督教能够快速进入赫蒙族社会的原因之一。同时，基督教传教士并没有采取一种强硬的居高临下的态度，反而是融入老挝赫蒙族社会，在向赫蒙族学习语言的基础上，还愿意主动学习赫蒙族文化，并通过医药、教育、扶贫等方式获得赫蒙族村民的好感。这种远离国家政治影响力的做法，在中国历史上也出现过。

> 在中国，民国以来，特别是非基督教运动兴起以后，在中国的教会主动与西方国家政治势力拉开距离，从而专注于救灾、济贫、识字、医药、拒毒等社会事业。面对法国政府力图坚持在华拥有保教权之事，罗马教皇在1928年12月27日接见法国使节时就曾表示："大使先生，最好不要太让人感受得到这保教权。中国的情况和以往不同了；中国人民再也不以相同的方式来看事情，所以最好不要让中国人对天主教会有一种依赖于另一个列强的印象。"[①]

南光村赫蒙族在学习苗文和根据本民族神话改编的创世故事之后，在很大程度上加深了对本民族历史以及文化的认识和理解，带来了族群意识的觉醒。在此之前，一些赫蒙族农民更关心的是如何让自己家庭的生活更好一点，而现在他们通过基督教学习开阔了视野，开始关心遥远的中国、关心赫蒙族的迁徙历史和老挝的发展。在日常生活当中，赫蒙族受到服

---

① 朱映占：《民国知识分子眼中的西南边疆基督宗教——以游记和考察文本为中心的探讨》，《西南边疆民族研究》2011年第2期。

饰、语言、姓氏、宗教仪式等影响，不断强化赫蒙族的家庭、宗族、族群的由内而外的圈层身份认同。现在由于基督教的传入，补上了国家认同的环节，赫蒙族逐渐认识到，要生活得更好，还得依靠国家、政府的力量，否则赫蒙族的未来依然会和过去一样，历尽艰辛而百年不变。

三　丧葬习俗与族群互动

丧葬习俗是民族传统文化与传统习俗中不可或缺的重要内容，是各民族文化异同的集中体现。"灵魂不死"观念是丧葬仪礼的思想根源；让亡灵安息是丧葬仪礼的美好愿望；怀念死者、教育生者是丧葬仪礼的重要内容，这些是赫蒙族和佬族丧葬礼仪的共同诉求。此外，祖先崇拜和鬼神信仰是丧葬仪礼的存在根源，而佛教的深入影响则导致佬族丧葬礼仪具有与赫蒙族完全不同的外在形式。

（一）丧葬习俗

1. 赫蒙族丧葬习俗

南光村赫蒙族信仰鬼神，且有着深厚的祖先崇拜传统，这种祖先崇拜从老人一去世便体现出来，并在丧葬习俗中得以传承。他们认为，人死之后立刻变成鬼，一定要在每一个丧葬的细节中让鬼魂得以安抚，才不至于让鬼魂成为恶鬼野鬼。鬼魂能否得到安抚最重要的一个环节就是让其尽快返回祖居地，与列祖列宗们一起团聚，然后在阴间庇佑子孙，因此丧葬习俗显得尤为重要。南光村赫蒙族的丧葬习俗一共可分为如下几个步骤。

（1）清洗入殓

赫蒙族老人去世后，将其平放在木板上，随后开始准备后事：先是剃光头，然后洗浴。洗浴是有规定的，得由直系血亲的族人来进行。先从头部开始，然后是颈部、左右手，最后到肚脐上结束，算是完成了洗浴。洗浴结束就穿衣。穿衣的多少是有讲究的，所有衣物数下来必须是单数，即1、3、5。

(2) 哭丧

清洗之后第二个步骤便是哭丧，由配偶、女儿和儿媳轮流哭丧。若没有儿子，便可以让旁系家族的女儿、儿媳也参加到哭泣的队伍中。哭丧内容主要是感念父母养育之恩，日后无法回报等。亲属朋友多哭诉死者为人品德高尚，一生勤劳。家属要宰杀牲口送给来吊唁的亲戚朋友。杀猪、牛之前用一根线的一头拴住牲口身体的任何部位，线的另外一头绑在死者脚上，意思是逝者已经是这个牲口的所有者，再由师公在灵床旁念着神辞，算是交给了死者，这样才能宰杀牲口。屠夫要由壮实的人担当，要求一刀就结束牲口的生命，绝对不能杀第二刀。南光村赫蒙族人认为，家里赡养父母的全是儿子们，女儿出嫁之后没有尽到赡养的责任，于是只有在父母过世之时，能帮助娘家一把，也算是对兄弟的一点安慰。所以，当父母亲过世时，根据自己的情况，送些大礼来，最贵重的礼品是一头或者多头牛。牛的头数视情况而定，比如某个女儿出生的时候办酒席，父母为她杀了一头猪，出嫁的时候父母又为她送了一头牛，那么作为女儿应该在父母的人生告别仪式上送来一头牛和一头猪。

(3) 出殡

出殡是在师公的主持之下进行的。师公肩扛一把柴刀，手上拿一把芭茅草站立于灵床侧念咒。口呼死者名，嘱咐死者由家起程，师公告诉逝者如何走路，怎么样过浑河水，遇到岔路如何辨路，有人请不要入住，要赶路等。这些辞念完之后，师公就将鸡摔死于抬死者的木杠上，并甩出大门之外。这只鸡其他人是不能吃的，而是给一些七八十岁的老人煮着吃。当要抬起逝者时，所有的孝男孝女及其配偶均哭声大作，逝者由孝子抬着出大门，之后由乡里乡亲抬往墓地。孝子带路，一直往前行走，不准回头，后面紧跟着抬逝者尸体的人，再后面才是送葬队伍。

(4) 入土安葬

南光村有一块公共墓地，将死者抬到墓地之后，首先要在师公的指导下挖好墓穴，不用太大，能够放入棺木即可。之后师公开始念经，大意是赶紧赶路，不要耽误行程，早点回到祖居地见到祖先才好。坟墓封土之后，师公继续念经。诸事完毕之后，开始放花炮，送礼物给亲戚朋友，然后大家一起聚餐。

一切办妥之后，还有重要仪式，比如点灯，要在安葬好后的头三个晚上，由族人到新坟前面点灯。逝者的一个魂就回到了祖居地，而另一个魂则回到家中。葬后第三日早晨鸡叫之后，孝子到墓地为逝者"叫魂"，叫逝者的灵魂回家里来。

（二）公用墓地与族群边界

虽然佬族和赫蒙族的丧葬习俗和禁忌各不相同，但是受地理条件的限制，他们共用一块坟地。从这块坟地可以很好地看出佬族、赫蒙族丧葬文化的差异以及两个族群之间的互动和认同过程的变迁。

1. 墓地中的族群边界消融

死亡是各民族共同思考的严肃的哲学命题，这种严肃也同样表现在与丧葬有关的环节当中。在这块墓地里，最明显的就是各种类型的坟墓错落其间，并非如同现代公墓中那样整齐有序排列。对死者的敬畏恰恰表现出对生命的尊重，对死者的妥善安置恰恰反映出生者的观念。笔者调查时了解到，之前的墓地里有明显的界线，佬族在左边，赫蒙族在右边，中间由一条路隔开。如今根据现场的坟墓就可以看到已经没有明显的族群划分，各种坟墓穿插其间，错落有致。从中可以看出，族群界限已经开始慢慢消融，族群边界已经不再清晰，这或许意味着族群的互动逐渐增加，抑或民族间开始相互认同。

2. 从坟墓看族群文化差异

虽然从坟地的整体格局和坟墓的分布来看，族群的边界开始交融并且界线不再清晰可见，但是族群本身的特征并未消融，反而在整个坟地之中一目了然，愈加清晰。从外形上看，佬族因为有火化尸体的传统，因此在佬族墓地中立着一个个醒目的骨灰塔（也称舍利塔），类似寺庙中的佛塔。当然周边的佬族普遍认为，20岁以下去世的人不能放入骨灰塔，而有钱的家庭则可以将骨灰塔放置在丰沙湾市的寺庙中供奉。骨灰塔呈细长形结构，共由三个部分组成，最下面较粗，放置骨灰坛；中间放置一些随葬祭品，有些放钱物或首饰；最上面是一个尖顶。赫蒙族的坟墓与此截然不同，一眼即可辨认。赫蒙族认为人死之后要保留尸体，鬼魂才能安然离开前往祖居地。他们讲究入土为安，但对墓地选址，以及是否硬化坟墓等没有要求，只是有钱的家庭会为死者立个石碑。从墓地来看，大部分赫蒙族死者是没有立碑的，只是一个小土丘而已。从墓地可以清楚地看到，虽然现在整个坟地没有按照民族来划分一条界线，但是一眼看去便可以按照坟墓的外形来分辨其族属，可见族群丧葬文化还是泾渭分明的。

图 3-22 佬族骨灰塔

3. 对墓地的看法各异

笔者跟随着佬族向导来到墓地调查的过程中发现，向导一直双手合十，口中念念有词。追问之后得知，佬族很怕进入墓地，一个人是根本不敢进来的。最主要的原因是他们怕鬼，平日根本不来墓地，只有宋干节的时候会跟随家中长辈前来祭拜，带点酒、糯米饭等，顺便将墓地周边的草砍掉。向导称，墓地里有不少骨灰塔的塔尖掉下来了，不是因为年久失修，而是被赫蒙族盗墓人损坏的。赫蒙族信仰鬼神，因此他们不怕进入墓地，有些盗墓贼将骨灰塔损坏之后便将塔中间存放的钱物拿走。

第三章 老挝赫蒙族的生存策略

图 3-23 赫蒙族坟墓

图 3-24 克木族坟墓

南光村赫蒙族与此不同,他们敬重鬼神,为了让死者的鬼魂能够得到安抚,早日找到祖居地,他们会在死者去世后的一个月之内几次来到墓地祭拜。此外,在一些传统节日里,赫蒙族同样会带上酒菜、糯米饭等给死者扫墓,以表达对死者的追忆和哀思。从这里来看,向导对赫蒙族的说法存在误解和偏差,只是盗墓贼的真实存在让佬族将这种憎恨转移到了赫蒙族身上。

4. 墓地作为族群关系的晴雨表和风向标

该墓地离南光村有 3 公里左右,步行需要 40 分钟。因此,该墓地是附

图 3-25　被盗的佬族骨灰塔

近几个村的公共墓地，而非某一村、某一族所独享。而附近几个村有 4~5 个民族，其中以佬族、赫蒙族、克木族三族为主。笔者发现墓地里还有一种墓碑与佬族和赫蒙族完全不同，墓碑类似十字架的外形。

在周边几个村里有不少克木族，克木族是老挝的原住民之一，只是后来慢慢接受和认同了佬族的文化，两个民族开始慢慢交融。在日常生活中已经不太容易分辨到底哪些是克木族的族群文化和传统，但从墓地所展现的丧葬习俗文化中可以看到克木族的特质。上面所说的十字架形墓碑便是克木族特有的，这也是他们信仰基督教的标志。

长久以来，克木族在佬族和当地赫蒙族之间游走，在老挝的历史巨变中，不断地夹杂在佬族和赫蒙族的争斗之间。据南光村村民介绍，从丧葬习俗中可以发现一个特殊的现象：克木族有一部分人死后火化安放在类似的骨灰塔中，另一部分人跟随附近的赫蒙族信仰基督教，死后的墓碑设计成十字架形状。只是南光村赫蒙族没有信仰基督教的，周边的村寨有不少赫蒙族人信仰基督教。那些与佬族走得比较近的克木族人自然就按照佬族的丧葬习俗来安排后事，而与赫蒙族一起信仰基督教的死后就将墓碑设计成十字架形状。

第三节 邦洋村的婚姻嬗变

一 邦洋村简介

（一）川圹省历史沿革

川圹古城最早建于公元 7 世纪。泰国学者马尼奇·琼赛在《老挝史》中认为，川圹由切壮亲王于公元 698 年建立。川圹高原气候宜人，土地肥沃，物产丰富，但国家幅员狭小，四面没有天然屏障可供防守，经常遭受周边王国的攻击，历经磨难。川圹人民勤劳勇敢，历代国王勤勉治国，川圹王国得以维持。切壮亲王的嫡系后代赛坎亲王以川圹省长的名义统治这个地区，直到后来川圹与万象、琅勃拉邦以至华潘整个地区被并入景线王朝，沦为藩属。之后就是群雄纷争的时代，川圹也随之几经易手从景线王国转到素可泰王国，于 14 世纪最终到了法昂手里。老挝人认为法昂是他们最伟大的国王之一，他率领部下赢得了老挝的完全独立，统一了国家，把它变成了一个强国，川圹也就是这样并入了老挝版图。

16 世纪是群雄争霸的时代，川圹省不久再度沦为附庸国。到 18 世纪，老挝进入三足鼎立时期，万象、占巴塞和琅勃拉邦三个王国实力均衡，表面联姻示好，背后互相牵制，占巴塞和琅勃拉邦向暹罗寻求保护，万象则向缅甸求援，川圹同时向安南和万象进贡，俯首称臣。1825 年，万象王国首先被暹罗吞并，随后老挝各王国沦为暹罗藩属国。

1832 年，安南人俘虏了川圹王，将川圹并入安南郡。19 世纪末，流窜到老挝境内的中国黑旗军攻打川圹，导致川圹人被迫接受法国人和暹罗人的保护。此后，川圹又开始卷入法国殖民者和老挝王室以及后来巴特寮等几股势力的角逐当中，这里不再赘述。

（二）族群演变与发展

川圹省曾经是普安族的领地，他们最早在孟昆（MUANG KHOUN，俗称老川圹）建立了华丽的宫殿。最终越南人俘获了普安族王子，在顺华将其公开处决，然后将川圹国设为安南郡，逼迫当地人接纳越南人的穿衣方式和风俗习惯。如今普安族的老宫殿已经是一片废墟。川圹是一个多灾多难的地区，19世纪末中国黑旗军也曾攻入川圹，随后越南人在此设立安南郡，紧接着又受到法国人和美国人的染指。

川圹省及查尔平原处于北部老挝的战略中心，也是赫蒙族势力最强的地区。19世纪初，这里由罗氏和李氏两大赫蒙族宗族共同统治，正是依靠川圹省富庶的平原以及通过武力诉求而获取的自治权，赫蒙族得以快速发展壮大，最直接的体现便是人口上的增长，到1975年，全国约有30万赫蒙族人，人口跃居全国第三。此外，川圹省还有佬族、克木族等民族长期居住于此，展示出丰富的文化多样性与文化生态。

在老挝全国范围内，老龙族系占70%左右，老松族系占15%左右，其他是老听族系。而在川圹，老龙族系占50%，以赫蒙族为主的老松族系占38%，剩下的是老听族系。这种划分在老挝民间延续使用至今，即使是政府建在万象市的国家民族文化公园也依然按照三大族系来展示各民族文化、建筑等，尽管老挝政府于2005年将全国划定为49个民族。

如今，丰沙湾市及其周边主要居住着佬族人、赫蒙族人、越南人、克木族人以及泰丹族和普安族等，其中越南人大部分在丰沙湾市区从事商品贸易活动，集中在市区居住。川圹省各民族经济发展水平和生活方式差距很大，可以分成三个层次，佬族和泰族及其支系为第一层次老龙族系，经济发展水平明显高于其他民族。佬族擅长糯稻种植，生产效率相对刀耕火种的游耕方式更高。此外，佬族还擅长驯养牲畜家禽等，甚至大型动物如大象等。佬族的手工业也很发达，包括编织日常家具、纺织织布、制糖制盐、首饰加工等。赫蒙族及其支系和瑶、贺（汉）等族为第二层次老松族系，经济发展水平居中。其他处于刀耕火种的游耕民族还处在早期阶段，被统一划为第三族系老听族系。

赫蒙族作为川圹省第二大民族，主要靠刀耕火种以及饲养畜禽为生，种植旱稻、玉米等。旱稻主要供食用，玉米主要用于饲养畜禽，畜禽以牛、山羊、猪和鸡为主。历史上曾经种植罂粟和大麻，过去种的大麻作为经济作物，主要供纺线织布用，换取日常生活用品。现在在韩国人的帮助下改种咖啡豆，获得了不错的经济效益。

长山山脉将越南和老挝隔开，也依势将中国文化和印度文化划分开来。与越南人的聪明勤勉相比，老挝人则显得安逸懒散。法国人曾经笑谈："越南人种稻，柬埔寨人看稻长，老挝人听稻长。"在很大程度上，老挝文化特色就是佛教特色，其中以小乘佛教特色为最，强调清心寡欲。川圹省作为老挝最古老的王国之一的川圹王国所在地，除了优美的自然景观外，也给后人留下了宝贵的人文景观。丰沙湾市街头随处可见大大小小的佛寺和典型佛教风格的建筑。与越南佛塔呈现多层锥形塔不同，老挝的佛塔风格独树一帜，硬边和曲线完美交融。不过老挝最辉煌的佛教建筑主要在琅勃拉邦和万象，吸引游客来川圹的主要还是举世闻名的石缸阵。自从老挝的黄金交易市场没落之后，老挝及时进行了产业结构调整，经过多年的筹划与开发，如今旅游业已经成为老挝的支柱产业，琅勃拉邦作为老挝首个世界文化遗产城市，吸引了来自世界各国的探险及旅游人士。川圹离琅勃拉邦仅3～4小时的车程，很多游客在设计旅游路线的时候自然将川圹囊括在内。丰沙湾市著名的景点有石缸阵、老挝战争纪念塔、越南战争纪念塔。

图 3-26　石缸阵

图 3-27　据说烧制石缸的窑洞

图 3-28　石缸平原上保留的弹坑

（三）邦洋村简况

"邦洋"由老挝语音译过来，"邦"在老挝语中即"村"的意思。英文拼写是"BAN VIENG"，"BAN"是村子的意思，"VIENG"是一批、一大批的意思，这大概是因为他们是聚居的生活或是在很久以前是一大批迁过来的，所以得此名。在中国汉语中，"邦"即"丰"与"邑"，表示"靠种植庄稼自给自足的城邑"，有靠农业生产立国的意思。虽然是望文生义,但确实很好地概括了邦洋村的现实情况。目前,邦洋村的佬族与赫蒙族均以农业种植为主,区别在于赫蒙族种植山地旱稻,佬族种植水田糯稻。

目前川圹省总人口大约22.5万,其中佬族占50%,赫蒙族占38%,主要居住着低地佬族、赫蒙族和克木族、泰丹族、普安族等。① 川圹下辖8个县、512个村,人均年收入951美元。其中邦洋村所在的蒙别县有9万人、102个村。邦洋村位于老挝川圹省省会丰沙湾市蒙毕县,共60户401人,其中女性196人,男性205人。全村分为3组,一组、二组为佬族,共42户220人,其中女性140人,男性80人。三组为赫蒙族,18户181人,其中女性56人,男性125人。② 对此数据,笔者心存疑惑,便请村长召集4个副村长与丰沙湾市一个户籍管理的行政官员一起核算过后最终确认。对此男女比例严重失衡的状况,他们分别做出了解释。其一,赫蒙族历来有重男轻女、传宗接代的观念。在农业种植中全家要步行几个小时上山种植旱稻,半月不回,只有男性才能胜任。其二,苗药中有一种控制生育性别的秘方,一直沿用至今。

在老挝,赫蒙族姓氏达20多个。目前邦洋村赫蒙族有5个姓氏,按照一般情况,赫蒙族以家族为单位迁徙,这也说明他们是从不同的地方迁移过来的。邦洋村赫蒙族没有记录家谱的传统,因而不能对其迁徙路径进行考证。邦洋村佬族的姓氏较多,基本没有重姓,这也在一定程度上说明最初他们居住在不同的地方,因为发现了这块有山有水的肥沃土地才先后搬迁到这里。

邦洋村距离丰沙湾市区很近,交通便利,村中百姓生产的蔬菜等农产品可以就近拉到农贸市场去卖,村民生活水平相对较高。笔者选取邦洋村作为田野点主要有两点考虑。第一,邦洋村距离川圹省省会城市丰沙湾市较近,开车仅10分钟的路程。虽然该村赫蒙族人数不多,但它是一个典型的赫蒙族小聚居地。他们有不少亲戚已经搬到市区居住,但辈分较高的老

---

① 资料来自老挝社会科学院民族与宗教所,2014年12月。
② 数据来自邦洋村村委,2014年7月19日。

图3-29　邦洋村三组近景

人依然居住在村里，便于我们了解过去的情况。第二，邦洋村是一个典型的赫蒙族和佬族杂居的村庄，是不可多得的研究族群互动与发展的个案。

老挝民族政策的新特点对邦洋村赫蒙、佬族关系的影响

(节选自2015年8月25日田野日记)

在老挝一个月之后，与邦洋村的村民朝夕相处了一段时间，笔者体会到老挝民族政策有一个动向便是正视民族差异、淡化民族意识。政府在其间做了大量的工作，首先就是将100多个族群削减为68个族群，又最终划定为49个民族。从1985年开始实施身份证制度以来，身份证上却没有如同中国一样显示"民族"一栏，但在国家为掌握每家每户情况的户口本上，以及人口普查过程中均设有"民族"一栏。此外，老挝社会科学院下属的民族与宗教研究所从2011年改名为社会所，研究职能从字面上的民族与宗教研究扩展为信仰与宗教、社会经济与乡村发展、民族文化等几部分。由此可见，该所依然保留了民族与宗教的研究职能，但更加注重城乡以及农村社会、经济的发展研究。在越南，少数民族在参加教育升学考试的时候是有加分政策的，而在老挝，同样进行了民族识别之后却在教育制

度中取消了加分政策。在邦洋村，根本没有一个村民能够说出超过20个少数民族的称谓，基本用老龙、老松和老听来区分彼此。与此对应，万象国家民族文化公园中也是按照这三个族系来展示民族文化、建筑的。以上种种，不难发现，老挝民族政策的一个倾向便是淡化民族意识，交融各民族到老挝这个国家中。而这种倾向在一定程度上是有助于赫蒙族和佬族在邦洋村建立和谐共处关系的。在经历了惊涛骇浪之后，大部分赫蒙族或许也喜欢能够安安静静地生活在这片肥沃的土地上，并且与佬族融为一体，生活在同一片蓝天下，共建美好家园。

无疑，老挝民族政策的新特点和趋势对邦洋村赫蒙、佬民族关系有一定的促进作用。尽管赫蒙、佬族经济发展水平有差异，但赫蒙族自己也认为这是历史原因造成的，毕竟是佬族收留了他们。而且赫蒙族大多善于与自身以前的处境进行纵向对比而不是与佬族进行横向对比，这样的结果是赫蒙族对自身目前的经济状况感到满意。只要双方正视这一差异并且相信朝着好的方向发展，那么在此基础之上的和谐共处还是值得期待的。

（四）村寨的历程

据老村长介绍，这个村子的历史已经十分悠久，村里的寺庙已有300多年的历史。根据佬族一村一庙的传统，他们推测村子的历史也有300～400年。最初来到此地，邦洋村还是不毛之地，经过祖辈的开荒之后，这里才慢慢富裕起来。他们并非按照家族整体迁徙到这里的，而是一家一户从周边城镇慢慢迁来的。佬族喜欢聚居，这样邻里之间可以互相帮助，特别是农忙时节可以协同工作。最开始来的佬族居住在现在一组的地方，这里靠近水源，也就是从山里流出的一条小河，后来的居住在二组，离小河稍远一点。最后来到这里的则是赫蒙族，他们到此之后便安分守己，主动居住在山上，并且依靠传统的刀耕火种生产方式种植旱稻。邦洋村的发展历程反映了历史上佬族与赫蒙族的关系：佬族是主人，是老挝的主体世居民族；赫蒙族是外来的，是一个长期迁徙的民族。

村里70岁以上的老人回忆说，他们小时候邦洋村只有十几户佬族人家，到 1975 年战争平息之后，人口才逐渐多了起来。国家宣布独立后，人民当家做了主人，加上老挝又没有计划生育，所以每家每户都生育了很多孩子，孩子成家立业后就分家了，在村里重新盖了房子。就这样，最开始的十多户就变成了现在的二十几户，加上搬来的一些佬族和一批赫蒙族，现在一共有 60 户人。邦洋村大部分赫蒙族从越南迁徙而来，据村中老者回忆，具体时间大约从 1900 年战乱开始，迫于生计不断从越南与老挝边界迁到川圹省，并于 1975 年之后最终迁到邦洋村。附近的赫蒙族主要集中分布在 3 个村寨：一个是邦洋村的三组，现有赫蒙族 18 户左右；二是邦库村，大约有 30 户，离邦洋步行 10 分钟路程；三是邦弄横村，有赫蒙族 50 户，距离邦洋村大约 10 公里。他们之间由于通婚多为亲戚关系，相互之间联系较多。此外，还有 3 户来自离此地二三十公里外的赫蒙族村庄，当地修建水库，大水淹没了村子，他们被迫搬到此地开始新的生活。

个案 3-15 终于可以安家了

访谈对象：某男，38 岁，邦洋村。

（根据 2014 年 8 月 1 日访谈整理）

我很小的时候听爷爷讲祖辈是从中国过来的，后来到他那一代在越南和老挝边界的地方居住过，再后来住在川圹省的蒙莫县，离这里大约 50 公里。那时候我父亲经常不在家，不知道他做些什么。后来他就带妈妈和我们兄弟几个到邦洋住下了。现在这里佬族人给了我们免费租种的山地，可以种植旱稻。现在国家也安定，不像以前兵荒马乱的。只要有土地，我们就可以安家在此，不用过那种颠沛流离的日子。但这些都不是我们自己可以决定的，什么时候佬族将山地收回去，我们如果争取不到，还是必须搬迁到有土地的地方去。你要问我祖先在哪里，我只能告诉你是赫蒙族。从哪里来已经不重要了，重要的是到哪里去，哪里能收留我们。我在中国的钱币上见过毛主席的样子，他才是一个伟大的人，让穷人过上了好日子。中国的苗族获得了土地，和其他民族能够平等地生活在一起，这是我们老挝赫蒙族最向往的。

二 婚姻互动与赫蒙、佬族关系

邦洋村作为一个赫蒙、佬族共居的小村子，是老挝社会赫蒙、佬民族关系的一个缩影，其发展的历程可以清晰地看到赫蒙、佬民族关系的变迁。关于变迁的历程将在第五章重点分析，这里主要描述邦洋村赫蒙、佬民族和合共生的共时性图像。

1950 年以来，老挝经历了重大的社会历史事件，先是摆脱法国而独立开始建设现代社会，但不久便卷入越南战争，战争带来了北越部队的进入以及美国轰炸机报复性的大破坏，如今留在川圹平原上的弹坑便是见证。1975 年"秘密战争"结束，君主制被废除，新政权开始执政，约 1/10 的人口被迫流亡。老挝经过了"社会主义过渡期"与"列宁主义的资本主义道路"之后，展现在现代世界中的形象焕然一新。[①] 随着一批旅游城市的兴起，老挝政府信心十足，力争在 2020 年摆脱贫穷。

在整个时代浪潮的席卷之下，赫蒙、佬族关系同样发生了一系列的巨变。政治博弈、经济互动、族群交往等均在此过程中发生翻天覆地的变化，赫蒙族最终被迫向佬族妥协。正如美国人类学家杜磊（Dru C. Gladney）所言，族群意识在最深的心理层面表现为生存的意义。在现实巨大的生存压力面前，赫蒙族逐渐认识到留下来的人必须与当地佬族以及其他民族和谐相处、和合共生，保持融洽的民族关系，正是基于这种观念的转变，邦洋村才出现了诸多方面的交流与互动。笔者在这里希望通过一个当地表现最为典型的婚姻关系作为突破口，全面立体地呈现赫蒙、佬民族关系的互动与认同。

（一）新年上的赫蒙族跨国婚姻互动[②]

一年一度的赫蒙族传统新年是赫蒙族青年男女相亲的重要场景，笔者

---

① 格兰特·埃文斯：《老挝史》，郭继光、刘刚、王莹译，东方出版中心，2011，第 44 页。
② 本节内容发表在《广西民族大学学报》（哲学社会科学版）2013 年第 1 期。

曾亲身经历了 2012 年邦洋村的赫蒙族新年。邦洋村赫蒙族每年的节日颇多，特别是新年，赫蒙族尤为重视。新年是老挝赫蒙族的传统节日，从苗历十月算起，持续 3 天。这与中国的情况类似，不同的是，中国各地苗族新年的庆祝持续 3 天、5 天、9 天、13 天等奇数天不等，老挝赫蒙族则习惯上过 3 天。近年来，受到西方文化影响，元旦节日在老挝也开始日趋隆重，赫蒙族新年与此结合出现了新的情况。老挝各地赫蒙族先在 11 月 15 日前后过小型的新年，然后在 1 月 1～3 日在琅勃拉邦市、丰沙湾市周边的空地上举行大型的新年。前后两次赫蒙族新年主要差别是规模大小与参与者不同。第一次是真正传统意义上的新年，大多数情况下按照村寨的规模来举行，参与的都是当地人，地点选在村寨附近的山地空旷地带。第二次是近年才兴起的规模较大的新年，除了老挝全国各地的赫蒙族，还吸引了不少来自世界各地的赫蒙族。本书所写的赫蒙族新年特指近年盛行的第二次新年，因为赫蒙族跨国婚姻只有在这种大规模的活动中才出现。

笔者选取邦洋村作为田野点主要有两点考虑。第一，邦洋村距离川圹省省会城市丰沙湾市较近，开车仅 10 分钟的路程。虽然该村赫蒙族人数不多，但它是一个典型的赫蒙族小聚居地。他们有不少亲戚已经搬到市区居住，但辈分较高的老人依然居住在村里，便于我们了解过去的婚姻情况。第二，赫蒙族新年主要在市区边的平原上举行，这便于笔者参与观察和访谈工作的深入开展。

老挝赫蒙族的跨国婚姻主要是在新年节庆期间缔结的，其缔结方式有中介婚、买卖婚。与传统婚姻相比，跨国婚姻的程序相对简化，婚姻成本相对较高。

1. 缔结方式

老挝赫蒙族新年上的跨国婚姻主要有两种缔结方式：中介婚和买卖婚。

（1）中介婚。这是由老挝传统嫁娶婚演变而来的跨国婚姻模式，老挝赫蒙族传统的婚姻主要是通过媒人来进行的。一般情况下，求亲队伍有 4 人，包括男青年本身，1 位伴郎和 2 位媒公。他们必须带有一定数量的聘金和聘礼。彩礼不论多少，双方要详细记录下来，并签订有关约定，以备将来离婚时查询嫁妆明细。而跨国婚姻的程序大大简化，美国赫蒙族计划来老挝娶妻之前，一般都先与国内的亲友取得联系，并让亲戚物色好适婚女青年。双方达成初步意向之后，便等待赫蒙族新年时见面了，一旦男女双方达成意向，剩下的便是关于聘金的讨价还价。

个案 3-16

某女，16 岁，邦洋村。

我姐就是去年赫蒙族新年上与丈夫见面的。之前我们家去丰沙湾市的网吧里见到了他的照片，长得很好看，比我们老挝男人的皮肤要白一些。他是我一个叔叔介绍认识的，叔叔以前在王宝的部队当兵，后来移民到美国明尼苏达州。如果可能，我也希望能够像姐姐一样，去美国成家，然后过着幸福的生活。

（2）买卖婚。买卖婚是老挝赫蒙族历史上存在过的婚姻形式，它是与一夫多妻制相伴而生的，曾经是赫蒙族男子富裕和权力的象征，目前已经不太常见。"赫蒙族雄狮"王宝娶了老挝赫蒙族 18 个部族中 6 个不同部族的女子为妻，而且这 6 个妻子都是通过"买卖婚"迎娶的，他的儿子王楚 2007 年接受美国威斯康星州地区报刊《蜜蜂》（*The Bee*）采访时表示，王宝有 25 个孩子、68 个孙子和 17 个直系曾孙。然而随着跨国婚姻的出现，买卖婚有抬头的趋势。究其原因，部分富裕的美国赫蒙族男子依然有一夫多妻的想法，以此来炫耀其身份和地位，抑或是生儿子传宗接代。但是美国法律明令禁止一夫多妻制，不得已之下，他们转到老挝深山寻找年轻女子，并通过买卖婚的方式达到目的。

2. 婚姻程序

老挝赫蒙族的传统婚姻程序复杂，流程较长，特别是通过婚礼上的传统活动承载诸多功能，诸如传承赫蒙族传统文化、介绍新郎新娘双方家庭的历史背景、忠告新郎新娘如何转换角色、如何建立长期的和睦关系等。而目前的跨国婚姻特征是单向性，即老挝赫蒙族嫁给美国赫蒙族，没有反向的情况，因而婚姻程序更多由美国赫蒙族做主。如今随着美国赫蒙族移民婚礼习俗的大大简化，持续数日乃至半月的婚礼被简化到了一天，一些传统的仪式也被取消。再加上美国赫蒙族来参加赫蒙族新年娶妻，在老挝逗留时间一般不超过一个月，一些婚礼都在一周之内办完。因此跨国婚姻的婚姻程序与一般的传统婚姻不同，这些程序都在一定程度上被简化甚至消失。此外，与传统婚姻不同的是，跨国婚姻更多的是在小范围内举行，主要请亲戚朋友，而不再大宴宾客。

个案 3-17

某男，44 岁，邦洋村。

我们赫蒙族讲究的是信誉，嫁女更是如此，一定要签订协议。前年我的女儿嫁给了来自美国、目前在日本销售丰田车的赫蒙族年轻男子，我们双方家长商谈最后一次性支付给我们 2500 万基普（2 万元人民币）聘金，并约定每十年要回来看望我们一次。他们毕竟是美国来的，所以婚礼没有必要办那么隆重。重要的是要对我女儿好，如果他们没有按照协议上对待她，我们会通过美国的亲戚来告他们的。

3. 婚姻成本

聘金制度是老挝赫蒙族婚姻的重要组成部分，聘金谈判活动则是婚礼中的一个重要内容。在老挝赫蒙族社区，聘金是绝对不可少的，不同地区数量有所差别。一般传统婚姻需要聘金数额折算成人民币从 2000 元到 1 万元不等，根据双方协商而定；而跨国婚姻一般最少要 1 万元，多则 10 万元。此外，传统婚礼中男方还要准备一头黄牛以及大米、鸡、米酒等聘礼；跨国婚姻则基本省略这些东西，只需付钱由女方来承办一场酒席即可。

个案 3-18

访谈对象：某男，44 岁，邦洋村。

在老挝，聘金是新娘在婆家地位的保证，如果新郎家给新娘家送了聘金，则丈夫不能轻易提出离婚，否则大量的聘金就打了水漂。我们赫蒙族是不赞成离婚的，一旦离婚，聘礼是要退还给男方的，这样才算真正解除了婚姻关系，当然聘金是不退的，否则男人就会没有责任感了。

4. 赫蒙族跨国婚姻互动的分析

老挝赫蒙族新年上的跨国婚姻，以美国人为主要的婚姻对象，跨国婚姻的比例也呈现上升的趋势。究其原因，与其时代背景和文化背景均有关联。

（1）老挝赫蒙族新年跨国婚姻的对象

到 2005 年，世界赫蒙族人口约 1140 万。其中，中国苗族约 960 万人，越南 85 万人，老挝 36 万人，美国 28 万人，泰国 16 万人，缅甸 4 万人，柬埔寨 2 万人，法国 1.7 万人，圭亚那 0.8 万人，澳大利亚 0.4 万人，阿根廷 0.3 万人，新西兰 0.07 万人。[1] 虽然中国苗族、越南的赫蒙族人口最多，但是与老挝北部深山中的赫蒙族联系较少。虽然还有部分赫蒙族认为其祖辈从越南迁来，也仅仅是模糊的记忆，他们与越南那边的亲戚已经不再联系，至于中国则是一个更加遥远的概念。目前老挝的赫蒙族主要与 1975 年以后迁往泰国和其他西方国家的赫蒙族联系较多，但泰国与老挝毗邻而居，双方亲戚走动较多，通过各个口岸交往比较频繁。据调查资料显示，老泰赫蒙族通婚主要通过亲戚介绍的方式，且多选择在长达数月的农闲时间里举办婚礼，不像美国那样主要集中在赫蒙族新年时间段内。

此外，在西方国家，美国和法国的赫蒙族人数较多，且与老挝赫蒙族保持联系，其他国家的赫蒙族逐渐与老挝赫蒙族失去联系。与美国的赫蒙族不同，法国在老挝有过几十年的殖民统治，对老挝统治阶层的同化作用比较明显，因此随同他们一起迁往法国的赫蒙族有相当一部分人认同了法国，而慢慢被交融为老裔法国人。正因为如此，在老挝赫蒙族新年上，美国赫蒙族是前来娶妻的主要群体。

---

[1] 石朝江：《世界苗族迁徙史》，贵州人民出版社，2006，第 284 页。

(2) 赫蒙族跨国婚姻的比例

虽然老挝赫蒙族跨国婚姻是近年来开始出现的社会现象,但总数呈现逐年上升的态势。这与如下四种因素有关。

首先,赫蒙族婚姻模式以族内婚为主。即便远涉重洋到了大洋彼岸,赫蒙族的这种婚姻习俗没有太大改变。吴晓萍、何彪认为,美国赫蒙族移民社区内部不仅不欢迎跨种族婚姻,甚至不喜欢任何类型的跨文化婚姻,包括与越南等东南亚国家其他民族的联姻,大部分的跨族通婚由于文化差异均以失败告终。① 正是赫蒙族婚姻的不开放性导致大批美国赫蒙族期望能够重返老挝寻找一位赫蒙族妻子。

其次,赫蒙族是以"家庭—家族"式亲属关系为核心的网络社会。美国赫蒙族始终没有忘记要将自己留在老挝贫困的亲戚移民到美国去,为了达到这个目的,联姻是最为便捷的方式。美国移民政策规定,三代以内直系亲属和配偶关系可以申请移民签证,如子女赡养父母,父母养育子女,赫蒙族根据这条移民政策,甚至不乏假结婚的案例。②

再次,美国赫蒙族家庭中女性地位较低,外族不愿意进入。美国第二代赫蒙族出现了一些跨族婚姻,但大多以失败而告终,主要原因是传统赫蒙族家庭中妻子地位较低。

最后,老挝赫蒙族经济地位与社会地位较低,他们愿意前往美国生活。2005 年老挝政府出版的《老挝人民民主共和国各族群》,首次将全国划分为 49 个民族,并且实行温和的民族政策,发展少数民族经济,缩小各民族之间差异,推动各民族的交融。③ 但是笔者在实地调查中发现,一些地区的赫蒙族依然没有水田的使用权,只有贫瘠山地的免费耕种权,这在很大程度上导致即便赫蒙族比国内佬族勤奋,但经济发展水平仍然相对低下,进而使大量年轻的赫蒙族女性愿意嫁给相对富有的美国赫蒙族。很多女性甚至花大半年的时间制作一套美丽的民族服饰以期在赫蒙族新年上一

---

① 吴晓萍、何彪:《美国苗族移民的文化调适与变迁》,贵州人民出版社,2005,第 101~102 页。
② 吴晓萍、何彪:《美国苗族移民的文化调适与变迁》,贵州人民出版社,2005,第 119 页。
③ 许红艳:《老挝的民族问题与民族政策》,《曲靖师范学院学报》2010 年第 3 期。

展风采，得到更多外国赫蒙族的青睐。

(3) 赫蒙族跨国婚姻形成的原因

自王宝带领以赫蒙族为主的部队战败之后，估计老挝的赫蒙族有一半人（15万）离开祖国迁往世界各地。① 这些赫蒙族辗转进入美国、法国、澳大利亚、德国、加拿大等国定居。然而据加里·亚·李在其《匪徒或叛徒》一文中提到过老挝人民民主共和国的海外赫蒙族"黑名单"②。每一名赴老挝旅游的海外赫蒙族都将受到严格审查，甚至被带到独立房间内询问和索要罚款。由于一些赫蒙族的姓名相同，许多无辜的赫蒙族游客成为受害者，从而导致一段时间内很少有海外赫蒙族返回老挝探亲访友。③ 甚至到2003年还发生过3个美国赫蒙族青年通过泰国申请老挝签证被拒的案例。这些情况直到2009年9月才得到改善，当时老挝政府宣布：流亡在外的老挝同胞可以获得"荣誉公民"的称号，他们可以重返老挝，并取得老挝护照。由此掀起了海外赫蒙族返乡的热潮，虽然缺乏准确数据，但从近年来赫蒙族新年上的海外赫蒙族人数即可看出。

与大多数国际人口迁移主要是上流阶层不同，从老挝迁往海外的赫蒙族来自老挝各个普通阶层。在1975年及以后离开老挝的赫蒙族，他们的目的地是一些发达的西方国家，其中近1.1万人去了法国，10万人去了美国。④ 这些海外赫蒙族在文化及其适应性等方面均有很大差异。老挝前统治阶层主要去了法国，法国政府强调共和传统，鼓励赫蒙族成为真正开放包容的法国人。美国则不同，在政治上认可美国的条件下鼓励赫蒙族保持族裔文化和特征，加上迁往美国的赫蒙族主要是军队里的军官、士兵，他们很快认识到自己是老挝裔美国人。⑤ 正因为如此，美国赫蒙族人更容易建立一个新的社区，以家族为核心，依靠亲属关系构成社会网络，

---

① 石朝江：《世界苗族迁徙史》，贵州人民出版社，2006，第276页。
② 转引自石朝江《世界苗族迁徙史》，贵州人民出版社，2006，第9页。
③ 杨寇：《战后时期的苗族大流散》，《亚太移民杂志》2003年第3期。
④ 吴晓萍、何彪：《美国苗族移民的文化调适与变迁》，贵州人民出版社，2005，第41～47页。
⑤ 格兰特·埃文斯：《老挝史》，郭继光、刘刚、王莹译，东方出版中心，2011，第222页。

并依据亲属关系和家族网络来建立一些增强文化凝聚力的组织。从 20 世纪 90 年代开始，他们中的许多人回国探亲，并从国内娶妻。

5. 结果与讨论

无论在老挝还是美国，赫蒙族均是一个相对弱势的少数民族，这也是为何老挝赫蒙族武装一直声称要在川圹省建立"赫蒙族独立王国"。虽然这股势力日趋微弱，但其曾经"响应"了全球范围内第三次建立民族国家的浪潮。如今，美国赫蒙族的身份认同逐渐从"难民"转变为"美国赫蒙族"，他们有着明确的国家认同与族群认同。与老挝赫蒙族的跨国婚姻是在族群认同基础上产生的必然现象，它是连接两国赫蒙族之间文化传统、亲属关系的纽带。

美国赫蒙族非常重视保留自己的传统文化，大多数赫蒙族社区均有传统文化中心；他们同时使用苗文和英文，部分赫蒙族人口多的州还创办了苗文刊物和苗文出版社。第一代美国赫蒙族非常担心丧失本民族的文化传统，正想办法保持传统文化。通过跨国婚姻，老挝赫蒙族可以让美国年青一代的赫蒙族认识本民族的传统文化、宗教信仰等，而美国赫蒙族则可以在经济上帮助老挝赫蒙族。很多美国第一代赫蒙族带着他们的子女到老挝赫蒙族新年上认识传统服饰，特别是通过婚姻礼服以及各种仪式活动来了解赫蒙族传统。美国赫蒙族通过几十年的努力，如今适应了美国的社会，具备了一定的经济能力，而这正是贫困的老挝赫蒙族所向往的。跨国婚姻帮助赫蒙族内部实现了经济与文化的互动，从而加强了族群自我认同。在与西方各国，特别是美国赫蒙族的族群互动过程中，老挝赫蒙族在族源认同、服饰、鬼神信仰等方面，都表现出极强的族群自我认同。正如佛教在印度诞生，流经各国，最终在中国生根发芽；苗族在中国起源，历经越南、老挝，最终老挝赫蒙族或将在美国发展壮大。

（二）老挝佬族入赘婚的类型及功能分析[①]

女嫁男娶（嫁娶婚）和男嫁女娶（入赘婚）是两种相互对立的婚姻模

---

① 本节内容发表在《世界民族》2013 年第 6 期。

式。现代社会，嫁娶婚为主流模式，入赘婚仅在一部分地区与民族中存在，并被认为是母系社会古婚俗的残存。在中国，入赘婚，古已有之。如《汉书·贾谊传》云："秦人家富子壮则出分，家贫子壮则出赘。"① 又《汉书·武帝纪》"发天下七科谪及勇敢士，遣贰师将军李广利将六万骑、步兵七万人出朔方"②。《史记·大宛列传》："吏有罪一，亡命二，赘婿三，贾人四，故有市籍五，父母有市籍六，大父母有籍七，凡七科。"③ 由此可见，这些入赘者地位低下，如同奴婢，在秦汉时赘婿甚至被列为"七科谪"之一，排在罪吏、杀人犯之后。

老挝农村佬族情况与此截然不同，普遍盛行男嫁女娶的入赘婚俗。在这种主流婚姻模式之下，入赘男非但不遭歧视，甚至改姓之后可以由女婿变成"儿子"。这种案例较为特殊，但并未得到学术界的关注，目前学界对入赘婚的研究多集中在中国南方等地，如王越平④、黄家信⑤、赵明龙⑥等分别研究了四川藏族与广西壮族的入赘婚俗，深入分析其历史成因与社会功用等，但均很少涉及国外的同源民族，仅有玉时阶⑦对泰国瑶族"招郎入赘"的描述。本书旨在描述老挝农村佬族入赘婚俗的类型和特点，并在此基础之上分析其成因及其社会功能。

1. 邦洋村佬族入赘婚基本情况

佬族是老挝人口最多、分布最广的民族，是老挝的主体民族。目前有5个支系，总人口364万多人，在老挝17个省市都有分布，主要沿着湄公河居住在河流附近的平缓地带，水资源丰富，土壤肥沃。⑧ 邦洋村一组、

---

① 《汉书》卷48，中华书局，1962。
② 《汉书》卷6，中华书局，1962。
③ 《史记》卷123，中华书局，1959，第3176页。
④ 王越平：《排斥与交融——四川白马藏族入赘婚的研究》，《西北民族研究》2008年第2期。
⑤ 黄家信：《对田林蛮、侬入赘婚的研究》，《广西右江民族师范高等专科学校学报》1999年第3期。
⑥ 赵明龙：《桂西壮族"入赘"婚俗初探》，《广西民族研究》1986年第2期。
⑦ 玉时阶：《泰国瑶族的"招郎入赘"》，《世界民族》1998年第4期。
⑧ D. R. Khampheng Thipmountaly：《寻找老挝族群》，老挝，SIBOUNHUENG 出版社，2008，第63页。

二组为佬族，共 42 户 220 人，其中女性 140 人，男性 80 人。三组为赫蒙族，有 18 户共 181 人，其中女性 56 人，男性 125 人。对此男女比例严重失衡的现象，他们分别做出了解释。其一，赫蒙族历来有重男轻女、传宗接代的观念。在农业种植中全家要步行几个小时上山种植旱稻，半月不回，只有男性才能胜任。此外苗药中有一种生男孩的草药秘方，一直沿用至今。其二，佬族家庭认为多女多福，虽然不用药物辅助，但生下来女孩居多，可能与气候有关。而且近年来部分适婚男性入赘外村，户口已经迁出。

邦洋村佬族家庭以扩展家庭为主，以及部分同代联合家庭。同代联合家庭主要是姐妹们结婚后不分家而形成的，姐妹招赘婚后不分家大多是出于经济方面的考虑，因为缺少分开居住的住房条件，她们暂时与父母生活在一起。

2. 佬族入赘婚俗类型

佬族婚姻制度为一夫一妻制，且以男嫁女娶的入赘婚为主要形式。随着社会的发展，如今的老挝农村社会的佬族入赘婚可以分为族内入赘婚、跨族入赘婚与过渡婚三种类型。

（1）族内入赘婚

这是佬族最常见的一种婚姻模式，老挝语叫"奎宿"（注音），与中国的入赘有着本质的区别。中国的入赘常常是女方家无子，需要传宗接代、养老送终；或是男子家贫无力娶妻，婚后愿意随妻居。婚后小孩大多要跟随母亲姓，如有两个以上小孩，儿子随母亲姓，女儿随父亲姓。而老挝的情况则恰恰相反，一般而言，父母由最小的女儿继承遗产并承担赡养义务。子女当中，儿子要入赘，不可以留在家中；女儿要找入赘的女婿，其中小女儿继承父母的遗产，并且要和丈夫一起承担赡养父母的义务；其他女儿在招赘之后可以与父母同住，也可以挨着父母的房子另盖一间房子，与父母分家。

佬族家庭模式以母系扩展家庭为主，并且由女儿继承家产和承担养老义务。在当地人看来，有人来当上门女婿代表家庭的富裕和荣耀，是值得骄傲的事情，而选择上门的男子则会得到双方家庭的认可，是有能力的人。男子入赘之后,在第一个小孩出生的时候则要改姓,正式成为女方家庭的一员。改姓后的佬族男子在妻子死后可以再婚,也可以和子女在岳父母家继续生活。如果还没有子女,则不用改姓,甚至可以由女家出资为他通过过渡婚另娶媳妇,则从女婿变成了"儿子",生死都是女方家的人了。

笔者调查的阿丁家有3个女儿、1个儿子,儿子已经入赘到10公里外的一个公务员家庭,在村中被认为是很有能力的人。大女儿经历颇为坎坷,前后有过三任上门女婿,首任因为赌博、吸毒、不务正业被老婆休掉;第二任人还不错,生完女儿改姓后,突然生病,不久后不治身亡;现任丈夫比她小5岁,以前是帮岳父开车跑运输的,目前两人关系融洽。按照当地习惯,等小女儿大学毕业成家可以承担养老义务之后,大女儿及其丈夫可以选择和父母分家,也可以和妹妹夫妻俩组成联合家庭,这也从一个侧面说明在佬族女尊男卑的风俗。

(2)跨族入赘婚

老挝在历史上就是一个民族散乱杂居的国家,在大多数城市或村庄,基本呈小聚居、大杂居的格局。随着社会的发展以及家族繁衍的需要,佬族社会渐渐出现了跨族入赘婚。在老挝民间,一般百姓并不太清楚国内49个民族的所有称谓,平时基本使用1985年以前通用的"老龙""老听""老松"的族称。老龙意为"谷地里的老挝人",通常指的是佬泰族群各民族;老听,意为"山顶上面的老挝人",包括藏缅族群各民族;老松是指住在高山地区的老挝人,主要是苗瑶、孟高棉族群各民族。因为老龙族系占据了河边平缓谷地,土地肥沃,因此经济水平相对较高,老松次之,老听最为贫穷。因此跨族入赘的方向多为老松与老听向老龙流动,也有老听流向老松,少有反方向流动的。

跨族入赘婚有着特定的规则,并非像族内婚那么随意。邦洋村大多是贫穷的山地苗族入赘家庭相对贫困的老龙族系家庭,而且一般只能嫁给大女儿,不能继承岳父母遗产,因为水田作为家庭重要财产是直接由小女儿及其丈夫继承的。即便如此,入赘婚依然可以帮助入赘赫蒙族男子通过自己的努力从当地佬族人手中购买部分水田,并彻底融入佬族社会,这也是赫蒙族男子融入佬族社区的一条重要途径。赫蒙族入赘最初目的是希望得到水田，这种跨族入赘婚一开始带着明显的功利色彩，不被看好，也不被大多数人接受。但勤劳的赫蒙族通过自身的努力购买了水田之后，慢慢改变了当地佬族人的看法。现在一些贫困的佬族家庭开始接受赫蒙族上门女婿，这成为族际互动的一条有效途径。当然富裕的佬族家庭往往还是以族内入赘婚为主，只有在族内招赘相对比较困难的佬族家庭才选择外族男子。

（3）过渡婚

过渡婚类似中国古代的服役婚。虽然佬族普遍重女轻男，但对于一些有儿无女的家庭来说，养老送终的任务还是落在了儿子身上，因此他们希望儿子能够娶到老婆而不要去上门。这与佬族主流婚姻模式相冲突，因此要付出一定的代价才可以娶妻。比如男方入赘之后需要在女方家里生活 3 年以上（通常是 3 年、6 年、9 年甚至 12 年）来报答女方父母养育之恩，此后如果女方家里同意，便可以一次性给岳父母一笔钱，然后将妻子娶回家。比如当初男方上门，女方办婚礼花了 2 万基普，那么三年之后男方必须花至少 4 万基普才可以将妻子娶回家共同生活。这种过渡婚是当地母系继嗣家庭的一种延续，要求男方必须对女方家庭做出补偿。

以前当地这种过渡婚并不多见，因为老挝没有计划生育，一般家庭很少是独子的，并非一定需要这种服役性质的婚姻来养老送终。然而随着经济的发展与人口流动的增加，通婚圈的不断扩大导致过渡婚近年来有增加的趋势。在姐妹多的家庭中，不少年轻女性，开始愿意前往丈夫所在的地区生活，他们多选择在女方家生活 3 年，因为在这段时间内勤劳工作，夫妻俩大概能够赚取女方家庭要求一次性支付的费用。

如今，过渡婚有一变种，俗称买断婚。由于社会的发展，一些受过良好教育的年轻人开始到城市工作和生活，不能遵循过渡婚的原则，因此产生了买断婚。笔者在丰沙湾市邦洋村见到一个远嫁万象的佬族姑娘，她自己在万象一家学校当老师，她的丈夫在万象的国有银行工作，因为工作原因，不能在女方家住 3 年，最终双方家长商量出一个方案：一次性付 7500 万基普（约合 6 万元人民币）给女方家长，男方在女方家住 3 天之后便可与妻子前往万象工作和生活，但每年大的节假日需回来看望岳父母。随着时代的发展,这种买断婚必将不断出现,从而冲击正常的入赘婚模式。然而就目前而言,在一些教育和经济不发达的村庄和地区,这种买断婚出现的概率较低。

3. 佬族入赘婚策略的功能分析

首先,解决人口结构的不平衡问题。诸多复杂原因导致佬族地区男女性别比例失调,如前所述,邦洋村男女比例失衡非常明显,由此带来的婚姻平衡问题显著。但事实上这并没有引起佬族太多的担忧,大量的族内入赘婚是解决男女比例失衡的主要途径。随着经济的发展,通婚圈不断扩大,如今的入赘婚习俗可以吸引方圆几十公里本民族相对贫困的男子上门。佬族招赘优先考虑本族男子,这样可以避免宗教信仰、生活习俗等方面的差异带来的不便。当地佬族信仰小乘佛教,老松族系多信仰鬼,老听族则信仰天主教等,虽然各跨族彼此宽容,但信仰不同带来的观念和习俗的差异还是给共同生活带来一些障碍。本族内的入赘婚,往往也是讲究门当户对,要求女方家庭要略优于男方家庭才能吸引到优秀的男子上门入赘。

然而性别比例失调要求一些佬族家庭必须到外族或者邻村招赘,邦洋村佬族首选本村赫蒙族。本村赫蒙族由中国途经越南等地迁入,保留了一些重男轻女的观念,男子相对过剩。佬族人认为当地赫蒙族有一些专生儿子的神秘中药,但对此并没有兴趣,因为他们认为多女多福,可以养老送终,继承家业。赫蒙族在数十公里以外的山地种植山地旱稻,经济水平相对佬族较低,因此愿意入赘佬族家庭获取经济地位上的提升。通过与本村赫蒙族的联姻可以获得双赢的局面,既解决了佬族男女性别比例不平衡的问题,又解决了赫蒙族男青年过剩的问题。这与中国桂西地区壮族入赘婚有相似之处,桂西壮族生产生活条件较为优越,在传统的婚姻结构中往往处于较为主动、有利的地位,只要他们愿意招赘,几乎没有不成功的,招赘上门是桂西壮族调适平衡婚姻状况、解决女多男少问题的一个有效办法。[1]

---

[1] 黄家信:《桂西壮族入赘婚俗探因》,《广西民族大学学报》(哲学社会科学版) 2000 年第 5 期。

其次，加强族际互动构建民族和谐。老挝是一个民族散乱杂居的国家，历史上形成了"小聚居、大杂居"的格局。2005年老挝政府出版《老挝人民民主共和国各族群》，首次将全国划分为49个民族，并且实行温和的民族政策，发展少数民族经济，缩小各民族之间差异，推动各民族的交融。① 佬族入赘婚俗是一种自发的加强民族交融的方式，是通过族际互动促进民族和谐的有效途径。过去，由于经济滞后，各民族以农业生产为主，实为自给自足的小农经济，相互之间接触较少，缺乏必要的沟通和理解，各族之间存在隔阂。过去赫蒙族人认为佬族人坐拥土地肥沃的水田，好吃懒做，每天烧香拜佛，不思进取。而佬族则认为赫蒙族人野蛮彪悍，经常上山打猎，平日信仰鬼，不敬佛祖，而且有重男轻女等落后观念。随着社会的发展，各民族之间加强了经济、文化等方面的互动，尤其是跨族入赘婚对增进族群之间的了解起到了重要作用。人类学和社会学者普遍认为，族际通婚是族群交融的标志，因为其体现出较近的"社会距离"。② 通过不断的交流与互动，这些由经济生产方式以及信仰差异带来的认知偏见和误会慢慢得到消解，促进了民族交融，对民族和谐共生起到了推动作用。赫蒙族男子入赘佬族家庭之后，信仰小乘佛教的佬族人认为，既然缘分让他们走到了一起，则应该珍惜这段缘分，因此即便是跨族入赘婚，夫妻感情同样和睦，很少有离婚现象发生。

（三）小结

芬兰人类学家韦斯特马克认为，婚姻是得到法律或习俗承认的婚姻关系，包括他们在婚姻期间的财产和子女。③ 默多克认为，婚姻存在于性关系和经济关系的结合，随着这两种关系的消失而消失。摩尔根的《古代社会》和恩格斯的《家庭、私有制和国家的起源》中，表达了一个共同的观点：婚姻是随人类生产力进步而发展变化的，现在主流的一夫一妻制，只

---

① 许红艳：《老挝的民族问题与民族政策》，《曲靖师范学院学报》2010年第2期。
② 马戎：《民族社会学——社会学的族群关系研究》，北京大学出版社，2004，第437页。
③ E. A. 韦斯特马克：《人类婚姻史》，李彬等译，商务印书馆，2015，第42页。

是它发展至今的一个形态。

以上是关于婚姻的经典定义,从根本上来说,婚姻是有史以来社会生活最基本的元素,不管是人类社会的生存和发展,还是个人需要的满足或个体成长的完善,都离不开婚姻的创建和存续,都与这一生活元素紧密相连。婚姻是指由一定的文化决定的,被所在社会认可的,男人与女人结合成为夫妻关系进行互相作用的群体。在人类学族群理论看来,婚姻也同样是族群互动的重要途径,借由跨族婚姻来实现族群之间的互动与交往,是族群生存的重要策略,是族群间资源交换的重要手段之一。

族内入赘婚和跨族入赘婚共同解决人口性别比例不合理带来的婚姻失衡问题;跨族入赘婚则加强了族际互动,消融族群隔阂,拉近了"社会距离",构建了民族和谐;过渡婚通过民族传统文化自身的顽强生命力,利用其特殊形式买断婚缓和了与现代文明的冲突。

第四节 族群互动与交融

时间和空间是分析很多问题的两个重要维度,同样将族群关系发展放在这两个维度下思考会更容易看清问题的本质以及未来走向。站在族群关系发展的角度,更重要的或许是族群自身的发展以及在不同阶段的集体需求和关注焦点。族群早期关注人神关系与如何更好地依赖自然,转而关注与生存相关的经济发展及如何改造自然,渐渐转而关注如何与外界寻求合作,建立共生生态。站在族群互动的角度,空间上表现为族群距离的缩短,开始出现杂居现象,在日常生活交往中不断出现频繁的合作与接触;在时间上表现为经济互动、文化互动上的依次展开。因而在不同的阶段关注的重点是有所不同的,必须区别对待。

一 经济协作

在相当长的时间里,赫蒙族和佬族以及老挝其他民族都处于竞生阶段，赫蒙族时刻面临生存和发展的危机，大部分时间在考量经济生产方式、自然地理条件、土地资源等因素，不断进行迁徙。在美国学者罗伯特·库帕看来，老挝赫蒙族迁徙与离散的重要因素便是经济因素。1850～1880年，苗族进行了一系列反对清政府的战争，这主要归罪于清政府的第一次鸦片战争后向英国支付沉重赔款采取的重税以寻求生财之道的政策。因此，苗族与清政府之间的战争具有突出的经济特点。[1] 就赫蒙族而言，其历史上至少曾有一起大规模的难民的先例。大量的赫蒙族从一个国度逃亡另一个国度，重建其生活。

在族群关系的依生和竞生阶段，群体最大的矛盾便是维持自身的生存与有限的自然资源之间的矛盾，往往因此而产生族群之间的矛盾与冲突。族群也因此不断地迁徙，以获取最优的自然地理资源。而在目前所处的共生阶段，族群一方面考虑如何与其他族群更好地协同合作，以获取经济效益最大化；另一方面则争取在文化、宗教等方面与其他族群进行交往与互动，以降低沟通成本，增进互信。

过去，老挝的赫蒙族与其他东南亚的赫蒙族一样，长期居住在高山上，过着迁徙不定的生活，以刀耕火种的游耕为主要生产方式，生产效率低下。同时大量种植罂粟，罂粟的种植一度在老挝赫蒙族的经济生产中占有重要的地位，是家庭收入的主要来源。二战后，赫蒙族甚至曾被称为"鸦片民族"，因为赫蒙族所居住的老挝、泰国和缅甸的交界处就是世界上有名的"金三角"。从20世纪60年代开始，老挝赫蒙族的社会经济发生了较大变化，许多赫蒙族已放弃原来的耕种方式，不断由流耕流居向定耕定居转变。另外，由于政府禁止种植罂粟，罂粟的种植大大减少。20世纪60年代以来，就有数万赫蒙族人迁居到平原地区，从事水稻种植，过上定居生活。定耕定居后，赫蒙族除了种植水稻、蔬菜、水果外，还从事其他的经济活动。如在20世纪60年代，由于战争，大约有3万赫蒙族人下山安置在战争的军事中心龙镇，那些安置下来的赫蒙族就放弃原来的生产方

---

[1] 罗伯特·库帕：《老挝苗族流亡与回归中的经济因素》，颜勇译，《贵州民族研究》1997年第3期。

式,从事各种各样的商业活动。1975年以来,老挝人民革命党也鼓励赫蒙族下坝定居,部分赫蒙族搬迁到公路附近的村庄生活。总体而言,老挝赫蒙族虽然大部分依然生活在北部高地,但是已有向平地迁徙的趋势。可以预见的是,在未来相当长一段时间里,这种趋势将会持续下去。经济互动与协作带来了一些新的变化。

其一,市场经济增强族群互动,提高生产效率。老挝革新开放以来,大力吸引外资,国内经济被激活,大批企业快速发展。国内电信企业、啤酒企业等快速发展的同时带来了大量的就业机会,此外,来自中国、韩国、日本、澳大利亚等国的投资创办了采矿业、服务业等企业,也创造了大量的就业机会。这些企业在招聘过程中,主要考虑的是合格可靠的劳动力,并非把族群因素放在第一位,这给经济生产水平相对较低的少数民族带来机会。在万象市的一些企业,佬族、赫蒙族、克木族等在一家公司上班的情况比比皆是。这给各族群创造了一个加强互动、增进了解的平台,消除了一些固有的偏见与误解。在革新开放以来,市场活力大大释放,一批赫蒙族商人通过商业贸易等手段赚取了第一桶金,拥有了自己的企业。有事业心的赫蒙族人建立了冰工厂,而另外一些开了饭馆,也有人当上了摄影师和牙医;还有一些赫蒙族人成为裁缝、面包师、皮匠、收音机修理者。此外,还有制作扫帚这种新型的村庄工业也在偏僻的山村里兴隆起来,这解决了200多个家庭人员的就业问题。近年来,在家庭收入方面,老挝赫蒙族的经济状况得到进一步的改善。他们除了从事农业耕种,生产家庭需要的粮食和蔬菜外,也有些农户把种植的蔬菜拿到当地市场出售,还有少数赫蒙族开始做生意。据我国学者周建新在距琅南塔省省会2公里远的花赫蒙村寨子的访问,他们是在1976年搬迁到这个村寨的,现在老挝境内的赫蒙族人少数开始经商。据一位老者讲,他儿子在省里的一家贸易公司工作,曾到昆明买水泥、手扶拖拉机到老挝卖。此外,有些赫蒙族人也常收到移居法国、美国的赫蒙族亲戚的汇款,还在法、美等国亲戚的帮助下与海外的赫蒙族人进行贸易活动。这种贸易活动通常是这样进行的:老挝赫蒙族把一些赫蒙族服装、头饰、银饰品、草药、干蘑菇、音像带等寄给法国、美国等国外的亲戚,那些亲戚把这些东西在国外的其他赫蒙族中出售，然后把钱汇回来。这种贸易的收入，加上海外赫蒙族汇给老挝赫蒙族的私人汇款每年可达到几百万基普。① 这些都从整体上提升了赫蒙族族群地位和形象，改变了过去赫蒙族给人留下的贫穷落后的山地民族形象，不再是依靠鸦片谋生的农民，而是新的富有商人形象。虽然这只是少部分先富起来的赫蒙族群体，但是作为赫蒙族代表，无疑增进了整个老挝社会对赫蒙族的了解。

其二，市场经济加快了赫蒙族的内部流动，不断向城镇聚集。在老挝国内有一种内部迁徙的现象，一部分赫蒙族通过自身努力获取了财富，便开始向城市迁徙，他们大多集中在城市周边，比如琅勃拉邦、乌多姆塞、万象市周边的村庄。因为老挝土地可以自由买卖，富有的赫蒙族便在村庄附近购买水田，过上定居的生活。这一般是以家族或家庭为单位的内部迁徙，在很多城镇可以看到。

经济的快速发展让少数民族青少年充满了对城市生活的向往，电视媒体的普及也让青少年对外部世界有了更为深入的了解。老挝广大农村少数民族青少年通往城镇生活的渠道无非两条，一是依靠读书考取大学，毕业之后在大城市谋取一席之地；二是前往城市的企业打工。这两条路都非常艰辛，必须付出大量的努力以及舍弃安逸的农村生活，无论如何，赫蒙族、克木族等少数民族前往大城市谋生的趋势已经形成。此外，除了青少年，一批具备劳动能力的中青年也不断前往城镇打工。这带来了一系列的社会问题，比如农村粮食产量开始下降，城市农民工也给社会治安等带来一定压力。但经济互动给城市带来了大量劳动力，促进了经济的快速发展。

二 族际通婚

族际婚姻是婚姻行为模式中特殊的一种，族际婚姻中两个人的互动行为能够表现出个人之间、个人与社会之间、族群与族群之间的互动关系及

---

① 刘向阳：《老挝苗族的由来及发展研究》，《东南亚之窗》2008年第3期。

社会制度。婚姻作为一种法律上的契约关系，同时还代表着文化的交流和社会制度的形成，而人类学对于婚姻的研究早期主要集中在婚姻与亲属制度的关系，在族群研究兴起之后，从文化边界、族群认同等角度重新认识婚姻，产生了族际通婚的新学术热点。辛普森（G. E. Simpson）和英格尔（J. M. Yinger）对美国多元种族社会条件下的族际通婚进行了大量的个案调查研究，发现当代美国社会存在大量的族际通婚现象并得出结论："不同群体间通婚率是衡量一个社会中人们之间的社会距离、群体间接触的性质、群体认同的强度、群体相对规模、人口的异质性以及社会整合过程的一个敏感指标。"① 对族群关系特别是族际通婚的研究大多建构在同化理论框架之上。当代许多关于同化的理论起源于罗伯特·派克的"种族关系循环论"（racerelation cycle），即群体接触的过程必然导致同化，最终群体之间会达到相互"渗透和交融"。而密尔顿·戈登的研究极大地推进和完善了派克的同化理论，使同化理论形成了一个比较完整的体系。但大多数学者不赞成戈登的理论，他们倾向于从理论上说明族际通婚与同化的关系，并且认为结构同化程度在族群之间的通婚关系上起到了关键的作用。② 布劳、卢布姆等人的宏观理论认为族际通婚不仅可能与各族群的社会距离有关，而且可能和他们与其他族群接触的机会多寡有关。各族群在社会空间中的不同分布会影响群际之间的交往，相对规模和异质性是影响群际通婚的重要因素。群际通婚（intermarrige）主要包括三个方面：跨种族通婚（racial intermarrige）、跨宗教通婚（religious intermarriage）、族群通婚（ethnicintermarriage）。布劳的研究从宏观结构的角度揭示了不同规模族群的族际通婚差异以及不同地区人口特征对族际通婚的影响。但他只将各族群成员看作在地理空间和社会空间中形成不同分布的"物体"或符号，这样的研究方法适用于全国性或较大区域范围的宏观统计分析，不适合对某一特定少数族群聚居区进

---

① 马戎：《社会学的族群关系研究》，《中南民族大学学报》（人文社会科学版）2004年第3期。
② 马戎：《民族与社会发展》，民族出版社，2001，第28页。

行研究。①

在老挝，目前存在一定数量的族际通婚，但是并不普遍。这种跨族婚主要分为以下几种情况。其一，佬族家庭跨族入赘婚。这种入赘婚有着特定的规则，并非族内婚那么随意。常见的情况是贫穷的山地赫蒙族入赘到家庭相对贫困的佬族家庭，而且一般只能嫁给大女儿，不能继承岳父母遗产，因为水田作为家庭重要财产是直接由小女儿及其丈夫继承的。即便如此，入赘婚依然可以帮助入赘赫蒙族男子通过自己的努力从当地佬族人手中购买部分水田，并彻底融入佬族社会，这也是赫蒙族男子融入佬族社区的一条重要途径。当然富裕的佬族家庭往往还是以族内入赘婚为主，只有在族内招赘相对比较困难的佬族家庭才选择外族男子。其二，城市家庭跨族婚。入赘婚在农村传统家庭中比较常见，但在城市中，各族群的贫富差距和族群分层相对农村更加模糊，新一代的城市老挝青年人开始有模糊族群边界的倾向，越来越多的青年人并非将族群身份作为婚姻的首要考虑因素，而将经济条件、工作单位等作为比族群身份更重要的因素。虽然不同族群的文化差异、宗教信仰不同会在婚后带来一定的困扰，但并非不能解决的矛盾，不会直接影响到大多数跨族婚姻家庭的稳定性。科普林和格德沙尔德（F. Kobrin and C. Goldscheider）建议从族群分层的角度去分析各族群的通婚（包括族际通婚）。按照分层理论的基本思路，各族群不平等的社会经济地位不仅导致了他们在公共领域这一层次结构同化的差异，也阻碍了地位不同的各族群成员在基层群体和组织中的相互交往。② 从这个角度而言，城市社会中市民的受教育程度较高，相比农村而言对异族身份的宽容性和开放性更高，对不同族群的偏见和误解更低，有利于各族群成员之间的交往互动。由此可以预见，随着老挝城镇化水平的不断提高，大量少数民族进城成为城市居民，在族群交往更加频繁的同时，也会出现更多的族际通婚，族群距离也会因此而不断缩小。

---

① 马戎：《西藏的人口与社会》，同心出版社，1996，第27页。
② 马戎、潘乃谷：《赤峰农村牧区蒙汉通婚的研究》，《北京大学学报》（哲学社会科学版）1988年第3期。

家庭小环境与族群交融

(根据 2015 年 7 月 22 日田野笔记整理)

在全球化的今天，老挝虽然还是一个贫困国家，但是后发优势让他们在互联网时代并没有落后太多。城市中的高中生基本人人都有 facebook 账户，青年男女通过微信可以实时通信，保持与世界的连接。走在街头，我们很难从服饰、语言等族群外在符号去区分族群身份，佬族可以从肤色深浅等细节区分克木族和赫蒙族，但这或许在大量的跨族婚姻家庭之后慢慢消失。学生在学校用老挝语学习同样的知识，在互联网中谈论同样的话题，这一切都有利于族群文化的交融。老挝政府也有意学习美国的做法，淡化民族的政治性，强化族群的文化属性，从停止使用印有"老龙""老松""老听"三个族群头像的货币便可以看出端倪。此外，现在老挝人的身份证上也是没有族群身份的，而是统一使用老挝国家，强化各民族共同的国家认同。

在这样的大环境之下，族群特征愈发弱化。老一代还可以通过共同的族群历史记忆以及宗教信仰等来维持族群的边界，但这些需要一个小环境即家庭来实现。只要有一个三口之家的小环境，便可以通过族群语言来维系最基本的族群身份认同。打破这种族群最后一道防线的小环境的工具便是跨族婚姻，跨族婚姻的存在，让族群交融在最小的单位——家庭中得以发生和进行。从家庭开始，新一代混血儿童从小便没有了一个纯粹的语言环境，正如中国家庭的小孩从小在幼儿园学会了标准普通话，家长为了小孩的成长也刻意避免用方言交流，老挝万象的现代跨族婚姻家庭也以老挝语为共同语言。正是跨族婚姻的存在，打破了传统意义上族群文化传承最后一片自留地，加快了族群文化的交融。当然，这个进程非常缓慢，需要世世代代的努力。但是，在族群关系发展的共生阶段，族群身份已经不再是彼此交流和沟通的障碍，族群自身的成长、彼此之间的协同合作才是族群关注的重点，共同的语言可以降低沟通的成本，族群的文化交融将会更快地发生。正如新加坡最新的民族政策允许跨族婚姻家庭中的新生儿同时选择归属父母双方两个族群身份，大量的老挝跨族婚姻家庭的父母也不再纠结于小孩的民族成分，而更多关心的是小孩的教育和未来成长，这或许是族群关系发展的未来方向。

三　宗教交往

老挝是一个多民族国家，但是强调的国家统一和民族交融与多民族共存产生了对立关系，特别是在民族识别之前。如今，这个统一的国家的中心是低地老挝文化，人们可以很容易发现老挝在对少数民族施加无形的压力，使其变为真正的老挝人，而少数民族抗拒被佬族文化同化的办法多种多样，拒绝搬到平地生活、加入基督教组织，等等。因为用这种方法，他们能够与一种世界性宗教联系起来，同样，佛教也被认为是一种世界宗教，而且用这个方法可以避开政府对于他们文化习俗落后、迷信的批评。老挝社会控制的放宽，使各式各样的基督教团体在其国内活跃起来，这引起了政府部门的关注。国际舆论对此的批评使老挝政府更倾向于通过弘扬佛教，以和平竞争的手段从基督教团体中争取更多的少数民族信徒，然而这种做法更加深了人们对老挝政府的抵制情绪，谁也不知道这种紧张局面在未来何时能够得到缓解。

由此可见，宗教问题依然是老挝族群文化交融的一个重要障碍，阻碍着政府与少数民族之间关系的正常发展。政府在处理宗教问题的时候必须保持克制，智慧地处理矛盾与冲突。总体而言，宗教问题与宗教冲突已经不再是这个世界的主要冲突与矛盾，但它的顽强生命力将持续下去，直到某一天它不在人们的思想中占据重要的地位，或者说被其他思想意识所取代。

在当下的老挝社会，政府所焦虑的宗教问题主要是少数民族的宗教信仰选择问题。客观地讲，老挝政府的紧张情绪大可不必，首先，赫蒙族等少数民族人口并不占据绝对优势，他们当中也仅有部分人选择信仰基督教、天主教等西方宗教，并不会对主流老挝社会的宗教信仰带来冲击。其次，基督教等西方宗教信仰所宣传的博爱、爱仁等思想总体上是倡导一个真善美的理想世界，并没有宣传争斗、战争的暴力思想，不会对社会和政府带来威胁。不仅如此，基督教等宗教的思想信条对个人行为的规范和约束甚至会促进整个社会秩序的健康发展，而不是使其更加无序。正如法国思想家伏尔泰所说，这个世界即便没有上帝，我们也要创造一个。正是看到宗教的社会规范功能，所以大批学者认为宗教发展存在积极意义。从这一点上来看，老挝政府只需要继续倡导佛教的健康发展，同时保持对其他宗教的宽容态度即可，限制和打击一些具有暴力、不健康思想的邪教势力。

宗教对于族群关系发展和走向的影响，目前亦可以看到一些交融的现象和趋势。首先，佛教开始吸纳少数民族的信徒。过去，佛教是老龙族系的族群符号和象征，很少有其他少数民族信仰佛教，现在一些寺庙可以接受非佬族的小和尚。出家当和尚是赫蒙、克木等民族未成年人一条非常好的学习和竟生途径，特别是一些贫困的农村家庭。在万象市、琅勃拉邦市附近的寺庙都有这种情况，而不是个别现象。在寺庙，所有小沙弥都可以接受国家认可的小学、中学教育，顺利拿到学位。因此这些贫困的少数民族家庭送子女来到城市的佛教寺庙，一来可以解决生存问题，二来还可以接受免费的教育，将来还可能因为受过寺庙教育而找到一份不错的工作。

个案 3-19 赫蒙族小沙弥

访谈对象：某男，赫蒙族，13 岁。

（根据 2015 年 7 月 17 日访谈资料整理）

我家离这里有 1 个小时的路程，家中有 7 个兄弟姐妹，因为家里穷，不能供所有小孩读书，4 个姐姐妹妹大多小学毕业就没有继续读书了。一个哥哥初中毕业现在琅勃拉邦市区一家中国人开的建筑公司里打工，一个弟弟现在仍然在读小学四年级，弟弟读书的开支由哥哥打工赚钱负担。我 8 岁的那一年，父母考虑到家庭经济负担太重，听亲戚说这个寺庙招收小

图 3-30　琅勃拉邦赫蒙族小沙弥

沙弥便带我来寺庙报名，通过了面试之后留下来当了一名小和尚。

我是寺庙里 9 个小和尚中的一个，其中 6 个是佬族人，剩下 3 个中 2 个克木族人、1 个赫蒙族人。一开始，我作为寺庙中唯一的赫蒙族人，加上年龄小，非常自卑，不愿意与人说话。但是上师慢慢开导我，告诉我佛教中的道理，如何做到"无我"的境界。我慢慢明白，不要考虑个人的主观感受，要诚心向佛，在佛祖的眼中，所有人都是平等的，他会加持每一个用心修行的人。目前我在这里的生活和学习都非常顺利，现在还没有想好后面的路具体要怎么走，大致的方向是继续学习，这里有非常好的老师和同学，我想取得好的成绩之后继续去万象的寺庙深造，然后还俗找一份好的工作。

其次，原始宗教信仰渐渐衰落。在老挝山地民族当中，以赫蒙族为代表的少数民族大多数依然信仰原始宗教，以万物有灵的多神教为主要表现形式。在依生阶段，各少数民族整日与山水、草木为伍，与虫蛇、猛兽对抗，对大自然的依赖使原始宗教信仰在族群日常生产生活中曾经发挥重要的作用。然而时代早已改变，进入互联网时代，大批少数民族迁入城镇定居或生活，时刻面对新技术与新知识、新型社区与人际关系等，所有这些新问题完全无法从古老的原始宗教中寻找答案。原始宗教的衰落是一条必由之路，尽管有一些城镇苗族青年开始对赫蒙族原始信仰进行改良，简化了仪式流程，强化了心灵层次的安慰，但是依然无法得到广大苗族青年的认可。基督教等西方宗教相比原始宗教信仰更能适应这个快速发展的新世界，它对世界、社会、伦理道德等的解释更能符合时代的发展，也更能适应城镇青年一代的心理需求和现实需要。举例来说，赫蒙族原始宗教对于死亡的解释自成一套叙事体系，同时搭配一整套非常复杂的仪式，传统苗族人相信必须严格按照传统的做法进行埋葬，并请巫师念经做法，灵魂才能回到祖先所在的地方，否则就会成为孤魂野鬼。然而这套做法在现代社会则显得不合时宜，就连一块符合要求的墓地都很难找到了，更别说还需要仪式所用的诸多材料，再加上精通传统仪式的巫师越来越少，这些都为操作带来了困难。而基督教则很好地解决了这一问题，只要求家族成员前往教堂举办一个仪式，死者灵魂便可以升入天堂。正因为如此，原始宗教信仰在诸多方面已经不能适应新型农村、城镇社会生活的发展需要，除非自身进行快速的更新，否则将会逐渐衰落下去。现实中，开始有越来越多的赫蒙族青年信仰基督教，甚至有些地区出现整个村庄集体信仰基督教的现象。

  这是各宗教相互交融的一些新现象，归根结底还是在于佛教背后代表着国家复兴佛教文化的意志，垄断了大量的社会资源和教育资源等，得到主流社会的支持和认可。正因为如此，才会有大量少数民族家庭都愿意让子女开始选择佛教，目的当然是从现实角度考虑，帮助子女一代有更好的发展和未来。然而这本身只是从经济角度帮助子女所做的宗教选择，并不能代表少数民族自身的宗教态度和选择。宗教问题当然不能单单从经济方面去解决，宗教的发展尤其自身的规律，将在未来很长一段时间内持续存在，成为老挝各少数民族文化交往与交融的障碍。

第五节 各阶段的生存策略

　　民族关系研究是民族理论的一项重要内容，以往的研究主要关注民族关系史以及民族关系在社会发展进程中的功能。翁独健认为，民族关系史研究中应该认清历史上民族关系的主流等根本问题，并把握好平等对待各民族的原则。[①] 张正明从民族结构、民族关系和民族思想的角度研究先秦史，认为先秦史就是一部夷夏形成史。[②] 郝时远提出，巩固和发展平等、团结和互助的民族关系是建构社会主义和谐社会的重要任务。[③] 杨建新从民族共同体的视角出发，探讨了民族发展与民族关系中的发展阶段、主体民族及特点等问题。[④] 李红杰分析了民族关系的功能及其内涵与类型等，拓展了民族关系研究领域。[⑤] 金炳镐等则从民族实体、民族交往、民族矛盾等方面系统论述了民族关系的理论体系，提出了民族关系的发展趋势、调控机制等问题。[⑥] 徐黎丽分别论述了民族文化、民族意识与民族关系的互动影响：民族意识既会增强民族凝聚力，也会阻碍民族关系的正常发展[⑦]；民族文化与民族关系之间的互动影响是复杂且多元的。[⑧] 随后，部分学者开始从个案的角度研究当下现实社会发展中的民族关系。靳薇从社会学的角度认为经济的发展和文化的整合促进了民族关系的良性发展。[⑨] 王

[①] 翁独健：《民族关系史研究中的几个问题》，《中央民族学院学报》1981年第4期。
[②] 张正明：《先秦的民族结构、民族关系和民族思想——兼论楚人在其中的地位和作用》，《民族研究》1983年5期。
[③] 郝时远：《构建社会主义和谐社会与民族关系》，《民族研究》2005年第3期。
[④] 杨建新：《关于民族发展和民族关系中的几个问题》，《西北民族研究》2002年第1期。
[⑤] 李红杰：《试论民族关系的功能》，《民族研究》1997年第2期。
[⑥] 金炳镐、青觉：《论民族关系理论体系》，《中南民族学院学报》（人文社会科学版）2001年第6期。
[⑦] 徐黎丽：《论民族意识对民族关系的影响》，《广西民族研究》2005年第2期。
[⑧] 徐黎丽：《论民族文化与民族关系的互动影响》，《西北师大学报》（社会科学版）2005年第2期。
[⑨] 靳薇：《新疆维汉民族关系的社会学研究》，《西北民族研究》2001年第4期。

俊敏以呼和浩特市为个案，探讨了蒙、满、回、汉四族的文化交融和结构交融的关系，提出了外因说。①

学者们同样关注了离散族群的民族关系问题。托马斯认为，离散族群在发展的不同阶段，所关注的重点是不一样的。在早期阶段，他们对于与其他民族建立和谐的民族关系不甚关心，更关注的是自身的生存空间和经济发展问题。②乔尔则透过全球经济中的族群、宗族与文化认同现象，为我们揭示了在离散族群发展的高级阶段，他们淡化了地域联系，加强了宗教与族裔认同感，也很重视与他族建立合作关系。③不同于以往研究，本书一方面试图从海外民族志的角度挖掘海外民族关系演化的典型个案，为民族关系研究增添海外案例；另一方面则尝试另辟蹊径，从族群自身发展和族群互动两个因素探讨民族关系演化的一般性规律。笔者试图以老挝赫蒙族离散群体为切入点，以赫蒙、佬关系的发展来探讨民族关系演变的一般模式。

历史上，传统世界的政治格局由帝国所掌控，比如古代世界的罗马帝国、波斯帝国、雅典帝国，中世纪的神圣罗马帝国与阿拉伯帝国，晚期的奥匈帝国。神圣罗马帝国最终分裂为德意志、法兰西和意大利，成为现代民族国家的雏形和典范。1648年《威斯特伐利亚和约》确立了国家主权平等、领土主权神圣不可侵犯等原则，确立了现代民族国家体系的雏形。阿拉伯帝国、奥斯曼土耳其帝国和奥匈帝国逐渐分裂，传统帝国在近代大都以民族形式分裂为各个"民族国家"。在各民族国家分立的态势下，最终在力量上达成均势，由此建立了现代的、民族国家的世界体系。④

族群关系的发展离不开现代民族国家体系的建立、族群意识的觉醒

---

① 王俊敏：《呼和浩特市区民族关系研究》，《北京大学学报》（哲学社会科学版）1997年第2期。

② M. Seller, *To Seek America: A History of Ethnic Life in the United States*, New York: Jeromes Ozer Pub, 1988, pp. 1 – 5.

③ J. Kotkin, *Tribes: How Race, Religion, and Identity Determine Success in the New Global Economy*, New York: Random House Incorporated, 1993, pp. 2 – 5.

④ 孙向晨：《民族国家、文明国家与天下意识》，《探索与争鸣》2014年第9期。

等因素。国家的健康发展离不开族群关系的和谐,在老挝的发展历程当中,赫蒙、佬民族关系起到了重要的作用。本节将从历史人类学的视野出发,试图通过历史资料、族群神话以及历史记忆勾勒出族群关系的演变路径。

一 依生阶段

为了生存,苗族自 15 世纪的明朝开始从中国贵州迁往云南和四川,后零星小规模地迁入老挝,在 1800 年至 1900 年,从中国云南、四川等地开始成规模地直接进入或途经越南迁入老挝。① 在近 400 年时间里,苗族并没有与其他民族发生激烈的矛盾和冲突,历史记载中少有民族冲突事件。

在"逐鹿中原"失败之后,苗族群体开始了漫长的大迁徙。而在迁徙的过程当中,苗族往往会刻意避开他族定居的平地,转而进入人烟稀少的山地区域,尽可能避免与其他族群发生冲突与矛盾。苗族进入老挝之后,采取同样的生存策略,选择进入人迹罕至的高山区域,以游耕为主要生产方式,尽量避免与其他族群的接触,希望借此来保护自身族群的安全。在相对封闭的小农经济体系当中,各经济体之间的相互依存度低,赫蒙族可以做到自给自足。在赫蒙族社会发展的大部分时间里,农业社会占据了相当长的时期,除了少量的集体协作外,族群之间并不需要紧密的合作。赫蒙族无疑是这种生存策略中的成功者,笔者称之为族群生存与发展的依生模式。这种模式主要体现在如下几个方面。

首先,在人与自然关系方面,表现为依赖自然、渴望神灵的护佑。老挝赫蒙族在深山密林之中延续了传统的原始生产方式——游耕。这种生产方式相比现代农业不需要投入太多的人力、物力,不需要化肥和农药,也不需要大型水利灌溉系统,主要依靠大自然以及时间的馈赠。英国著名历史学家克莱夫·庞廷认为,大自然的馈赠非常慷慨,早期人类过着一种相

---

① 郝国强:《老挝苗族的分布格局、迁徙路径研究——海外苗族研究系列之一》,《广西民族研究》2019 年第 2 期。

对富足的自给自足的生活。他们只需要采集周边环境提供的很少一部分食物便可以满足生存必需，剩下的大部分时间则用在休闲和宗教活动，甚至艺术创作上。① 赫蒙族相对原始的狩猎采集有了较大的进步，但是依然采取一种简单粗犷的刀耕火种，是依靠自然的更高阶段。这种生产方式看似低级落后，却是一种非常高效的获取能量的方式，赫蒙族花费较少的时间便可以从大自然获取生存所必需的粮食。这种农业上的自给自足为赫蒙族提供了生活上的物质保障，也为整个族群封闭的自保策略提供保障。这种成功的生产方式让赫蒙族更加依赖和崇拜自然，从而发展出一套类似万物有灵的宗教信仰体系——鬼神崇拜。从天地、河流到山地、风雷等，均被赫蒙族赋予了神灵，而这些力量是大自然的化身，体现出赫蒙族对于自然深厚的情感。

对于鬼神的崇拜恰恰是对自然依赖的一种体现，老挝赫蒙族对自然界的认识还比较粗浅，无法解释大量发生在日常生活中的自然现象，同时改造自然的力量相当微弱，粮食生产更多依靠风调雨顺，因此会夸大自然的神秘力量，认为大自然无所不能，甚至认为人的命运、农业的收成等都是由鬼神来控制的。这种鬼神崇拜很容易产生"宿命论"的思想，在农业生产中表现出尊重传统、因循守旧的特性，在个人生活中表现出与世无争，甚至消极被动的思想。同样，对鬼神的崇拜与依赖在族群组织中则往往表现为对英雄和领袖人物的崇拜与服从，巫师代表了与鬼神沟通的媒介，领袖或族长代表了众人的意见。在传统社会，这种组织结构能够有效地提高集体决策的效率和行动力，从而避免内部矛盾带来的能量消耗，在依赖自然生存的时代是有进步意义的。

其次，在民族关系方面，表现为消极逃避。赫蒙族进入老挝、越南等东南亚国家本质上是一种逃避迁徙过程，他们主动选择生活在人迹罕至的山地密林，放弃了定居生活方式和先进的农业生产方式，从而沦为文化和物质上的落后者，在地理上的偏远地区保存着独特的农业实践方式、文化价值和社会结构，并在文化上远离统治中心。苗族在与中国王朝发生冲突

---

① 庞廷：《绿色世界史》，王毅、张学广译，上海人民出版社，2002，第11页。

的过程中，迫于税收、军事征服等压力不断迁徙至老挝等地，远离国家权力中心的目的使他们在进入老挝之后同样选择远离文化、政治中心，采取避世的态度。因此，老挝赫蒙族来到一个陌生的地域，处处谨小慎微，不愿意与其他族群发生冲突，更不愿意与国家权力有所交涉。赫蒙族也因此广泛分布在老挝北部人口相对稀少的地区，并经常发生二次迁徙。在此阶段，赫蒙、佬族群之间缺乏交往与互动，但也避免了直接的武力冲突与矛盾，形成了一种短期的、消极的和平共处，然而这种和平是脆弱和不稳定的，很容易就被打破。老挝赫蒙族的这种生存策略类似于"弱者的武器"①，在没有能力挑战统治者的情况下，采取消极自卫的方式，以避免公开对抗和族群冲突带来的族群集体风险。

在文化艺术表现方面，同样可以体现出苗族早期的依生思想。赫蒙族的祖先苗族有语言没有文字，跟许多其他少数民族一样，传说中曾有文字，但是当他们被驱赶时，其文字不幸被丢在河里，以后便没有了文字。其实很多不同的苗族支系根据其传统说法认为，古代苗族有文字。有不少学者同意此看法，例如谢彬1931年所出版的《云南游记》写道："苗文为太古文字之一，半立于象形，无形可象者立于会意或谐声，亦有不得有形、意、声立者，则附以各种记号，有一字数音、数位一音者。"②赫蒙族丰富多样的神话传说靠口耳相传，那些古老的创世神话、洪水神话等，无一不彰显自然界的神秘力量，体现出赫蒙族对于大自然的依赖与崇拜。与此对应，赫蒙族的刺绣作品也体现出对大自然浓厚的情感，作为赫蒙族历史文化的载体，把世代相传的民间口传文学等蕴含其中。赫蒙族刺绣形式多样，内容丰富，每一个图案都具有一定的象征意义，早期作品中大多以大自然中的高山河流、飞禽走兽、农作物等作为题材，以此感谢自然界的馈赠。

---

① 詹姆斯·C. 斯科特：《弱者的武器》，郑广怀、张敏、何江穗译，译林出版社，2011，第46页。
② 转引自艾斯斯翠《西部苗族的创世记与〈圣经〉（创世记）之比较》，硕士学位论文，台北政治大学民族研究所，2005。

呼唤风神的感应

（摘自 2015 年 8 月 12 日田野日记）

  我们的祖先留给我们很多知识和技能，从农业耕作、狩猎采集到防病治病，甚至还有与鬼神的沟通和交流。这些并非少数人掌握的能力与技能，而是老少皆知的常识。比如与鬼神的沟通，这并非巫师的专利和特长，普通人也可以随时随地与它们互动。比如风神，这是一个无所不能的神灵，它可以随着春雨给农作物带来成长的甘露，可以在丰收的季节帮助人们吹走稻谷中的杂质，还可以风干腊肉中的水分，使之长期保存……更常见的是，每天劳作感到疲惫和燥热的时候，我们都可以模仿风神发出的声音来呼唤它，让它给我们带来凉爽。这是我们从小便从父母那里学习到的技能，只要听到这种声音，风神便可以感受到我们的期待与渴望，只要诚心，风神便会实现你的小小请求。当然也会有不如意的时候，比如风神忙着在天上开会，商讨接下来的雨季降雨，暂时不能听到我们的呼唤，虽然风神会迟到，但永远不会缺席。这就是赫蒙族对于风神的朴素信仰，或许对于风神的态度有着更为深远的影响，影响赫蒙族对于很多事物的观点和看法。

二　竞生阶段

  依生模式所形成的族群交往格局逐渐被新情况所改变，并于 19 世纪初开始进入民族矛盾与冲突的竞生阶段。随着时间的推移，老挝赫蒙族的实力发生了很大的变化。首先，赫蒙族在老挝内部的二次迁徙带来了一种新的居住格局，开始在老挝北部各省形成了小聚居的格局，人口相对集中的川圹省，甚至形成了农黑县这样的"赫蒙族大本营"。这带来了局部的力量不均衡的格局，虽然整体上佬族依然占据人口和实力上的优势，但是在局部地区，赫蒙族势力与佬族持平甚至超过了佬族。其次，族群互动与资源竞争带来了矛盾和冲突。族群之间一开始因为缺乏了解，往往敬而远之。然而随着交往与互动的增加，渐渐相互了解，认识到对方的经济、文化水平等。增进了解是一把双刃剑，在物产丰富的和平年代可以增进互信、增加合作，但在资源相对稀缺和匮乏的年代，往往带来的不是合作而是战争。赫蒙族人口不断增加，对土地、资源的需求不断增大，最终导致了族群之间的冲突与矛盾，甚至武装暴力事件。

在赞米亚（Zomia）① 地区，泛泰族的人数最多，也是相对实力最强的族群。泛泰族包括泰族和低地的佬族、缅甸的掸族、中国西南的壮族，以及从越南北方直到印度阿萨姆邦的各种相关族群。泛泰族有着长期种植水稻的经验，专制的社会统治，强大的军事实力，是一个为数不多的军事精英和贵族上层统治的族群，相比赞米亚地区其他族群具有明显的优势。② 赞米亚同样经历了民族关系发展的第二个阶段即竞生阶段：各族群依靠经济及军事实力进行角逐，实力强者占据自然地理条件优越的平地，弱者进入高地。这个过程相当漫长，在现代民族国家确立之前，整个赞米亚地区都处在一个动荡、混乱的不稳定状态，弱肉强食是这里的生存法则。一位英国观察者曾经描述缅甸东部的山地就像"诸多掸族小国的混乱疯人院"③，这其实是赞米亚地区山地民族之间斗争景象的描述，也是竞生阶段的形象概括。赫蒙族大规模迁徙的结果之一是广泛分布在大部分的赞米亚地区，并最终形成了如今的分布格局，既有生活在高海拔地区种植罂粟和玉米的赫蒙族人，也有在海拔较高（山腰）地区种植水稻同时从事采集和游耕的赫蒙族。温斯认为这种多样性的产生是因为赫蒙族到达特定地区的时间不同，与其他族群的竞争力不同。如果后来者经济实力和军事实力较强就可以占据平地的土地，迫使原来的族群向更高的地方搬迁。如果后来

---

① Zomia 这个概念最初来自荷兰学者范申德尔（Willem van Schendel），斯科特（James Scott）引用了这个概念，并将其范围缩小到范申德尔界定范围的东半区，也就是大陆东南亚山峦区。范申德尔原意指的是由喜马拉雅山西麓、青藏高原向东一直到中南半岛的高山地带，它跨越了传统东亚、中亚、南亚和东南亚的区域划分。
② 詹姆士·斯科特：《逃避统治的艺术：东南亚高地的无政府主义历史》，王晓毅译，生活·读书·新知三联书店，2016，第 171 页。
③ D. K. Wyatt, *Thailand: A Short History*, New Haven: Yale University Press, 2003, p. 90.

者综合实力较弱，那么只能占据那些被遗留的小地块，经常是在海拔较高的山地。经济文化发展水平和军事水平的差异，产生了依高山或山脉而形成的"族群性"的垂直分布格局。① 在老挝，孟族分布在1500米以下，泰族分布在高达1700米的高山盆地，而赫蒙族和瑶族在更高的地方，最高是阿卡族，他们也被认为是整个地区实力最弱的族群，住在靠近山顶的地方，海拔达1800米。②

苗族为了逃避中原王朝的压制和剥削逃亡到了这片区域，在经过了一个相对稳定的依生阶段之后，随着自身实力的增强，也开始卷入彼此争斗之中，比如与其他山地民族的竞争、由于人口增加没有足够土地从事游耕而引发的群体内部的摩擦等。有学者认为，赫蒙族人比泰族人更早进入老挝北部地区，但随着泰族势力的快速崛起，他们取代了过去中国政府的地位，开始将赫蒙族和卡人驱赶到深山密林之中，富饶的平原地区最终被泰族人所占据。③ 当然这个过程中充满了民族斗争与暴力冲突，佬族并非一帆风顺地取得该地的统治权。最初，佬族把赫蒙族与卡人同等看待，都比佬族等级低。但是在赫蒙族看来，佬族与强大的大清帝国相比简直微不足道，因此表现得不像卡人那样顺从，并试图联合其他族群来与佬族抗衡。赫蒙族先后联合过普安族、法国人等势力，希望摆脱佬族的控制，按照赫蒙族宗族社会的组织架构来自治，这种民族矛盾导致1918~1921年爆发了赫蒙族人巴柴领导的"疯人战争"。巴柴最终被亲法的卡人抓获并处死，这也从一个侧面说明了赫蒙族与卡人的关系非常恶劣，整个地区的民族关系混乱而复杂，佬族希望统治赫蒙族，赫蒙族也希望统治更弱的卡人。

在老挝，赫蒙佬民族关系是国内民族关系中最复杂也最重要的，他们

---

① H. J. Wiens, *China's March towards the Tropics*, Paris: Presses Universitaires de France, 1954, p. 317.

② 詹姆士·斯科特：《逃避统治的艺术：东南亚高地的无政府主义历史》，王晓毅译，生活·读书·新知三联书店，2016，第170页。

③ 姆·耳·马尼奇·琼赛：《老挝史》，厦门大学外文系翻译小组译，福建人民出版社，1974，第56页。

之间的斗争直接影响到老挝整个国家的安全与稳定。赫蒙族的出现直接破坏了早期佬族建立的王国，再加上赫蒙族人口居老挝全国第三，与佬族进行了长期的斗争与角逐。从早期与佬族的局部斗争发展到有组织的武装力量，直到影响国家政治格局的"秘密战争"，赫蒙族与佬族的斗争不断升级，直到最终战败而妥协。

赫蒙、佬民族关系进入竞生阶段，这也直接导致老挝其他民族之间出现了民族冲突和矛盾，引发了全国范围内民族关系的走向。卡人与佬族的关系也是不断变化的。最早泰族武士领导的族群沿着山脉河谷不断迁徙，沿途征服了他们发现的多个原住民群体，这些被征服的族群被统称为"卡"（kha），意为"奴隶"。然而，这种不公平的等级划分经常会迎来卡人的反抗，外部力量的介入往往会给卡人带来机会。1875 年，乘着华族入侵者洗劫了万象以及琅勃拉邦等城市，削弱了佬族对下属酋邦和族群的控制，卡人在琅勃拉邦爆发了起义。领导人尼（Nhi）是克木族（Khamu），他组织了一群劫掠者，但因为缺乏必要的军事组织能力，同年便被佬族镇压。

克木族是老挝人口仅次于佬族的第二大族群，目前主要分布在老挝中部和北部的乌多姆塞省、琅南塔省、琅勃拉邦省等，多数居住在山区、主要从事刀耕火种的原始农业和畜牧业，现在老挝政府为了保护森林，引导他们下坝种水田或去城市打工。克木族是老挝较早的原住民之一，但是在与佬族斗争的过程中被边缘化，退居到高山，长期在老挝北部山区迁徙，以刀耕火种为生。

经过竞生阶段的实力角逐，最终形成了当时的老挝三大族系，即"老龙""老松""老听"。当然值得一提的是，这种分布是一个总体的趋势，在局部地区，比如赫蒙族人的主要聚集地农黑地区则例外。

三 共生阶段

民族关系的竞生阶段往往复杂而无序，呈现一种动态的平衡。在老挝，这种竞生模式的最终结果是佬族成为最强大的民族，成为老龙族系的代表；克木族次之，成为老听族系的代表；赫蒙族成为老松族系的代表，整体上形成相对稳定的族群生态结构。老挝各民族在竞争的过程中逐渐分出了实力高低，同时也认识到斗争无法从根本上解决问题，只有通过国家的稳定，市场的力量，各民族加强沟通与协作，才能建立和合共生的多赢局面。就老挝的现实情况而言，以1975年老挝人民民主共和国成立为标志，赫蒙、佬民族关系开始由竞生向共生过渡，各民族依然存在经济、文化资源上的竞争关系，但各民族之间加强了经济的协作与共赢，以及文化上的共享与交融。老挝赫蒙、佬民族关系共生阶段的形成有赖于如下多个方面的共同作用。

其一，国家政权的建立以及民族政策的实施，保证了各民族和平共处。《老挝人民民主共和国宪法》规定："国家执行民族团结和民族平等政策，各民族都有维护和发展本民族和全体老挝民族良好的风俗习惯和文化艺术的权利，禁止一切分裂民族统一和民族歧视的行为。"① 正是从宪法上保证各民族的平等权益，各民族才能和平共处，彻底改变了过去存在的种种不平等政策。

1947年宪法规定："老挝公民包括所有在老挝领土上长期生活的各种种族的个体，并不具有其他任何国籍。"② 这一种族平等的声明领先于邻国，例如泰国。这也领先于一些自由民主国家，如澳大利亚的土著居民直到1967年才拥有平等的政治权利，美国黑人直到20世纪60年代中期才在南方获得平权。从20世纪50年代早期开始，皇家老挝政府根据此前法国的划分，开始正式将孟高棉和南岛语族纳入"老松族系"（居住在高山者），用一个地理名词来统称那些住在山里的民族。用"老听族系"来取代"卡人"（泛指那些地位较低的人，无论其种族归属）。山地少数民族和老挝族之间的传统仪式联系，每年都被琅勃拉邦法院重新认定，在占巴塞则由文翁纳来重新确认，老挝国王和贵族借此承认"卡人"为他们的兄长，取消了正式的等级制度，因为卡人被认定为先拥有

---

① 蔡文枞：《老挝人民民主共和国宪法》，《东南亚研究》1992年第6期。
② 格兰特·埃文斯：《老挝史》，郭继光、刘刚、王莹译，东方出版中心，2011，第24页。

这片土地。① 这也说明政府一直在努力调整各民族之间的关系，实现和平共处。然而这些努力并没有落到实处，直到1975年老挝人民民主共和国成立，老挝政府才真正从宪法上保障了各民族的平等权益，并逐步对少数民族实行教育、经济等方面的倾斜政策，加快促进边远少数民族的经济、社会和文化发展，不断缩小各民族和地区之间的经济水平和教育水平等方面的差距。

其二，国家认同的建构与文化的交融。国家认同的产生从来不是自下而上自发形成的，而是自上而下的建构过程，是民族精英进行文化交融与政治整合的过程。老挝人民民主共和国成立，老挝人民革命党在经历了相当长一段时间的社会主义建设之后，开始重新重视国家文化的复兴。在解决了老挝人的政治认同问题之后，老挝人民革命党认识到文化认同的重要性，开始重塑老挝人的文化认同，并将其与自身统治的合法性联系起来。国家文化的复兴主要从佛教和皇家仪式开始。1991年，新宪法通过，塔銮取代了镰刀和斧头，在万象成为国家的中心标志，国家各部门所有的正式文件，包括纸币和邮票都进行了重新的装饰。塔銮节被视为老挝人集体的文化盛宴，也是国家最盛大的庆典，老挝人民革命党将其作为正式的国家标志是为了将这一强有力的标志与国家结合起来推进民族主义和国家认同。

2003年1月5日，万象举行了盛大的皇家仪式，庆祝国王法昂雕像的落成。这次庆典仪式由老挝佛教协会主持，坎代·西潘敦主席以及党内主要人士均出席观看。对此，老挝人民革命党宣称这是一场关于民族团结的庆典，并非推崇君主制度，而是表达对将毕生智慧倾注于为老挝各族人民谋幸福的国王的尊敬。此外，为迎合大众的文化认同感，强化对于老挝的国家认同，传统老挝文化的复兴发生在各个领域。

其三，市场经济让各民族合作密切，文化交融让各民族关系紧密。老挝革新开放以来，市场经济大力发展，市场观念开始深入人心。市场经济

---

① 代表低等级的称呼"卡"，依然保留在日常交流的口头语当中，比如当年轻人与长者交谈时，会说"khanoi"，代表"我"的谦称。

将各民族人群都纳入市场分工协作体系当中,在这个新的体系中,更看重人的生产力和劳动技能,而不是族群身份,有效地拉近了彼此的距离,增进了合作与了解。这种变化不仅发生在经济发达的城市中,也同样发生在乡镇和农村。在广大的农村,也发生了赫蒙族租种佬族水田的现象。市场经济让人与人之间的分工协作更加紧密,在创造经济效益的同时也拉近了族群距离,改善了民族关系。

从广义的角度来说,交换是人与人、族群与族群之间沟通的主要方式。商品是市场经济体系中人与人的交换,是最高效、最快捷的资源配置方式;礼物是传统社会中涉及宗教、道德甚至权力的象征性交换,意义和内涵比市场经济中商品的交换更加丰富,不仅仅局限在经济范畴;战争则是最暴力的交换,通过战争掠夺人力与资源,是交易成本最高的交换方式。由此可见,民族关系发展的必然趋势便是由竞生最终走向共生,由战争掠夺资源变为高效互惠的商品交换。正如莫斯自己所希望的那样:"人类社会各群体正是基于理智与情感,和平的愿望与瞬间失去理智的对立,通过协调而成功地用结盟、馈赠和贸易来取代战争、孤立和固步自封。"①

四 和合共生:族群最优生存策略

"共生"本来是生物学的概念,表示两种类型的生物以互惠的方式相联合。在现代人类学界,坎德尔率先用社会共生(social symbiosis)这一概念解释尼日利亚某个地区四个部族之间的相互依存关系,提出将互利共生的生物替换文化集团,把生存理解为维持文化的生存,以此理解社会共生的特征。② 米勒曼则借用韦伯"主民"和"客民"这一对概念,更深入地分析了共生的本质,"民族间的共生是在政治、经济、文化方面,优越的一方占据主导权,与弱势的一方形成主、客即保护和被保护的关系,而非

---

① 马塞尔·莫斯:《礼物》,卢汇译,中央民族大学出版社,2002,第152页。
② S. F. Nadel, "Social Symbiosis and Tribal Organization," *Man*, 1938, Vol. 38, pp. 85–90.

主、从的关系"①。

老挝赫蒙族在漫长的离散过程当中，经历了从依生到竞生的族群发展阶段，舍弃的是族群有形边界，改变的是生存策略，坚守的是族群的无形边界及自我认同。② 依生阶段，族群意识处在萌芽中，主要关注族群与自然、神灵的沟通，解决族群内部矛盾往往通过神判法。族群之间缺乏互动与交往，因而谈不上矛盾与冲突。竞生阶段，族群之间因为接触而交往，因交往而发生利益矛盾甚至引发暴力冲突。在此阶段，族群之间的主旋律则是斗争与对抗，即便是弱者，也会想尽办法保存族群的文化，不断发展壮大，有时候甚至借助宗教和族群记忆的力量。捷克作家米兰·昆德拉在他的小说《笑忘书》中说："人反抗权力的斗争，就是'记忆'反抗'遗忘'的斗争。"③ 在共生阶段，族群解决了最基本的生存问题，通过商品交换解决了在市场经济中与其他族群的协同合作问题，他们更多关注的是族群意识与族群文化。他们具有强烈的族裔认同感与共同依存意识，以一个以共同信任为基础的全球网络，开放地获取资源与技术，凝聚族群向心力与族群意识。记忆是一种保存身份认同感的集体工具。④ 族群记忆、宗教信仰、文化符号等都被用来界定族群意识的边界，同时利用全球网络、经济网络等工具来拓展族群与外族及其外部世界的协作，从而形成一种和合共生的新局面。老挝赫蒙、佬民族从竞生走向共生的路径，从相互争斗到和合共生，最终演化为"文化多元，政治一体"的格局，与费孝通先生提出的"中华民族多元一体格局"如出一辙。⑤ 老挝赫蒙、佬民族关系的演化也从侧面为此做了注脚，提供了一个海外民族志的经典个案。

冷战后，世界范围内主要分为八大文明形态。亨廷顿认为，冷战后的

---

① 转引自竹村卓二《瑶族的历史和文化》，金少萍等译，民族出版社，2003，第77页。
② 郝国强：《老挝苗族的分布格局、迁徙路径研究——海外苗族研究系列之一》，《广西民族研究》2019年第2期。
③ M. Kundera, *The Book of Laughter and Forgetting*, New York: Harper Collins, 1994, p. 3.
④ 爱德华·萨义德：《文化与抵抗：萨义德访谈录》，梁永安译，上海译文出版社，2009，第129页。
⑤ 费孝通：《中华民族的多元一体格局》，《北京大学学报》（哲学社会科学版）1989年第4期。

世界，冲突的基本根源不再是意识形态，而是文化方面的差异，主宰全球的将是"文明的冲突"[①]。这个分析未来世界冲突的理论框架，意义重大，然而其缺陷是使用了一种静态的分析工具，没有考虑民族因素，即民族自身发展与民族关系发展阶段的问题，因而无法解释同一文明内部的民族冲突与矛盾和真实世界中的国际冲突。毕竟当今世界依然是以国家和民族，而非文明或宗教的形式组织起来的；各国政府主要是根据国家和民族的利益来进行决策，而非以文明形态为依据。面对复杂而不均衡的真实世界政治格局，亨廷顿的理论分析框架显然过于简单化和理想化，忽略了"国家利益""民族感情"等重要因素，而专注于"文明"和"宗教"概念，只能较好地解释当今西方世界和伊斯兰世界之间的冲突，而对更多正在发生的同一文明内部冲突的解释无能为力。同样，在如今的国际社会当中，目前各国民族关系的走向同时受到多种因素的共同影响，各因素形成的合力才是导致民族关系发展的动力，而非某一种因素可以主导的。历史上的土尔扈特部的东归便是很好的证明。土尔扈特人在伏尔加河流域生活了140多年，到了18世纪60年代，他们又决心返回故土。就目前的分析来看，其东归是综合考虑政治、经济、宗教文化等多种因素之后的一次主动大迁徙。[②] 可见，民族作为一个政治经济文化的共同体，必须考虑经济生存空间、政治生态、宗教文化等多种因素，而非单单考虑一方面的结果。

　　虽然族群时刻面临政治、经济、宗教、文化等多种不同因素的考量，但诸因素在民族关系发展过程中因为阶段不同所发挥的作用有所差异，在民族关系的依生阶段，族群交往互动较少，各民族更强调依赖大自然的力量，此时的主要矛盾是从自然获取能量的多少与人类自身生存之间的矛盾；而在竞生阶段，族群在经济不断发展、人口不断增加的基础上，对资源的需求不断旺盛，此时的主要矛盾是民族矛盾，各民族开始了争夺资源的战争，民族冲突与斗争是这一阶段的主要特征；而在民族关系发展的共生阶段，各民族将出发点放在合作与共赢之上，关注的焦点是经济协作与文化共享。

---

① 塞缪尔·亨廷顿：《文明的冲突》，周琪译，新华出版社，2013，第122页。
② 何秋涛：《朔方备乘》卷38《土尔扈特归附始末》。

第四章

老挝赫蒙族的
身份认同

第四章　老挝赫蒙族的身份认同

认同是一个在学术界充满争议的概念，但使用频率依然十分频繁。目前学术界对其的共识"是一个人或一个群体的自我认识，它是自我意识的产物：我或我们有什么特别的素质而使得我不同于你，或我们不同于他们"①。"认同"（identity）一词最早出自哲学研究领域，后被心理学领域广泛应用，指的是一种能动的与个人价值理念密切相连的归属性。国家认同，就是在其他国存在的语境下，人们构建出归属于某个"国家"的"身份感"②。

马克思反对各种对人的抽象的理解，主张根据实践活动主题的范围和层次，将人的存在划分为个人、群体和类三种形态，分别对应人的个别形态、特殊形态和一般形态。③ 从这个观点出发，人具有多样性的存在形态，其认同也必然会表现出多重形态。在个人形态的层面，人作为个体的自然存在物，首先将自身的生命权和生存权作为基本权利；同时人还是社会的存在物，在合作和交换中获得"集体力"；人还是有意识的存在物，以此把人和动物区别开来。人的意识具有目的性和功利性，通过表达自我认同来忠于集体和社会（共同体），以获取个人生存、财富、自由等权利的保障。通过社会契约结成的社会共同体能够给予个人以安全及其财产的保障，个人表面上依然和过去一样自由。④

在群体形态的层面，个体都以共同的地域、语言、利益、血缘、文化、宗教、技能甚至兴趣、爱好等为标志集结成不同的群体，作为一种

---

① 塞缪尔·亨廷顿：《我们是谁？——美国国家特性面临的挑战》，程克雄译，新华出版社，2005，第11页。
② 郭艳：《全球化时代的后发展国家：国家认同遭遇"去中心化"》，《世界经济与政治》2004年第9期。
③ 贾英健：《人的存在视域中的多重认同》，《中共福建省委党校学报》2006年第6期。
④ 卢梭：《社会契约论》，何兆武译，商务印书馆，1980，第25页。

"合群的"存在。马克思强调了人作为阶级的群体存在形态，发展出了阶级斗争的哲学和社会进化论的思想体系，突出的是阶级认同，马克思主义指导了诸多国家的社会主义革命运动；民族学、人类学强调了人作为族群的群体存在形态，发展出族群互动与认同等理论体系，突出的是人的族裔认同。在人类社会国家形态出现之前的较长时间里，族群认同发挥了重要的作用，甚至在如今的现代民族国家体系中，依然占有话语权；现代的互联网社会更强调人作为某种兴趣爱好或技能的群体性存在形态，因而出现了诸多小型社群，社会首次出现了如此众多的碎片化认同现象；普通民众可以在社会动荡的特定时期，对阶级身份和族群身份印象深刻，此外的大部分时间里，他们对"富人""穷人"这样的群体存在形态更加在意。随着社会的发展，可以肯定的是，人作为群体存在形态的认同会越来越多，每个人都属于某一个国家、民族、阶层、家族、地域、血缘、业缘、爱好等，被贴上种种认同的标签，在向每个群体效忠的同时，获取个人自由发展的条件和资源。民族国家作为现代社会的群体主体，它介于个人形态和类主体形态之间。个人则被纳入民族国家主体之内，以获取文化和生产力等资源。①

在类存在形态的层面，马克思从理想的维度把关系的共同性、类意识和自由自觉的生产实践活动看成人的类存在的基本内容。② 简单地说，它是在人类共同利益形成的基础上形成的一种类意识，是高于任何一种群体意识的存在，届时，个人将超越自我认同、族群国家等"狭隘的地域性"群体认同，成为世界公民，所有人共同享有自由平等权利。③

这里我们主要探讨的是赫蒙族作为一个群体形态存在的各种认同，这种认同是以自我认同为基础的，建立在共同利益基础之上的"共同意识"。这种群体的认同往往借助于文化表现出来，并以此凝聚内在成员，达成共识。

---

① 弗里德里希·李斯特：《政治经济学的国民体系》，邱伟立译，华夏出版社，2013，第15页。
② 沈湘平：《理性与秩序：在人学的视野中》，北京师范大学出版社，2003，第12页。
③ 章国锋：《关于一个公正世界的"乌托邦"构想》，山东人民出版社，2001，第55页。

第一节　家族认同

在一些传统的农业社会中，宗族是群体存在的一种重要形态，也是一种小型的社会组织。在古代中国，宗族是下层社会的基本单元，与上层最小的政治单位"县"相对应。皇帝控制整个社会的郡县制官僚制度与下层的宗族"自治"相结合，共同治理天下。在老挝赫蒙族中，家族同样是一种非常重要的组织，是赫蒙族社会基层的组织。

这里家族指的是按照姓氏划分的集团，其范围可大可小。在一个赫蒙族村落，它可能只有几户人家，但是在一个较大的范围内，它可能包括几十户甚至更多的同姓赫蒙族。

早期苗族喜欢居住在自己的亲族部落里。一个村寨的居民，通常只属于同一个家族，他们常常一起去巡视那些整片的山林和更大的区域。每一个村寨都有不同的家族，每个家族有自己的首领和头人。一个大的部落往往由12个家族组成，各个家族组成了不同的群体和支系，不同的支系之间通过不同服饰和颜色来区别彼此，有白苗、黑苗、青苗、花苗和长角苗。长角苗的特殊头饰就是他们的头发装束，形状类似牛角。此外，风俗习惯、建筑风格和语言等差异都是他们标识彼此的符号。[1] 家族认同是在血缘关系的基础之上逐渐形成的一种集体认同，是家族内部达成的共识，同时还具有组织生产、祭祀甚至防御外敌的多重功能。以组织生产为例，每个赫蒙族首领在年初都会召集家族成员开会，在会上讨论开荒前举行仪式的费用由谁承担、如何分摊；今年什么时候在哪座山上烧荒？谁不小心烧了村民家，就得负责赔偿受损失的村民；看好各家牛马，有权杀死吃到自家庄稼的牛马，损失牛马的主人无权申诉，还得把被杀掉的牛马的一半交给杀牲畜的人……[2] 在祭祀等宗教活动方面，每个家族都有自己的巫师，

---

[1] 萨维纳：《苗族史》，立人译，贵州大学出版社，2014，第210页。
[2] 萨维纳：《苗族史》，立人译，贵州大学出版社，2014，第232~233页。

负责整个家族的宗教活动的组织和执行。苗族的社会相对比较封闭，日常生活的半径很小，绝大多数赫蒙族很少离开自己的村子接触外面的人，家族就是他们的社交及生活圈子。生病求医、劳动生产、宗教活动、庆典仪式都可以在家族内部由族长、巫师等组织完成。萨维纳认为，如果另外一个苗族支系住得离他们较远，生活习惯和语言与他们不同，他们甚至会认为这些土生土长的苗族不是自己人，尤其不能区分的是邻近的瑶族。在这种情况之下，早期苗族的认同更多地与家族认同联系在一起，因为生活范围的局限，家族是他们看到的和可认知的群体存在形态。家族认同的要素是共同的语言、地域、宗教、建筑风格、生活习惯及生活方式等。

赫蒙族过去的生产方式以流浪漫游的游耕为主，他们生活在同一个文化和地理空间，说同样的语言，相互扶持，彼此认同。此时他们的观念中没有所谓国家和地区，或者他们根本不关心。每到一个地方，只要有人说"这块地属于我"，他们便继续前行，绕过这块地，寻找属于自己的那块山地。你问任何一个赫蒙人他住的地方叫什么名字，他会回答一座山的名字，表示他出生在这座山上。问这座山的位置，他会告诉你这座山的方位在某山的东面或南面，而不会说这座山在中国、老挝还是越南。这些离散者本来的目的就是远离其他族群生活的平原，在高山峻岭间迁徙。

同样，他们也没有现代语境中的时间观念，他们不知道自己出生的准确日子。为了记住一些事件，他们采取刻木记事的古老方法，在木头上刻一些槽痕，提醒自己在什么时间出生、结婚以及季节、耕作、养殖状况等。在这个没有文字的传统赫蒙族社会，文化的传承依靠家族老者的口传心授。一到夜晚，老迈的农夫就化身英雄史诗的咏唱诗人，"你知道我们的苗乡吗？它知道众多的河流和大山，它记得那些远在天边的路，它穿过很大的平原直通向河南"。① 在这样的耳濡目染之中，一代代的赫蒙族强化着家族的认同，传承着赫蒙族的古老文化。

在"秘密战争"时期之前的一段时间里，老挝赫蒙族就开始了大规模的聚居。赫蒙族以家族为单位的社会网络让他们可以快速联合起来，然而

---

① 萨维纳：《苗族史》，立人译，贵州大学出版社，2014，第196~197页。

在一定程度上，家族还是一种较小的社会组织，不能形成整个族群的认识，无法整齐划一地行动。这也是赫蒙族因为家族矛盾和认知差异产生严重的内部分化的原因。以农黑县为例，农黑县有罗氏和李氏两大宗族，双方的矛盾与冲突表现在当地的一些传说当中。他们也有过合作，并试图通过联姻的形式来结盟：李氏家族迎娶了罗比瑶的女儿。但最终他们之间依然以矛盾激化而收场，双方的斗争一直持续到老挝新政权的建立为止。在这些大家族的势力影响下，普通赫蒙族也因此而分为三派，约 1/3 的人支持老挝王室政府并从美国获得支持和培训，即亲美的王宝派；另 1/3 为革命派，为老挝爱国战线浴血奋战；还有 1/3 的人选择中立，但是这部分的人同样受到战争的牵连，甚至遭受的痛苦有过之无不及。"秘密战争"结束之后，约有 15 万人被迫离开了老挝，其中主要是第一类和第三类赫蒙族。现在老挝赫蒙族的生活再度归于平静，赫蒙族之间基本不再有由战争引发的内部矛盾和冲突，彼此之间和睦共处。

如今，部分赫蒙族依然保持着上面描述的传统而古老的生活方式，也有一部分赫蒙族开始在老挝政府的倡导下搬到平地生活，甚至与其他民族一起生活在城镇中。战争打破了赫蒙族家族的封闭性，如今大部分赫蒙族不再是一个家族生活在一个山地上的村寨中，而是几个家族共同生活在一起，甚至与文化差异的族群共同生活在一片土地上，这是古老的赫蒙族刻意回避的事情。这些变化非但没有弱化反而强化了赫蒙族的家族认同，特别是在一些多个族群杂居的村寨。各家族依然穿着特色服饰，从表面上便可以看到彼此之间的差异。一些大型的传统节日，比如赫蒙族新年，几个不同姓氏的家族会联合起来组织，这扩大了他们的社交范围，开始形成更大范围的集体认知与认同。家族依然在赫蒙族日常生活中占据重要地位。一些家族历来有推选勤劳模范的传统，这项活动在每年农闲时候举行，由家族头人主持召开。事前先由长辈根据年轻人在劳动、为家庭所做贡献、尊老爱幼等方面的表现选定当年的模范，年龄一般以 20 岁以下未嫁的年轻姑娘为主。在活动当天，所有族人穿着节日盛装，在会上宣布劳模人选，并给予一定的奖励。通过这些家族传统活动，增强了家族内部成员的认同，实现了个人的社会化过程。

图 4-1　评选家族劳模

第二节　族群认同

马克斯·韦伯认为："某种群体由于体质类型、文化的相似，或者由于迁移中的共同记忆，面对他们共同的世系抱有一种主观的信念，这种信念对于非亲属社区关系的延续相当重要，这个群体就被称为族群。"① 由此可见，韦伯非常强调集体迁徙中的共同记忆对于族群认同产生的重要性，这一点在赫蒙族身上得到了很好的验证。

族群建立在其内部成员共享的某种信仰基础之上，而这种信仰来自族群成员对同一祖先的认同。② 苗族的家族认同是其族群认同的基础，正是有了对同一祖先的信仰，才产生了家族联合之上的族群认同，有了基于集体想象的共同体。

早期赫蒙族每到一个地方，最关心的是这块土地属于谁，如果没有

---

① Max Weber, "The Ethnic Group", In Parsons and Shils Etal eds., *Theories of Society*, Vol. 1, The Free Press, 1961, p. 306.

② Max Weber, *Economy and Society*, Berkeley: University of California Press, 1978 (1922).

主人则安心居住。因此在相对封闭的山区，零星分布的山地赫蒙族自然以家族认同为主，以此实现自我的界定与集体的归属。特别是在族群发展的早期阶段，个体在心理上更多的是依赖自然的馈赠、家族的庇护，从而实现自我的认同与身份的归属。随着家族的发展和分化，在更大的范围内，苗族开始接触其他服饰不同、语言各异的族群，这种差异带来并强化了由他而我的族群认同。个人与小群体一样，存在多重身份认同的问题，包括政治的、经济的、地域的、文化的和国别的认同等。[①] 随着时间的推移和历史情境的不断改变，多重认同之间有时候相辅相成，有时候也会彼此冲突和矛盾。老挝赫蒙族在家族认同的基础上，经过不同族群之间的接触、斗争与合作等刺激，族群的认同也经过了发展和强化的过程。

一　族群认同的构成要素

族群认同本质上是一种"排他性"的"我之为我"的集体意识和认同。民族是一个具有共同生活方式的人们共同体，必须和"非我族类"的外人接触才发生民族的认同。[②] 老挝赫蒙族如何构建本民族的认同呢？接下来从原生论和场景论等方面来进行解析。

（一）家族血缘纽带

赫蒙族作为一个长期迁徙的民族，一般以家族为单位进行迁徙。正因如此，家族认同在很长时间内是赫蒙族内部成员相互联系的重要纽带，也是族群认同的基础。家族作为血缘关系的延续，是一种天生的民族情感的纽带，特别是在相对封闭的传统社会中，这种感情会被固化，最终成为整个族群自我认同的基础。家族产生的原生情感是凝聚族群团结的

[①] 塞缪尔·亨廷顿：《我们是谁——美国国家特性面临的挑战》，程克雄译，新华出版社，2005，第21页。

[②] 费孝通：《中华民族多元一体格局》，中央民族大学出版社，1999，第7页。

巨大力量，并且是与生俱来的，往往被一些学者批评为"具有心理还原主义倾向"①、"忽略了族群成员在民族认同中的创造性能力"②。

老挝赫蒙族的家族组织之所以能够成为族群认同的天然纽带，除了自带血缘关系之外，更重要的是其并非"心理还原主义倾向"，而是家族所承载的赫蒙族传统文化以及对成员意识的培养和塑造。比如"天下赫蒙族是一家"，只要是赫蒙族，无论身在何处，都对此极为认同。此外，在各地的赫蒙族支系，每一个家族都有一位堪称活史书的长老或族长，在重要的节日仪式上都会连续数小时地给后辈年轻人口述赫蒙族的迁徙历程及家族史等，以此来让族群历史记忆深入每个赫蒙族成员的内心，强化族群的认同。

历史中的决定性因素是直接生活的生产和再生产：一方面是生活资料即食物、住房以及为此所必需的工具的生产；另一方面是人类自身的生产，即种的繁衍。特定的历史条件下，人们受到两种生产的制约：一方面受劳动的发展阶段的制约，另一方面受家庭的发展阶段的制约。劳动愈不发展，财富愈匮乏，人际关系则愈加紧张，血缘关系在财富分配的社会制度中就显得愈加重要。③ 因此，在不同的历史阶段，婚姻和家族对族群本身的功能和意义有所不同。在物质匮乏以及技术落后的早期社会，血缘关系无疑是最高效的组织形式，能够快速通过家庭及家族将个人有效整合起来，共同参与直接生活的生产和再生产，抵御外在的竞争，在家族内部彼此认同，达成共识，并且形成以家族为标识的边界。这种家族边界通过饮食、服饰等有形边界表现出来，比如有些家族不吃动物肝脏，有些不吃动物心脏等；白苗、黑苗、花苗等的服饰差异则更加直观地将彼此区分开来。此外，婚姻在现代社会或许只是个人生活方式的选择，成人婚后一般也要离开联合家庭而组成核心家庭；但在传统的赫蒙族社会，婚姻

---

① George M. Scott, "A resynthesis of the primordial and circumstantial approaches to ethnic group solidarity: towards an explanatory model," *Ethnic and Racial Studies*, 1990, p. 13.
② Byung-Soo Seol, "A Critical Review of Approaches to Ethnicity," *International Area Review*, 2008, p. 11.
③ 《马克思恩格斯选集》第4卷，人民出版社，1972，第2页。

则是个人生存的必要条件。如果没有婚姻,其往往被认为是家族中的失败者,地位低下。这样的单身者不幸离开了家族的庇护,很难在残酷的竞争中得以生存。

这就是婚姻和家庭在特定历史时期的功能差别,功能的迥异带来了大众认知的变化,过去的失败者可能是今天的单身贵族。因此,家族血缘纽带在传统赫蒙族社会发挥着重要的生产功能,也是族群认同的重要构成要素。正是血缘关系的连接,使赫蒙族被划分为一个个不同的家族群体。这些群体在一段时间内迫于生存的压力,家族之间关系紧张,具有封闭性的特点,仅在家族内部达成血缘关系的共识和认同。然而一旦外部条件改变,比如生产力发展带来物质相对丰富,或者更大的外部压力引发内部团结,那么在家族之上的族群认同则有可能产生。老挝的复杂国内形势恰好提供了这种条件,不同阶级和族群间的竞争、不同国际势力的博弈在带来诸多因素的快速叠加、带来苗族传统社会关系剧烈冲突的同时,也创造了高于家族认同、在族群层面达成共识的可能性。值得注意的是,赫蒙族各家族之间的斗争和博弈一直存在,出于特定条件下利益的考量,他们之间的联合与协作也一直在加强,这两股相反的力量彼此交织,分不出孰强孰弱,只是一段时间哪种共识占据主流而已。

(二)族源神话传说

赫蒙族在长期迁徙的过程中不断进行传统文化的变迁与重构。1956年,中国科学院少数民族调查组曾经对各地苗族进行调查研究并发现,向西迁得越远,分离的时间越久,语言变化也越大。因此得出结论,操川滇黔方言的苗族从长江中游溯沅江逐步向西迁入贵州,又再从黔东南到黔西北和滇东北,并于北宋开始大量向西、西南迁徙。① 苗族长距离、大范围的迁徙在世界数千民族当中都是非常罕见的,在此过程中形成了诸多苗族支系,风俗习惯、语言文化、服饰饮食等都有诸多差异,然而苗族各支系都保留着类似的神话传说。流传于中国各地的苗族古歌是苗族神话和口碑

---

① 蒙默:《论苗族族源讨论中的西支来源说及有关问题》,《广西民族研究》1991年第1期。

历史的主要载体，包括开天辟地、射日射月、族群起源、洪水神话、兄妹结婚、战争迁徙等篇章。这些苗族古歌有曲调，可由苗族巫师或长老在传统节日、婚丧嫁娶、祭祀活动等重要仪式中诵唱。

老挝赫蒙族保存着诸多类似的神话传说，在川圹省邦洋村流传着这样一个版本。很久很久以前，发了一场大洪水，所有人都被淹没，只有一对兄妹幸免于难。两个人相依为命，朝夕相处，渐渐产生了爱情，但碍于伦理道德的束缚，不能成婚。最终，兄妹两人决定听从上天的安排，他们将一个圆形石磨分为两半，然后将其从山顶滚下来。如果石磨最后能够合在一起则两人成婚，否则继续做兄妹。神奇的是，石磨从山上滚下来，到山脚下合在了一起。两人认为这是天意，便结婚生子。后来女子怀孕生出了一个肉球，两人将肉球砍碎撒向四周，第二天，肉末变成了小人，这人就是今天的赫蒙族。① 该神话是中国苗族中流传的洪水神话和兄妹结婚神话的结合，比较完整地保留着其最初的故事框架和内容。《洪水故事与兄妹结婚》在中国苗族三大方言区广泛流传，尽管各地族源神话传说中题材、情节略有差异，但它们的母题是相同的：由某种矛盾引起洪水，由洪水灾难引起洪水遗民的兄妹婚姻，再造苗族未来。② 共同的家族血缘关系，连同家族世代传承的族源神话传说，共同维系族群的自我认同，不断强化族群的共同体想象，也是老挝离散赫蒙族与中国的天然文化纽带。当然在赫蒙族漫长的历史迁徙过程中，族源传说仅仅是一个开始，更多的战争迁徙、流离失所的历史记忆依然通过赫蒙族古歌、服饰装扮、刺绣图案等方式表现出来，不断内化为族群的认同与想象。人类的高级智能在野蛮期开始发展起来，并在宗教领域产生了自然崇拜和鬼神信仰等观念，并借由想象诞生出神话传说、文学艺术等副产品。③ 赫蒙族同样依靠集体想象的方式创造了宗教信仰，并因此缔造了族群自我的认同。

---

① 笔者与姚佳君等人根据 2014 年 7 月 20 日访谈资料整理。
② 石朝江：《苗族创世神话：洪水故事与兄妹结婚》，《贵州大学学报》（社会科学版）2011 年第 6 期。
③ 中国科学院历史研究所翻译组译《马克思摩尔根〈古代社会〉一书摘要》，人民出版社，1965，第 65 页。

（三）族群历史记忆

在某一族群的"集体记忆"中，人们依赖共同起源和迁徙经验来界定群体边界——如"我们"中哪些人是正统的居民，哪些是外来的新移民。在"历史记忆"的结构中，通常有两个因素——血缘关系与地缘关系——在"时间"中延续与变迁。[①] 老挝赫蒙族的文化中遍布族群历史记忆的符号，赫蒙族古歌记录了长距离、大范围的艰辛迁徙历程；斗牛仪式是远古时代狩猎采集记忆的"身体实践"[②]；赫蒙族服饰和刺绣图案则是一部活史书。

牛在老挝赫蒙族社会中占有一席之地，通常被视为与龙相同的神话动物，是赫蒙族的图腾，是亲族、权力、宗教等社会制度的构成部分。每年的赫蒙族新年都要举行隆重的斗牛活动，且在红白喜事上也要杀牛庆祝。牛首先是赫蒙族迁徙路上的重要运输工具，其次是赫蒙族农业生产中的生产工具，还是蛋白质的主要来源之一。一系列关于牛的仪式，承载着赫蒙族族群历史记忆。斗牛仪式再现了迁徙路上的追逐场景，通过身体实践来强化族群的集体记忆；杀牛仪式再现了祖先狩猎场景，调动了族群久远的历史记忆和族群心理意识，具有象征作用。通过与牛相关的一系列仪式，一方面以集体狂欢的形式达成对共同记忆的强化与连接，另一方面通过再现历史情境和场景来唤醒民族心理意识，将原生的情感通过牛的符号来固化。

赫蒙族刺绣是另外一项增强赫蒙族历史记忆的工具。赫蒙族服饰有着丰富的物质文化和精神文化的内涵，反映出其历史悠久、地域分散的特点，同时还隐藏着族群迁徙的历史记忆。服饰上的花纹精美，图案丰富，有几何图案、动物图案、自然图案等，反映出赫蒙族生活的自然地理环境；花带上的"马"字纹和波浪纹再现了赫蒙族先祖骑马穿越河流的迁徙场景，提醒族群记住自己遥远的故乡。最具代表性的是在泰国赫蒙族难民营中发展出的"赫蒙族故事绣"，由联合国难民署与各种国际救援机构合作开展的这项妇女自助项目，最终将赫蒙族迁徙的故事通过刺绣的艺术形

---

① 王明珂：《历史事实、历史记忆与历史心性》，《历史研究》2001 年第 5 期。
② 保罗·康纳顿：《社会如何记忆》，纳日碧力戈译，上海人民出版社，2000，第 22 页。

式传播到了全世界。特别是她们在工艺品中融入的"赫蒙族故事"非常有特色，蕴含了丰富的赫蒙族传统文化以及族群的历史记忆。这些艺术作品再现了赫蒙族迁徙途中的各种场景，从早期在中国境内游耕迁徙到"秘密战争"途中被美国士兵追杀的场景等，同时结合着家族长辈口述的历史，从而帮助新生代赫蒙族了解族群的历史，强化族群的历史记忆和集体认同。语言并非唯一的表达根据，人类还可以借助艺术形式来完成情感的表达和外化。① 而斗牛仪式、赫蒙族故事绣等正是"有着象征内涵的事物"，通过再现赫蒙族迁徙过程中的历史情境和场景，完成了族群的情感表达，强化了族群的历史记忆，从而凝聚了族群的向心力与认同感。

图 4-2 美国赫蒙族刺绣

资料来源：http：//club. kdnet. net/dispbbs. asp？ boardid = 1&id = 3004877，2013 年 3 月 12 日。该刺绣现存于美国明尼苏达州 Concordia 大学的赫蒙族档案馆，归属该大学赫蒙族研究中心，描述老挝赫蒙族人在内战中被屠杀因而逃离的情景。

二 族群认同的演化

族群认同的产生具备两个方面的条件：一方面需要原生性的血缘和情

---

① 麻三山：《历史记忆、文化展示与民族认同——湘西苗族鼓舞象征意义与功能分析》，《贵州大学学报》（艺术版）2009 年第 1 期。

感的纽带,加上在此基础上产生的基于共同历史记忆的文化边界;另一方面需要外在的国家政治等因素的推动,包括利益冲突、权力角逐等现实场景的变动。老挝赫蒙族来自中国,其族群认同不是一开始就有的,是在家族认同的基础上经过王朝权力的渗透和汉族的挤压才逐渐形成的。根据杨志强的研究,在20世纪初叶兴起的中国民族主义思潮中,中国南方非汉系族群泛称的"苗"作为近代民族集团的"苗族",是在汉文化这一"他者"的语境中被建构起来的。[1] 具体说来,直到19世纪,"民族"一词通过中国留日学生传入中国之后开始[2],再加上中国面临的内外危机,"天下"观才逐步退出历史舞台,被近代兴起的民族国家概念所替代。在当时汉族知识分子的文本表述中,苗族是作为汉族的对立面和反面教材反复出现的。"此族与我族交涉最古,自黄帝迄舜禹,为激烈之竞争,尽人知之⋯⋯。当其盛时,有绝世伟人蚩尤为之酋帅,涉江逾河,伐我炎黄,华族之不斩如缕。黄帝起而攘之,经颛喾尧舜禹数百年血战,始殴之复南,保残喘于故垒⋯⋯。盖此族数千年来退避迁徙,其迹最历历分明,由江北而江南,由湖东而湖西,卒泝沅江以达其上游苦瘠之地,展转委靡以极于今日。"[3] 梁启超认为苗族最早发明了刑法、金属以及宗教,甚至同时代的一些汉族学者也普遍认为苗族是中国最古老的主人。"自黄帝入中国,与土著君长蚩尤战于阪泉,夷其宗。(中略)三苗以亡,自是俚瑶诸族,分保荆粤至今。"[4] 之所以产生这种现象,凌纯声、芮逸夫认为:一是自宋朝以后,汉族文人多将"苗"与"三苗"联系起来;二是受到日本史家研究的影响。[5] 苗族是在中华民族的国家体系建构过程中以及汉族知识分子的文本表述中逐渐形成的,然而"他者认同"与"自我认同"的发展是不

---

[1] 杨志强:《从"苗"到"苗族"——论近代民族集团形成的"他者性"问题》,《西南民族大学学报》(人文社科版)2010年第6期。

[2] 金天明、王庆仁:《"民族"一词在我国的出现及其使用问题》,《社会科学辑刊》1981年第4期。

[3] 梁启超:《历史上中国民族之观察》,载《饮冰室合集·饮冰室专集第四十一》,上海中华书局,1925。

[4] 章炳麟著,徐复注《訄书详注》,上海世纪出版股份有限公司,上海古籍出版社,2002。

[5] 凌纯声、芮逸夫:《湘西苗族调查报告》,南天书局,1978,第11页。

同步的，在汉族主导的国家权力语境当中，苗族作为中国境内的古老民族是在 20 世纪初期形成的，但是苗族作为民族共同体内部的自我认同意识建构，直到 20 世纪 80 年代才兴起。①

与中国的情况不同，老挝的民族主义发展非常缓慢，民族共同体建构的时间更迟。老挝一度作为法属印度支那殖民地中的一个闭塞的地区，很少经历经济、社会和政治的变化。甚至有人认为老挝是法属印度支那五块殖民地中最驯服的国家，其他四个地区包括柬埔寨、安南、越南的交趾支那和越南北部的东京地区。殖民统治给老挝带来了近两个世纪中少有的和平与稳定时期。直到 19 世纪末，老挝南部的纳和族、阿卡族、拉维族和越南昆崇高原上的色当族人联合爆发了起义。然而他们利用佛教的名义来发起起义运动，直接目的是抗议朱拉隆功国王颁布法律废除奴隶制，恢复奴隶交易中心，而法国人支持废除奴隶制。起义最终失败，但给人一种旧世界复辟的感觉，他们要复辟的是奴隶制贸易。民族主义史学家认为，这些起义者要求复辟旧的社会秩序，以实现正常的奴隶贸易并从中渔利，因此并不是真正意义上的第一批民族主义者。1914 年，老挝北部一群中国华族从云南进入老挝洗劫了桑怒的一个法国哨所和越南山萝，并发布公告称："所有的预言者都预言了法国的灭亡。甚至巴黎也被德军夷为平地。依靠法国是没有用的，把法国人赶出去，老挝将开始一个幸福和繁荣的时代，并实行宗教信仰自由。"② 尽管中国华族参加老挝北部起义的真正目的是抗议法国试图控制华族在老挝北部和越南走私鸦片生意，但是华族带来了中国刚刚兴起的民族主义思潮和先进的思想观念。正是在这种时代背景之下，老挝赫蒙族终于在 1918～1921 年爆发了"疯人战争"，老挝北部高山地区的赫蒙族按照血缘和宗族组织起来，在领导人巴柴的领导下迅速聚集形成暂时的联盟，他们召集了老挝北部山区和越南山区的赫蒙族、瑶族和卡人，传布救世主的信息："一个虔诚的国王将要建立一个赫蒙族王国。"

---

① 杨志强：《从"苗"到"苗族"——论近代民族集团形成的"他者性"问题》，《西南民族大学学报》（人文社科版）2010 年第 6 期。
② 格兰特·埃文斯：《老挝史》，郭继光、刘刚、王莹译，东方出版中心，2011，第 52～53 页。

然而这次起义的目的主要是抗击傣族人的统治和压迫,并非法国人的殖民统治。法国人利用这一点,逐渐分化起义队伍。部分赫蒙族人开始与法国人和解,起义的力量开始被削弱。最终,巴柴被亲法的卡人抓获并处死。卡人知道,他们从赫蒙族人那里得到的待遇并不会比傣族人那里好多少。法国天主教神父萨维纳亲历了赫蒙族的这场起义,他解释道,大部分赫蒙族人并不是他们耕作的土地的所有人,他们只是租种他族的土地。赫蒙人被这些统治者当作农奴,得到的是不公正的对待。赫蒙族之所以不断起义,主要是因为他们没有任何财产,没有自己的土地,也没有效忠的首领。如果有一天,赫蒙人能够宣称:这是我们的土地,这是我们的国家,这是我们的头领,那么,赫蒙人就会安定下来,不再随时暴动了。①

起义失败之后,赫蒙族人认识到他们的力量没有办法与法国人的洋枪洋炮相抗衡,因此只要法国政府支持琅勃拉邦国王,起义便很难成功。此时,赫蒙族的策略发生了改变,他们开始绕过佬族人的统治,直接和法国政府对话,从而与佬族平起平坐。最终,川圹省的农黑地区在罗比瑶的领导下率先取得突破,罗比瑶已经与法国人合作了一段时间,并抓获了巴柴的一个主要支持者。罗比瑶的长子宋投被任命为农黑地区的区长。在老挝复杂的族群结构和族群关系的背景下,赫蒙族不断在利益冲突和博弈的过程中,寻求族群利益的最大化。在此过程中,民族主义意识开始觉醒,族群意识和自我认同萌芽,赫蒙族精英们渐渐认识到,他们必须团结并组织起来,反抗傣族与佬族人的统治,争取族群的权力和利益。

在这次起义失败之后,法国传教士萨维纳作为中间人帮助赫蒙族人草拟了一份成文法,希望借此来达成双方的共识。原文如下:

(1) 所有苗人切不要期望有什么暴动。所有企图造反的行为都会受到严厉的镇压。暴动对于法属保护国政府不会有什么威胁,而只会导致社会混乱。

(2) 为消除苗族暴动的起因,保护国政府同意苗族不再依附于任

---

① 萨维纳:《苗族史》,立人译,贵州大学出版社,2014,第270~272页。

何别的民族。苗族人将来可以实现自治，就像寮人、泰人和安南人一样，都在保护国政府的统治管理下。

（3）为此，保护国政府负责清点印度支那所有苗人现在的居住地，划分部落并划定他们的居住地。所有苗人的乡村组织和团体都会得到永久保护，并划分明确的归属。

（4）所有东京湾和老挝的苗族将实现自由选举，推举他们部落的首领，允许他们的声音可以达到法国总统和法属保护国政府之下。

（5）税赋和开支依据如下原则：村长将税赋收齐上缴乡镇长官；乡镇长官再将税赋上缴苗族首领或军事首领；地方的军事首领或苗族首领又将税赋上缴法属政府。所有乡镇长官和首领都参加议事会议。

（6）关于法律，苗人们可以先提出一个习惯法总汇，并交法属政府讨论和批准。苗族的习惯法与法兰西法律可以并行，并分别适用土著与法国公民。但如有诉讼和争端，两种法又有冲突，苗人习惯法当服从法兰西的法律。

（7）苗人首领有权依据习惯法进行民事裁决，但必须陈述理由。他们有责任将罚款上缴法属政府当局，但需开具收款证据。

（8）所有苗人首领有责任管理他们所辖的乡镇。每年要提供一份地方政府报告，还要提交一份人口统计表，说明本地苗人的出生、死亡、结婚、常住人口和流动人口等。

川圹，1920.4.17
F. M. 萨维纳[①]

虽然这份站在法国政府角度制定的成文法最终并未实行，但它无疑找到了赫蒙族起义的症结，并试图为赫蒙族的未来寻找答案，以最终实现赫蒙族自治。这在当时是一个很大的进步。

如同中国苗族意识觉醒是在20世纪初期汉族主导的民族国家进程中产生的，老挝赫蒙族的族群意识同样是在老挝国家民族主义兴起的过程中渐

[①] 萨维纳：《苗族史》，立人译，贵州大学出版社，2014，第272~273页。

渐形成的。1939年，邻国暹罗在民族主义的浪潮中将国名改为泰国。老挝人从报纸上了解到这一事实之后，开始加快本国的民族主义进程。实际上，法国人帮助老挝于1918年启动了这项工作，最先开始的是老挝语言的标准化，第一批使用老挝语的教材于1918年开始编写。1935年，维拉旺开始撰写《老挝语语法》。总之，20世纪30年代泰国民族主义风起云涌的挑战以及40年代的战争，促使老挝掀起一波小规模的民族主义运动。在整个过程当中，老挝赫蒙族的族群意识不断加强，相继出现一批有代表性的赫蒙族领导者。川圹省农黑地区的罗氏家族与李氏家族不断有人担任区长，农黑赫蒙族地区开始实现自治，意味着赫蒙族作为一个族群得到了政府的认可。然而在老挝国家化曲折进程中，老挝赫蒙族的命运也随之不断地摇摆。

第三节　国家认同

国家认同的产生从来不是自下而上的自发形成过程，而是自上而下的建构过程，是民族精英进行文化交融与政治整合的过程。在近代民族主义浪潮的影响下，民族国家原则开始成为世界各国创建过程中的指导原则。这一原则主张：拥有共同的语言文化、历史传统、心理素质或是宗教信仰等的一群人，可以建立民族国家；与此同时，民族国家也必须以传承并发展国民共享之语言文化、历史传统、心理素质或是宗教信仰等为使命。[①]"民族主义导致了罗马和希腊的灭亡。"[②] 在20世纪人类社会相继出现的全球性民族主义浪潮中，世界政治经济的格局发生了重大的改变，各大帝国强权体制纷纷土崩瓦解，取而代之的是新型民族国家，英、法、德、意等欧洲国家成为近代形成的民族国家之典范。老挝身处法国、越南、泰国等强国博弈的缝隙中，开始了本国的民族主义的萌芽。

---

① 黄岩：《国家认同：民族发展政治的目标建构》，民族出版社，2011，第177页。
② 马克思、恩格斯：《神圣家族或对批判的批判所做的批判》，人民出版社，1958，第11页。

一 老挝国家认同的建构过程

（一）法国殖民阶段的建构

为了抵御来自泰国、越南方面的威胁，让老挝人建立起对法国人的忠诚，法国人不得已一步步帮助老挝人启动了国家认同的建构进程。当年一份法国的形势报告写道："如果受保护国的政府不能成功地培养老挝人独立自主的品格（至少在那些已经受过教育的人当中），那么老挝人就会日益被邻国吸引，而这种形势将会带来新的困难。"① 无论其最初的目的为何，结果无疑是法国人帮助老挝人建立了国家的观念，这个过程是相当漫长的，法国人只是完成了第一步，也是非常重要的一步。

1887年10月，法属印度支那联邦正式成立。1893年，法暹战争之后，老挝正式成为法国的殖民地。但这个时候，大部分老挝人特别是广大乡村和山地少数民族由于信息的闭塞并不知道这个重要的历史事件。甚至到1907年，统计显示，老挝只有189名法国人，其中17名女性，当时老挝总人口585285人。② 这些为数不多的法国人在殖民政府大楼中任职，在一些省里，从事监督工作的法国人只有几个。因此，绝大多数老挝人在日常生活中是接触不到法国人的，也体会不到被法国殖民的种种危机感，自然难以催生民族主义的情绪和意识。正因为法国人没有给普通民众的生活带来多少影响，老挝才被认为是法属印度支那殖民地中最驯服的国家，甚至殖民统治给老挝带来了它在近两个世纪都未享有过的和平与稳定。

真正让老挝民众心中的国家观念生根发芽的是法国人在20世纪20年代开始的一系列举措，首先将老挝佛教收归国有，并进行了僧伽制度改革，成立"老挝佛教总教堂"，在万象和琅勃拉邦建立佛教徒学院。而过去，老挝的高级僧侣都是去泰国学习和进修。佛教是老挝的国教，

---

① 格兰特·埃文斯：《老挝史》，郭继光、刘刚、王莹译，东方出版中心，2011，第72页。
② 格兰特·埃文斯：《老挝史》，郭继光、刘刚、王莹译，东方出版中心，2011，第56页。

因此这一系列改革深深影响了每一个老挝佛教徒。其次是老挝语教材的编写和出版，修订了老挝的官方历史教科书，让老挝民众第一次接触老挝地图和国旗等象征符号，真正意义上接触到国家认同的标志物。最后是帮助老挝实现文化的复兴。将老挝行政学院建成"老挝民族思想的殿堂"，让那些极少关心外部世界的老挝人意识到从现在开始建构一个伟大的老挝民族。大力发展教育事业，老挝在 1940~1945 年创建的学校比之前 40 年创建的总和还要多。负责老挝教育机构的鲁锡被授权组建宣传部门，主要目标是"使老挝人意识到一种民族精神，然后逐步实现国家道德规范的统一"。为了达成这一目标，他们于 1941 年创办了一份不定期的双周老挝语报纸《伟大老挝》，免费发放给民众。在法国殖民期间，皇家老挝政府在法国人的指导下完成了初步的族群分类，并采取了一个非常有时代意义的举措。1947 年宪法明确规定："老挝公民包括所有在老挝领土上长期生活的各种族的个体，并不具有其他国籍。"实现国内各少数民族的平权，这一点比世界上其他很多国家包括一些西方现代民族国家更早。

然而，法国人此刻的内心是非常矛盾的，既要逐步向民众灌输老挝的空间感，又不能调动民族主义思潮，要符合法国人的政策和利益。然而事态的发展并非法国人能够控制的，民族主义就像是潘多拉的盒子，一旦被打开，就难以预料后面发生的事情，更别说控制了。新兴的老挝知识阶层受到法国维希政府的影响，发起了老挝新运动。佩查拉亲王于 1945 年 10 月宣布成立"自由老挝"政府。与此同时，老挝民众的世俗民族主义也开始崛起，他们开始温和地表达平等和民主的观点。

（二）巴特寮时期的国家认同建构

以上是法国人对于老挝民众的国家意识构建所做的工作，这些都随着法国人的逐步撤出而终止。1953 年 10 月，皇家老挝政府获得了国家主权，法国殖民老挝的时代终结了。但法国人为老挝国家意识培育的种子依然在开花结果，老挝爱国阵线快速崛起，美国人乘虚而入。

巴特寮领导的共产党登上历史舞台，接过了国家认同建构的接力棒，此时美国人成了民族主义的最大对立面和假想敌。军队成为老挝人爱国主义教育的新学校。军队将人们从村庄和族群中带走，投入军队进行再教育。巴特寮的宣传非常直接，目标也很明确，就是以国家认同代替各自的族群认同：虽然来自不同的族群，但是大家都是相似的"民族"，都是"老挝人"，战争可以帮助我们反对美国人的奴役。一位进入巴特寮军队的战士说：

> 我被不断告知我是老挝的主人。老挝是一个美丽的国家，有许多河流、小溪，还有许多的自然资源。由于外国的侵略和压迫，老挝人民不能利用和开发这些资源。例如法国统治老挝超过60年……现在，老挝人民最主要的敌人是美帝国主义。[①]

在老挝人民民主共和国成立之后，老挝人民革命党在经历了相当长一段时间的社会主义建设之后，开始重新重视国家文化的复兴。在解决了老挝人的政治认同之后，老挝政府认识到文化认同的重要性，开始重塑老挝人的文化认同，并将其与自身统治的合法性联系起来。国家文化的复兴主要从佛教和皇家仪式开始。1991年，新宪法通过，塔銮取代了镰刀和斧头，在万象成为国家的中心标志，国家各部门、所有的正式文件，包括纸币和邮票都进行了重新装饰。塔銮节被视为老挝人集体的文化盛宴，也是国家最盛大的庆典，老挝人民革命党将其作为正式的国家标志是为了将这一强有力的标志与国家结合起来推进民族主义和国家认同。

2003年1月5日，万象举行了盛大的皇家仪式，庆祝国王法昂的雕像落成。这次庆典仪式由老挝佛教协会主持，坎代·西潘敦主席以及党内主要人士均出席观看。对此，老挝人民革命党宣称这是一场关于民族团结的庆典，并非推崇君主制度，而是表达对将毕生智慧倾注于为老挝各族人民谋幸福的国王的尊敬。此外，为迎合大众的文化认同感，强化对于老挝的国家认同，老挝传统文化的复兴发生在各个领域。

---

① G. Chapelier, J. van Malderghem, "Plain of Jars: Social Change under Five Years of Pathet Lao Administration," *Asia Quarterly*, 1971, pp. 61-89.

二 赫蒙族的国家认同

在老挝轰轰烈烈的国家认同建构与传统文化复兴的过程中，大多数少数民族是置身事外的。国家认同包括政治认同和文化认同，国家制度和国家机器保证了公民的权利和义务，确保了政治认同，但是文化认同则因为文化的多元性，成为大多数非单一民族国家在实现国家认同目标的过程中遇到的难题。

（一）政治认同

国家认同概念于20世纪70年代行为主义革命时期引入政治领域，它首先作为发展中国家政治发展的一项重要内容被提出来。简单地说就是要在现代化国家合理性基础上，建构出对某一国家的身份感。① 国家首先是一种法律上的政治共同体。"一个国家是一个法律上的政治性组织，拥有要求公民对其顺从和忠诚的权力。"② 从这个角度来讲，判断一个人是否从政治上认同一个国家是非常容易的。就老挝赫蒙族而言，离开老挝迁往世界各地的赫蒙族人从行动上表现出对老挝的不认同。当然这并非说所有留下来的便是认同的，有可能是被迫留下来的。

早期赫蒙族是以家族组织形式在老挝北部山地迁徙的小群体，以家族认同为主；在风起云涌的民族主义浪潮中，赫蒙族在共同的族群历史记忆及其家族组织的基础上，逐渐形成了族群认同；但在国家认同的建立上，赫蒙族遇到了前所未有的障碍。在老挝纷繁复杂的政治角逐过程中，法国人、越南人、老挝皇室与巴特寮，甚至泰国人的势力此起彼伏，在相当长的一段时间里，没有稳定的政权和国家制度存在，因此很难让这个国家包括苗族在内的少数民族产生稳固的国家认同。直到1975年老挝铁血

---

① 黄岩：《国家认同：民族发展政治的目标建构》，民族出版社，2011，第177页。
② 休·希顿－沃森：《民族与国家：对民族起源与民族主义政治的探讨》，吴洪英译，中央民族大学出版社，2009，第11页。

政权上台，才真正具备让各民族建立国家认同的条件。但是强硬的民族政策以及对异见人士的清洗和劳改，让所有人胆战心惊，根本不可能产生信任和认同。

巴特寮建国初期，或许受到之前赫蒙族敌对势力的影响，老挝革命党迫切希望能够加快老挝国家化进程，从而维护革命成果，采取了一系列激进的国家政策。首先，在经济上推行社会主义国有化运动，将民间私有制财产收归国有。强行没收民营资本和外国资本及其产业，主要包括华人、越南人以及西方人的财产。外国人损失惨重，纷纷撤离老挝。据统计，越南人从400多万减少到115万，不足原来的1/3；老挝华人人口从4万人减少到1万人；西方人为财产安全和个人安全的考虑，全线撤离老挝。一时间老挝万象经济快速衰退，一些昔日繁华的街道沦为荒凉的空巷。①

其次，加快国族建构，推进老挝化进程。为推进老挝化进程，制定了一系列配套政策。比如第一届老挝全国人民代表大会通过决议，将老挝语定为国语，即老挝人民共和国的通用语，并在全国中小学校推行老挝语教育，以此快速培养老挝民众的国家意识。此外在全国范围内，特别是少数民族地区强行推行佬族的风俗习惯和佛教文化，要求山地民族放弃传统刀耕火种的落后的生产方式，变游耕为定居。还强制要求山地民族下山迁往平缓地带定居，学习种植水稻和蔬菜，此举遭到了少数民族的强烈抗议。尤其是赫蒙族人的抵制情绪最为激烈，并于1975年5月爆发了万象和平大游行，向当局政府请愿，希望恢复少数民族的基本权利，但是遭到了政府的严厉镇压。赫蒙族希望与佬族和平共处的幻想终于破灭，开始逃亡。②

各项激进的政策遭到了少数民族的顽强抵抗，造成了大量负面影响和损失。老挝革命党开始反思过去的做法，重新制定相对比较温和的民族政策，在政治上强调各民族平权，享有平等的各项权利，消除各民族间的敌

---

① Igor Kossiko, "Nationalities Policy in Modern Laos," In Andrew Turton, *Civility and Savagery: Social Identity in Tai States*, Curzon Press, 2000, p.235.

② Igor Kossiko, "Nationalities Policy in Modern Laos," In Andrew Turton, *Civility and Savagery: Social Identity in Tai States*, Curzon Press, 2000, pp.234–236.

对情绪。1982年，老挝"三大"提出，要发挥党的统一战线作用，加强各民族的团结，增强各民族维护祖国统一的意识，最终实现各民族的平等互助和共同繁荣，消除民族仇恨与隔阂。①《老挝人民民主共和国宪法》明确规定："国家严格执行民族团结和民族平等政策，各民族都有维护和发展本民族良好的风俗习惯和文化艺术的权利，禁止一切分裂民族统一和民族歧视的行为。"②

再次，加强少数民族地区经济建设，缩小各民族地区的差距。一方面，政府拨出专项资金帮助少数民族地区修建房屋、道路、水利工程，购买农药化肥和种子等，对一些高寒地区的山地民族，采取说服他们搬到平地而非强制搬迁的方法，并做好相关的生产和善后工作；另一方面，允许少数民族保留传统文化和宗教信仰，将民族平等各项权利落到实处，一改过去的强制老挝化措施，这些措施及时让留守老挝的赫蒙族放弃了武力对抗，转而安心从事农业生产，重建家园。

总体上来说，老挝对于赫蒙族的国家认同建构一开始是失败的，特别是秘密战争之后巴特寮政府所采取的针对赫蒙族的报复行动，迫使大量的赫蒙族人离开了这个国家。但在随后的政治、经济政策中考虑到少数民族的根本利益，缩小各民族地区的差距，使一部分赫蒙族选择留在老挝，他们中的大部分人还是认同老挝这个国家的，选择继续生活在这里。

（二）文化认同

选择留在老挝继续生活的赫蒙族人，政治上是认同老挝这个国家的。政府也从制度和民族、宗教及经济等政策上保障了少数民族的权利和利益。然而老挝是一个多民族的国家，在强调国家的统一之间产生了持续的矛盾，要让赫蒙族从文化上认同老挝还需要相当长的一段路要走。人是政治的动物，迫于个人社会利益的需求在政治上认同国家往往是一种现实的理性选择，认同这个国家的制度、政权。相对于政治认同而言，

---

① 许红艳：《老挝的民族问题与民族政策》，《曲靖师范学院学报》2010年第2期。
② 马树洪：《老挝的民族、宗教及其政策》，《东南亚》1998年第3期。

对这个国家的文化认同则更具有弹性选择的余地，更能体现这个国家的软实力。

中国几千年的历史就是各民族交融的漫长过程，在此过程中，各民族的文化交流和互动非常频繁，具有深厚的历史沉淀，因而文化认同相对比较成功。汉族不断吸收其他民族文化的成分，逐渐形成"中华民族多元一体格局"。"许许多多分散孤立存在的民族单位，经过接触、混杂、联结和交融，同时也有分裂和消亡，形成一个你来我去、我来你去，我中有你、你中有我，而又各具个性的多元统一体。"① 老挝的情况与中国不同，历史上没有一条清晰的文明主线，各民族之间没有充分的互动与交融，就赫蒙族而言，进入老挝 300 多年的时间，从 20 世纪初开始登上历史的舞台才不足 100 年的时间。在如此短的时间内，希望赫蒙族在文化上接受对老挝的国家认同不太现实，这也是对国家的政治认同要晚于文化认同的原因。这种现象在美国同样存在，在这样一个年轻的国家中，时刻面临文化多元主义的挑战，以罗尔斯为代表的政治自由主义，放弃了哲学和道德价值上的整合性理论，退而坚守以政治正义和政治认同为代表的制度性认同；以亨廷顿为代表的保守主义，则强烈反对这种妥协与让步，呼吁要将美国的国家文化认同建立在美国开国之初的文化传统盎格鲁－撒克逊信条之上。就老挝而言，在政治上认同了老挝之后，赫蒙族放弃了建立"赫蒙族王国"的构想，剩下的问题便是对老挝的文化认同问题。而在文化当中，就笔者观察，最大矛盾与冲突来自宗教文化的差异。只要处理好赫蒙族的宗教问题，便可以逐渐获得赫蒙族的国家认同。

从 20 世纪 90 年代开始传统低地老挝人国家象征和皇家仪式的恢复，再次强调了佬族文化的首要地位。在皇家老挝政府时期，各种各样的以王权为中心的仪式以等级的办法来包容民族差异，在一定程度上抑制了民族意识。但新政府在宣称民族平等的过程中不断凸显民族之间的差异。老挝政府对少数民族施压，希望通过语言文字教育等途径让他们变成"老挝人"，引起了包括赫蒙族在内少数民族的抵制，其中一个办法便是

---

① 费孝通主编《中华民族多元一体格局》（修订本），中央民族大学出版社，1999，第 22 页。

加入基督教组织。基督教与佛教一样，都是世界性的宗教，可以避开政府对于他们"文化习俗落后、迷信"的批评。老挝政府对此颇有芥蒂，但迫于国际舆论的压力，只得通过宣传弘扬佛教，以和平竞争的方式从基督教团体手中争取更多的少数民族信徒。这种做法有一定的效果，在一些寺庙中，确实开始有一些少数民族送小孩来当和尚，这是以往不曾发生的事情。

宗教问题依然是老挝族群文化交融的一个重要障碍，阻碍政府与少数民族之间关系的正常发展，也阻碍少数民族对国家的文化认同。政府在处理宗教问题时必须保持克制，智慧地处理矛盾与冲突。总体而言，宗教问题与宗教冲突已经不再是这个世界的主要冲突与矛盾，但它的顽强生命力将持续延续下去，直到某一天它不在人们的思想中占据重要的地位，或者说被其他思想意识所取代，比如说科学，有学者认为科学可能成为一种新型的宗教。

在当下的老挝社会，政府所焦虑的宗教问题主要是少数民族的宗教信仰选择问题。客观地讲，老挝政府的紧张情绪大可不必，首先，赫蒙族等少数民族人口并不占据绝对优势，他们当中也仅有部分人选择信仰基督教、天主教等西方宗教，并不会对主流老挝社会的宗教信仰带来冲击。其次，基督教等西方宗教信仰所宣传的博爱、仁爱等思想总体上是倡导一个真善美的理想世界，并没有宣传争斗、战争的暴力思想，不会对社会和政府带来威胁。不仅如此，基督教等宗教的思想信条对个人行为的规范和约束甚至会带来整个社会秩序的健康发展，而不是使其更加无序。正如法国思想家伏尔泰所说，这个世界即便没有上帝，我们也要创造一个。正是看到宗教的社会规范功能，所以大批学者看到宗教发展的积极作用与意义。从这一点上来看，老挝政府只需要继续倡导佛教的健康发展，同时保持对其他宗教的宽容态度，限制和打击一些具有暴力、不健康思想的邪教势力即可。

宗教对于族群关系发展和走向的影响，目前也可以看到一些交融的现象和趋势。首先，佛教开始吸纳少数民族的信徒。过去，佛教是老龙族系的族群符号和象征，很少有其他少数民族信仰佛教，现在一些寺庙开始接受非佬族的小和尚。出家当和尚是赫蒙、克木等民族未成年人一条非常好的学习和竞生途径，特别是一些贫困的农村家庭。在万象市、琅勃拉邦市附近的寺庙都有这种情况，而不是个别现象。在寺庙中所有小沙弥都可以接受国家认可的小学、中学教育，顺利拿到学位，因此这些贫困的少数民族家庭送子女来到城市的佛教寺庙，一来可以解决生存问题，二来还可以接受免费的教育，将来还可以因为受过寺庙教育找到一份不错的工作。

其次，传统宗教信仰渐渐衰落。在老挝山地民族当中，以赫蒙族为代表的少数民族大多数依然信仰传统宗教，以万物有灵的多神教为主要表现形式。在依生阶段，各少数民族整日与山水、草木为伍，与虫蛇、猛兽对抗，对大自然的依赖使传统宗教信仰在族群日常生产生活中曾经发挥重要的作用，然而时代早已改变，进入互联网时代，大批少数民族迁入城镇定居或生活，时刻面对新技术与新知识、新型社区与人际关系等，所有这些新问题完全无法从古老的传统宗教中寻找答案。传统宗教的衰落是一条必由之路，尽管有一些城镇赫蒙族青年开始对赫蒙族原始信仰进行改良，简化了仪式流程，强化了心灵层次的安慰，但是依然无法得到广大赫蒙族青年的认可。基督教等西方宗教相比传统宗教信仰更能适应这个快速发展的新世界，它对世界、社会、伦理道德等的解释更能符合时代的发展，也更能满足城镇年青一代的心理需求和现实需要。举例来说，赫蒙族传统宗教对于死亡的解释自成一套叙事体系，同时搭配一整套非常复杂的仪式，传统赫蒙族人相信必须严格按照传统的做法进行埋葬，并请巫师念经作法，灵魂才能回到祖先所在的地方，否则就会成为孤魂野鬼。然而这套做法在现代社会则显得不合时宜，就连一块符合要求的墓地都很难找到了，更别说办仪式还需要诸多材料，再加上精通传统仪式的巫师越来越少，这些为操作带来了困难。基督教则很好地解决了这一问题，只要求家族成员前往教堂举办一个仪式，死者灵魂便可以"升入天堂"。正因如此，传统宗教信仰在诸多方面已经不能适应新型农村、城镇社会生活的发展需要，除非自身进行快速的更新，否则将会逐渐衰落。现实中，开始有越来越多的赫蒙族青年信仰基督教，甚至有些地区出现整个村庄集体信仰基督教的现象。

这是各宗教相互交融的一些新现象，归根结底还是在于佛教背后代表着国家复兴佛教文化的意志，垄断了大量的社会资源和教育资源等，得到主流社会的支持和认可。正因如此，才会有大量少数民族家庭愿意让子女选择佛教，目的当然是从现实角度考虑，帮助子女一代有更好的发展和未来。然而这本身只是从经济角度帮助子女所做的宗教选择，并不能代表少数民族自身的宗教态度和选择。宗教问题当然不能单单从经济方面去解决，宗教的发展尤其自身的规律，将在未来很长一段时间内持续存在，成为老挝各少数民族文化交往与交融的障碍。

第四节　国家政策与多重认同

老挝人民民主共和国不断宣称老挝是一个多民族的国家，但这也使少数民族同胞注意到民族间的差异。20世纪90年代，老挝的国家建构进程中强调了佬族文化的中心地位。在皇家老挝政府时期，各式各样王权为中心的仪式以等级的办法来包容民族差异，因此抑制了民族意识。在这一点上，老挝与其他许多国家一样不够令人满意。实际上，日常生活中政治正确性的放松已经造成了古老的蔑称重新涌现，以及针对少数民族特别是赫蒙族的民族笑话广为传播。① 这从侧面预示着老挝和许多多民族国家一样，依然存在民族问题。本节从语言、教育、宗教、经济以及民族几个方面的政策来分析老挝政府为了民族交融和国家稳定所做的努力。

一　语言政策

目前老挝国内按照语言将各族群划分为四大语言区：孟高棉语族、佬泰语族、苗瑶语族和汉藏语族。其中，佬泰语族人口最多，共包括佬族、

---

① 格兰特·埃文斯：《老挝史》，郭继光、刘刚、王莹译，东方出版中心，2011，第208~209页。

普泰族、泰央族、泰泐族、泰讷族、润族、泰族、燮克族等 8 个民族,相互之间可以交流;孟高棉语族包括克木族、布劳族、达维族、色当族等 31 个民族;汉藏语族包括贺族、拉祜族、阿卡族、西拉族、巴拿族、僳僳族、普内族、哈尼族等 8 个民族;还有苗、瑶 2 个苗瑶语族。

按照现代语言学的划分方法,老挝语属汉藏语系壮侗语族壮泰语支,使用人口约 2000 万,其中 80% 在泰国,在老挝 400 多万。标准老挝语正在日益成为老挝各民族的共同语,这是老挝民族语言发展的基本态势,泰国的佬族和老挝人的语言相互之间可以沟通。泰国东北的很多方言超越了国界,泰国黎省的方言与琅勃拉邦省的语言非常接近,反倒与泰国孔敬省的方言相差较大。[①] 老挝的老挝语和泰国的泰语是从同一种语言分化出来的,只是写法不一样。老挝语有许多方言,人们往往根据一个人的口音就可以辨别出他是哪里人。根据调系的不同,可以把老语分成 3 个方言区:北部琅勃拉邦区、中部万象区和南部区,这三种方言内部又有很多不同的次方言。[②]

老挝语在发展的过程中,不断吸收外来文化中的词语,包括佛教文化中梵语、巴利语的组词方式等,大大丰富了老挝语的内涵。在时间的纵向维度上,在不同的历史时期老挝的统治者则采取了不同的语言政策,对族群关系产生了重要的影响。

(一)殖民地时期的语言政策

1. 法属殖民地时期 (1893~1954 年)

1893 年,老挝沦为法国的殖民地。在长达 61 年的殖民统治期间,法国的多元文化影响了老挝的政治、经济和文化发展的走向。大部分时间里,法国殖民统治者和老挝人相安无事,和平共处。一般来说,老挝被认为是法属印度支那殖民地中最驯服的国家。殖民统治给老挝带来了它在近

---

① W. A. Smalley, *Linguistic Diversity and National Unity: Language Ecology in Thailand*, University of Chicago Press, 1994, p. 189.

② W. A. Smalley, *Linguistic Diversity and National Unity: Language Ecology in Thailand*, University of Chicago Press, 1994, p. 190.

两个世纪都未享有过的和平与稳定。借助殖民官员和传教士的双重努力，法语在与老挝语接触的过程中，相互之间产生了深刻的影响。

法国统治者最初为了便于统治和行政管理，一厢情愿地将法语定为老挝的官方语言，并要求学校一律开设法语必修课，老挝语仅仅作为选修课。法国传教士的做法相对殖民者而言比较温柔，他们利用宗教传播者的身份，以送福音的方式接触老挝人。1904 年，法国传教士 J. 夸兹在《法暹词典》的基础上修订出版了《老法词典》，在老挝全国范围内推行。从这个角度来讲，正是法属老挝时期的殖民官员帮助老挝人民创建了老挝国家标准语言，而不是老挝的上层民族精英。但是法语在推行过程中遇到很多阻力和障碍，效果并不明显。

1917 年，殖民当局成立了专门委员会，为老挝中小学编写语言教材。20 世纪 30 年代，为了殖民统治和提高行政运转的效率，殖民当局开始重视标准化老挝语的推行，同时将老挝文化与泰国文化隔离开来。1931 年，法国殖民者在金边成立了佛教学术研究委员会，并在万象设立分会，专门负责简化老挝语的书写，便于推行标准化的老挝语。1932 年，受到佛教的影响，该学术研究委员会对老挝语进行了改造，优先采用古代碑文中出现过的字母。1935 年，《老挝语语法》一书出版，正式奠定了现代老挝语的雏形，该书由佛教大师摩诃·西拉在老挝古代佛教经文的基础上编写完成。但是因为大部分人不太熟悉巴利文和梵文，不能够接受这套取材于佛教的复杂拼字法和语法体系。[①]

为了迎合大众的认可和肯定，法国殖民者重新规定老挝语为通用国家语言，法语为行政官方语言。1938 年，殖民当局再次委派专业委员会修改标准化老挝语。经过反复论证，再综合了殖民当局和民众的意见以及书写的便利等因素之后，委员会最终确立了一种拼音字，剔除了来自佛教梵文和巴利文的复杂字母。但事与愿违，法国殖民者耗费精力推行的标准化老挝语书写方法并未获得认可，只是在小范围内使用。老挝部分地区的寺庙则继续

---

① W. A. Smalley, *Linguistic Diversity and National Unity: Language Ecology in Thailand*, University of Chicago Press, 1994, p. 120.

沿用之前的文字书写体系，比如中部和南部寺庙沿用檀语书写经文。

为了培养亲法的老挝高级人才，协助统治和治理老挝地区，同时输入法国多元文化的价值观，1917～1939年，法国殖民者当局筹建了第一批公立初等教育学校。其间，官方统计公立学校注册的学生有6700人，学校按照法国殖民者的行政命令，统一使用老挝语教学。二战期间，万象高等学府巴维学院按照法国人设定的课程体系和教学方法，培养了部分老挝学生。1941年，法国人扶持琅勃拉邦国王统治老挝，在此期间大力兴办学校教育，灌输民族意识和老挝历史文化，刻意淡化与泰国的文化联系。

1947年5月，《老挝王国宪法》第六条规定：老挝语为国语，法语被认定为官方行政语言。1949年，老挝政府签署关于国家语言的法令，规定拼写老挝语的书写原则，摒弃了许多从巴利文和梵文衍生的词。1954年7月，法国军队撤出老挝。老挝王国独立后，老挝的工作语言和教学语言仍是法语。[1]

2. 美国侵略时期（1954～1975年）

1954～1975年，美国人违反《日内瓦协议》，秘密入侵、干涉老挝政治、军事，从而全方面介入老挝内政，对抗以中国和越南北部为代表的社会主义阵营。其间，美国人推行英语作为官方语言，老挝文在中学课堂中作为选修课。秘密战争期间，美国人支持的老挝王国政府万象政权控制区内保留了1948年"老挝文字委员会"所制定的老挝语拼写规则。与此对应，老挝爱国阵线领导考虑到要在少数民族地区，特别是文化水平落后的山地民族地区推行文化普及工作，快速开展扫盲运动，则必须简化拼写方法。于是在此基础上对老挝文字进行了一系列的改革，主要遵循删繁就简的原则，使文字拼写和语言更趋一致。1967年，老挝爱国战线领导人之一富米·冯维希主持编写的《老挝语语法》出版，明确规定按照读音来拼写的原则，推动了现代老挝语的流行。

与此同时，老挝少数民族的语言文化也得到了发展，其中以赫蒙族为代表。1949年12月，法国天主教传教士贝尔特海第一次来到老挝琅勃拉

---

[1] 温科秋：《老挝的多语现象与语言政策》，《东南亚纵横》2010年第1期。

邦，并在一个叫作"野牛山"的赫蒙族村寨开始传教活动，他利用闲暇时间按照法文的字母及发音体系设计了一套简易苗文。巴尼则是一位来自美国的年轻人类学者兼基督教传教士，一边在老挝川圹省一个赫蒙族村寨传教，一边从事人类学田野调查。在此期间，巴尼也创制了一套苗文，并以阿拉伯数字表示声调。1953 年 4 月，贝尔特海、巴尼与赫蒙族青年杨英、陶护以及语言学家斯莫莱一起共同努力改进了苗文方案，后来被称为罗马字母通行文字（RPA）。随着全球赫蒙族的跨国流动，RPA 传入越南，并在西方世界赫蒙族当中广泛传播，成为最为流行的一套国际苗文。①

（二）老挝人民民主共和国成立后的语言政策

1. 官方语言的推行及其问题

1975 年 12 月，老挝人民民主共和国成立。老挝第一届全国人民代表大会随即做出决议，规定佬族语言为官方语言，佬族文字为官方文字，明令禁止使用各少数民族文字出版读物。在学校推行标准老挝语教学，培养本国老挝语人才，爱国主义教育也快速培养了各民族的国家意识。这样做有利于老挝国家意识的快速崛起，缺点是带来一些地区少数民族语言的快速消失，特别是加速了少数民族地区和佛教地区非官方文字的流失。比如历史上曾经被僧侣长期使用的传统檀语濒临消失，红泰、泰诺等泰族支系的文字也基本绝迹。

然而，民间一些地区依然流通本民族的语言，特别是拥有自身语言文字的赫蒙族抵制官方老挝语最为强烈。实践证明，使用"单一语言政策"没有考虑到老挝历史上的族群和文化格局，不符合老挝的国情。因此，老挝政府考虑到现实情况，开始重新制定语言政策，并最终于1990 年形成决议：老挝语依然作为官方语言加以推行，允许用非标准老挝语出版各少数民族文化和宗教书籍。但是，少数民族语言作为非官方语言并没有得到政府有关部门的重视，不利于少数民族语言的长期发展。

比如，克木族语言作为少数民族语言的代表，在发展过程中遇到了一

---

① 石茂明：《跨国苗族研究：民族与国家的边界》，民族出版社，2004，第 280 页。

些现实问题。克木族总人口约占全国总人口的11%，仅次于佬族，为老挝的第二大民族。主要居住在老挝中部和北部的乌多姆塞省、琅南塔省、沙耶武里省、琅勃拉邦省、川圹省、华潘省、丰沙里省等，多数居住在山区，主要从事刀耕火种的原始农业和畜牧业。现在响应政府的保护森林号召，下坝种水田或去城镇打工。克木族语言可以分为东部方言和西部方言。根据老挝一项最新的调查，落后的克木族村寨依然稳定使用母语，而城镇克木族母语水平有所衰退，代际母语水平有较大差异。造成这种现象的原因是：传统村寨克木族聚居是母语保留的主要原因，强烈的民族认同感是母语得以保留的心理基础，族内婚姻是母语传承的重要保证，自给自足的自然经济形态减少了对母语的外来冲击，媒体宣传对母语保留有一定的积极作用[①]；杂居和族际婚姻是母语衰退的主要原因，年青一代前往城镇工作和生活则加速了这种衰退[②]。

2. 外语的使用情况

在官方老挝语标准化的过程中，各种外语并存的现象是老挝一大特色。法语作为曾经的官方语言，依然有一定的群众基础，部分学校依然在教授。但随着法国势力的衰落，法语的影响力开始逐年下降，取而代之的是英语。一方面是因为老挝建国之后受到英美两国的大量经济援助，条件是推行英语的教育；另一方面，英语作为世界主流的强势语言，老挝在改革开放之后主动拥抱世界，将英语设为第二外语，培养了大批英语人才。2010年，老挝教育部将把英语和法语正式列入小学课程，学生从三年级开始学习法语和英语。

老挝建国后，因为意识形态的因素，华语、俄语和越南语一度被热捧。但随着政治形势的剧变，苏中关系恶化，苏联开始缩减对老挝的援助，越南也于1989年开始从老挝撤军，俄语和越南语也很快被冷落。在老挝，汉语的作用显得越来越重要。特别是泰国、中国取代越南和英美成为

---

① 从1975年开始，老挝广播电台就有固定的时间播放克木语的节目。现在每天从早上6点到7点，晚上6点到7点，播放克木语的节目和克木语歌曲。

② 戴庆厦：《老挝琅南塔省克木族及其语言》，中国社会科学出版社，2012，第179~181页。

老挝最大的投资国和贸易伙伴之后,中文的重要性愈发凸显。虽然中文教育规模不大,但发展速度较其他语言要快。中文学校实行双语教育,从中国边境购入的中国中小学教材。事实上,最有群众基础的是泰语,老挝逐渐开放了泰语出版物的进入。有调查表明,90%以上的万象人懂得泰语,30%以上的人会说和写泰语。① 这很正常,毕竟80%的说佬语者在泰国,两个民族本是同根生的民族。

  语言的交融是一个长期的过程,并非依靠政府强制推行便可以在短期内产生良好的效果。目前在老挝大部分少数民族地区,老挝语作为母语之外的第二语言被广泛使用。少数民族在熟练使用本民族的语言之外,也能不同程度地兼用老挝国家的官方语言——老挝语。在南光村,大多数赫蒙族成年人均可以用佬语与佬族进行沟通,但在家里还是使用赫蒙语。为了让子女更好地融入老挝社会,将来找到一份好的工作安身立命,赫蒙族经常教育小孩在学校里要好好学习语言,在不忘苗语的同时快速掌握老挝语则是年青一代赫蒙族最重要的技能之一。根据学校老师介绍,赫蒙族小孩在小学三年级之前因为语言的因素成绩比佬族小孩稍差,但在赫蒙族学生掌握了老挝语之后,从四年级开始便在各科知识的学习中赶上佬族学生,甚至在数学等方面超过了他们。从目前的一些数据来看,赫蒙族在老挝受高等教育的比重逐年上升,每年外派的留学生中都有赫蒙族。由此可见,语言交融主要还是赫蒙族自动自发学习的结果,并产生了较好的社会效果,对赫蒙族交融老挝社会,对加强佬族与赫蒙族的族群互动均产生了有利影响。

二 教育政策

(一)基础教育的发展历程

  1893~1954年法国统治的61年间,法国人对老挝人的总体教育政策

---

① 温科秋:《老挝的多语现象与语言政策》,《东南亚纵横》2010年第1期。

可以概括为愚民政策。为了长期殖民，法国人刻意培养极少部分的佬族人作为行政官员协助治理老挝，十分不重视甚至阻碍对广大的老挝人的教育。据统计，1946年全老挝仅有279所学校，15842名学生，30万名学龄儿童中入学的仅有41000人。[①]

1954年，法国撤出老挝时，老挝仅有初级启蒙学校180所，学生仅有1万多名。全国范围内的大学毕业生仅有10人，且都是王室成员或贵族子弟，全国文盲率达95%以上。老挝青年人如果要接受高等教育，只能留学法国或越南等国。[②]

1975年，老挝人民民主共和国成立，新政府开始重视国民教育，提出要"首先建立和发展民族、民主和进步的教育基础，以便提高各族人民的文化水平"。在政府的大力推动下，老挝开始建立多层次的教育体系，教育事业取得了快速的发展。

表4-1　老挝历年教育统计数据

单位：所

年份	小学	初中	高中	职业学校及高级院校等	总人数（万人）
1980	6115	306	33	24	57.00
1985	7490	495	68	117	58.00
1995	7591	705	129	93	88.66
2000	8161	589	198	38	111.43
2005	8573	641	311	89	136.00

（二）教育类型与相关政策

老挝目前的教育类型大致可以分为四类：基础教育、高等教育、佛寺教育、家庭教育。

老挝政府多年来一直重视教育政策的落实，推行义务制教育，提高全民素质。全民教育水平得到了一定的提高，在各方面取得了不错的成绩。

---

① 张凤岐：《老挝简史》，云南民族学院民族研究所，1980，第8页。
② 马树洪、方芸：《列国志：老挝》，社会科学文献出版社，2004，第273页。

1. 基础教育

1991 年颁布的《老挝人民民主共和国宪法》规定:"国家重点发展教育事业,造就新一代优秀公民。教育、科学、文化工作的着眼点在于提高人民的知识水平,倡导人民热爱祖国、热爱人民民主制度的精神和民族团结和睦精神,提高人民的国家主人翁觉悟。实行小学义务教育制度。国家允许开办执行国家教育大纲的私人学校,完备教育体系。重视少数民族地区的教育事业。"目前,老挝规定小学教育和初中教育为义务教育,小学教育学制是 5 年,入学年龄为 6 周岁,课程有老挝语的听说读写、算术、劳动技术、舞蹈、画画、体育、思想品德等。中学教育分为初中和高中,学制定为初中 4 年,初中课程设有自然科、社会科、综合科,此外,学生还必须学 1 门外语,如英语或法语;高中 3 年,高中开设的课程分为自然科和社会科,自然科有数学、物理、化学、生物,其中数学为主科;社会科有文学、老挝语法、地理、历史,其中文学是主科,还设有政治课、国防课和选学课,选学课为外语。

表 4-2　2005 年各级学校数据一览

	学校（所）	学生（万人）	教师（人）
小学	8573	89.0	28000
初中	641	24.3	9918
高中	311	14.4	4748
技工学校	26	1.1	700
中专	35	2.3	1118
大专	25	2.6	1035
大学	3	2.3	1096

资料来源:《2005 年老挝统计年鉴》。

目前老挝教育部门正遭遇教师短缺问题。据 MUANG PEAK 县教育局提供的数据,川圹省有 1086 名教师,女教师 680 名、男教师 406 名。教师中佬族占 90% 以上,有 900 多人;赫蒙族其次,有将近 80 人,剩下的几十名是其他少数民族。小学里每 30 个学生仅有 1 名老师执教,一些人不愿到边远山区执教,教学热情也不高。城市里教师很多,而一些农村地区却面临教师人数过少的尴尬境地,整个邦洋村就只有 1 名小学教师。因此,出现了教师相对短缺的现象,特别是在山区,教师们不得不一人教很多个班,教学负担相当重。川圹省的教育主要依靠政府财政预算拨款。由于目前老挝经济还比较落后,财政经费也很短缺,因此,不论是绝对数,还是在财政预算中所占的比例,教育经费都很少。

课题组在川圹省政府了解到,政府希望可以通过与外国合作和交流促进本国、本地区的教育体系的发展。当地政府非常感谢中国提供的持续不断的支持,包括提供奖学金、互派留学生等。随着中国－东盟自由贸易区建设步伐加快、南亚次区域经济合作日益加强,在老挝年轻人中掀起了一股中文学习热潮。在老挝,不少当地人,甚至是高官干部都喜欢把孩子送到华人学校去读书,万象寮都公学是老挝规模最大的华人学校,川圹省现任人大副主席就毕业于这所学校。寮都公学是老挝万象中华理事会属下的一所华文学校,现由林泽民副理事长兼任学校董事长,校董会统一领导学校。寮都公学于 1937 年成立至 2002 年已经 65 年,学校先后聘请北京、厦门、揭阳、南宁的老师来任教,派年轻的老师到广州学习。现在学校除了教华文(小学的汉语和初中的语文)外还教授代数、几何、物理、化学、历史、地理、算术、常识等课程;高年级的学生还要学习英文。根据教育局规定,学生必须学完小学、初中的寮文课程,并且参加教育局出题的统一考试。老挝的华文教育是华文和老挝文并重的双语教育。

2. 高等教育

老挝自 1986 年推行改革政策以来,发展日益加快,教育普及率迅速提高,九年义务教育的普及率从 20 世纪 80 年代的 60% 左右上升到 2000 年的 80%。

老挝的高等教育是教育系统中发展较快的,现在每 10 万人中有大学在校生 330 名。[①] 老挝高等教育体系有 5 个重要组成部分:老挝国立大学、苏发努冯大学、占巴塞大学、医科大学、5 所师范学院以及 31 所私立高校。其高等教育改革是从 1995 年老挝国立大学的合并开始的。为了适应人口和经济增长的需求,政府必须重视仍处于初级发展阶段的教育事业的发

---

① 冯增俊:《老挝高等教育的世纪走向》,《比较教育研究》2002 年第 12 期。

展以及大力推进高等教育的建设。随着社会的发展和计算机的普及,仅仅依靠基础教育的普及已经没有办法承受广泛应用的互联网和先进科学技术所带来的巨大冲击力了。特别是高新科技的推广应用以及市场对专业性人才的极大需求,传统的落后的教育已经受到了极大的挑战,因此,高等教育的发展需求也变得日益迫切。

20世纪90年代,老挝教育经费占国家预算约10%。到1984年上半年,全国已基本扫除文盲。老挝现有三所大学,老挝国立大学是老挝唯一的综合性大学。其前身为老挝东都师范学院,1995年6月东都师范学院与其他10所高等院校合并,设8个学院,有学生11200人(2002年),教师1000人。近两年,老挝南部占巴塞省、北部琅勃拉邦省的国立大学分校相继独立,被正式命名为占巴塞大学和苏发努冯大学。

个案4-1 邦洋村的第一个留学生

访谈对象:某男,佬族,邦洋村。

(根据2014年7月22日访谈记录整理)

我是邦洋村村长,一共育有三个儿子,Vi Lay Sa是大儿子,今年快30岁了。大儿子很会读书,在万象读大学。因为书念得好,政府派他出国留学。政府当年一共只派了9个人出去,我儿子就是其中一个,他也是我们村的第一个留学生。他被派去了上海,学习中文。感谢政府的好政策,才有可能让孩子到国外留学。如果是靠我们出钱,绝对是不行的。他现在回国快一年了,现在在万象的军队工作,当了一个军官。

除了正规的高等教育院校,还有相当一部分的职业院校。老挝在1995年8月颁布了第64号政府令,决定以立法的形式确定私立高校的建立和运行结构。虽然政府大力推广和提倡发展文化教育事业,但是因为能力有限,难免有些力不从心。政府令支持私立高校发展,认为私立高校可以弥补政府资金上的不足,为人们提供更多的教育机会,这对于国家发展相当重要。为了加快赶上国际发展的速度,老挝政府的资金大部分要用于基础设施建设及经济发展等方面。为了支持教育事业的发展，政府针对私立高等教育制定了很多具体的鼓励和支持措施。在老挝教育部许可的前提下，公立高校的教师可以利用业余时间在私立高校兼职；在可能的情况下，政府允许经授权的个人向私立高校贷款或出租教学设备；政府对私立高校免征商业税、收入税、土地使用税、必要的建筑原料进口消费税等；在必要的时候，政府支持和鼓励私立高校创新办学形式；教育部将对私立高校的教师提供内部培训和持续不断的继续教育；教育部接受国际机构对老挝私立高校提供的各种形式的支援。①

3. 佛寺教育

在文化教育方面，佛教对于老挝也有着不可忽视的重要影响和作用。在漫长的封建王国时代，佛寺是当地的文化艺术中心，僧侣是当地的知识阶层。尽管自20世纪初开始，新式学校逐渐增多，后来又有一定的发展，但佛寺文化教育（尤其是在农村）始终在老挝文化教育事业中占据相当的比重和地位。1975年以前，王国政府教育部内有宗教教育局主管佛寺教育，自成体系。1976年后进行改革，佛寺教育归政府教育部和全国佛教协会双重领导，学生毕业时由教育部颁发统一的毕业证书。

在现代社会，虽然正规的教育得到了迅速的发展，但老挝的佛教传统和男子一生中必须出家一次的习俗使佛寺到现在还是一个十分重要的学习场所。佛寺教育分两类，一类是普通教育，有小学、初中、高中，采用教育部规定的普通教育课程，学生多为沙弥子，也有所在村镇的普通少儿；另一类是僧侣师范学校，除采用教育部规定的师范教育课程外，还要学习巴利文、达磨（Thama，佛法、佛学哲理）、僧戒僧规等课程，学生主要是比丘。近代，老挝佛教界还单独开办过巴利学校，教授和研究佛学经典、巴利文、梵文，专门培养佛教人才。僧人在寺庙里不仅学习经文，还学习数学、历史等。僧侣教育由国家支持，分小学、中学、佛学院（相当于高中）三级。后者由教育部主管，毕业生被授予"马哈"的尊称。在老挝，每个佬族村子都有寺庙，或大或小。一般每个村子有一个寺庙，在村中心位置。寺庙主要由

---

① 朱欣：《老挝高等教育现状与发展方向探讨》，《世界教育信息》2009年第7期。

几部分构成：僧侣的住处兼佛堂、画有壁画并供奉佛主的祠堂、佛堂教室。

为了吸引更多的年轻人投身宗教事业，各地的寺庙选送了一些有着比较深厚的佛学造诣的和尚去学习英语，并负担全额的学费和生活费。但是，成为一名优秀的和尚很不容易。例如，每天傍晚例行的敲鼓就特别费力，而这通常由最小的和尚来完成。因为晚上不能吃饭，这对长者还"尚可忍耐"，而对正在长身体的小沙弥来说，却是一段难熬的时光。不管寒冷还是炎热，和尚都不能穿鞋。

做和尚期间，除了能免费学习文化知识，还能修炼佛学，提高自身的修养。尤其是优秀的僧侣还会被送去进修，可能会学习英语和法语，这在还俗后找工作时更有优势。在丰沙湾市，有一个名为"三蒂帕"的寺庙，它既是普通的寺庙也是一所教授初中课程的寺庙学校。校长 Vhansome 是寺庙的负责人，是全国佛教协会的成员之一，也是全国人大代表。学校有 8 位普通老师，有 4 位和尚老师（包括校长），学校有约 70 个学生。两位老师来自邦洋村：Duangdy 和 Phetvilay，他们在"三蒂帕"寺庙教书，政府给他们发工资。学校除了教授普通中学的初中课程，还会有另外的特别课程。表 4-3 是去年"三蒂帕"寺庙学校的初一至初四的课程表。

表 4-3　2014~2015 学年初一课表

	12：30~1：15	1：15~2：00	2：15~3：00	3：00~3：45	4：00~4：45	4：45~5：30
周一	自然科学 Phetvilay	自然科学 Phetvilay	历史 Phonesy	巴利语 Phonesy	老挝语 KhamLa souk	老挝语 KhamLa souk
周二	算术 Bouavhan	算术 Bouavhan	文学 KhamLa	文学 KhamLa	佛文 *Vhansome*	佛法/佛规 *Vhansome*
周三	巴利语 Phonesy	巴利语 Phonesy	佛教礼仪 *Soursavhat*	佛教礼仪 *Soursavhat*	地理 Duangdy	地理 Duangdy
周四	英语 Bounma	英语 Bounma	自然科学 Phetvilay	自然科学 Phetvilay	劳技 KhamLasin	劳技 KhamLasin
周五	算术 Bouavhan	算术 Bouavhan	政治 Duangdy	佛教历史 *Bounma*	佛教俗语 *Bounma*	班会

说明：课程名的下面是授课的老师名字，斜体的老师名代表的是和尚老师，正体是普通老师，余表同。

表4-4 2014~2015学年初二课表

	12:30~1:15	1:15~2:00	2:15~3:00	3:00~3:45	4:00~4:45	4:45~5:30
周一	佛教历史 *Bounma*	佛教俗语 *Bounma*	历史 *Duangdy*	政治 *Duangdy*	算术 *Bouavhan*	算术 *Bouavhan*
周二	巴利语 *Phonesy*	巴利语 *Phonesy*	佛教礼仪 *Phomma*	佛教礼仪 *Phomma*	自然科学 *KhamLasin*	自然科学 *KhamLasin*
周三	老挝语 *KhamLa*	老挝语 *KhamLa*	佛文书写 *Vhansome*	巴利语 *Vhansome*	算术 *Bouavhan*	算术 *Bouavhan*
周四	地理 *Duangdy*	地理 *Duangdy*	劳技 *Bouavhan*	劳技 *Bouavhan*	文学 *KhamLa*	文学 *KhamLa*
周五	自然科学 *KhamLasin*	自然科学 *KhamLasin*	英语 *Soursavhat*	英语 *Soursavhat*	佛法/佛规 *Vhansome*	班会

表4-5 2014~2015学年初三课表

	12:30~1:15	1:15~2:00	2:15~3:00	3:00~3:45	4:00~4:45	4:45~5:30
周一	老挝语 *KhamLa*	老挝语 *KhamLa*	物理 *Phetvilay*	物理 *Phetvilay*	英语 *Soursavhat*	英语 *Soursavhat*
周二	政治 *Duangdy*	政治 *Duangdy*	算术 *Bouavhan*	算术 *Bouavhan*	地理 *Duangdy*	地理 *Duangdy*
周三	生物 *Bouathong*	生物 *Bouathong*	佛教历史 *Bounma*	佛教俗语 *Bounma*	佛教礼仪 *Phomma*	佛教礼仪 *Phomma*
周四	巴利语 *Phonesy*	巴利语 *Phonesy*	算术 *Bouavhan*	算术 *Bouavhan*	历史 *Duangdy*	历史 *Duangdy*
周五	文学 *KhamLa*	文学 *KhamLa*	佛法/佛规 *Vhansome*	佛文书写 *Vhansome*	巴利语 *Phonesy*	化学 *Phonesy*

表4-6 2014~2015学年初四课表

	12:30~1:15	1:15~2:00	2:15~3:00	3:00~3:45	4:00~4:45	4:45~5:30
周一	化学 *Bouathong*	化学 *Bouathong*	几何 *KhamLasin*	几何 *KhamLasin*	英语 *Phomma*	英语 *Phomma*
周二	老挝语 *KhamLa*	老挝语 *KhamLa*	佛法/佛规 *Vhansome*	物理 *Phetvilay*	地理 *Phonesy*	地理 *Phonesy*
周三	生物 *Bouavhan*	生物 *Bouavhan*	代数 *KhamLasin*	代数 *KhamLasin*	文学 *KhamLa*	文学 *KhamLa*

续表

	12：30~1：15	1：15~2：00	2：15~3：00	3：00~3：45	4：00~4：45	4：45~5：30
周四	物理 Phetvilay	物理 Phetvilay	佛教礼仪 *Phomma*	佛教礼仪 *Phomma*	历史 Duangdy	历史 Duangdy
周五	巴利语 Phonesy	巴利语 Phonesy	几何 KhamLasin	化学 KhamLasin	政治 Duangdy	政治 Duangdy

从表4-3至表4-6的课程表可以看出，寺庙学校的上午是不安排课程的，上午时间留给和尚念经诵佛。课程随着年级越高难度逐渐加大，关于佛教的课程也分得很细，占据了全部课程的很大一部分。除了普通中学课程，小和尚能够学习更多普通学校学不到的知识，身心各方面都得到了很好的教育和指导。很多家长愿意让小孩出家在寺庙学校学习也是基于这方面的考虑。

川圹省没有佛教高中学校，所以初中毕业的小和尚如果想继续深造，必须到外地读书，比如琅勃拉邦和万象。在万象的寺庙学校最多，塔銮寺就是全国的佛教管理中心，也是佛教教育的最高学府。

4. 家庭教育

赫蒙族家长对女孩的教育与男孩迥异。对女孩而言，家长没有太高的要求，首先教会她们打扮自己，然后让她们学会洗衣、做饭、缝衣、刺绣以及照顾弟妹等基本技能。他们认为，女孩子迟早是别人家的人，因此打扮漂亮很重要，能找到一个好丈夫才是关键。正因如此，赫蒙族的女孩子很小的时候就会打耳洞，甚至可以通过有没有耳洞来区分男孩、女孩。到了新年的时候，家长都会把赫蒙族姑娘打扮得漂漂亮亮，男孩的衣服相对比较普通，不像女孩衣服那般颜色艳丽、款式多样。但由于条件的限制，在日常生活中一些基本的卫生、礼仪教育相对比较缺乏，平日小孩一般是赤脚跑动，家长也不要求小孩饭前洗手等。其次，父母对女孩的要求就是要勤劳、贤惠，只有这样将来才能嫁个好人家，成为一个贤妻良母。邦洋村历来有推选家族勤劳模范的传统，这项活动在每年农闲时举行，由家族头人主持召开。事前先由长辈根据各年轻人的勤勉劳动、为家庭所做贡献、尊老爱幼等方面表现选定当年的模范，一般以20岁以下未嫁的年轻姑娘为主。然后在活动当天，要求所有族人穿着节日盛装出席，并在会上宣布劳模人选，并给予一定的奖励。最后是全家人在一起聚餐，在欢声笑语中度过美好的一天。

相对而言，赫蒙族家长对男孩要求较高，比较注重男孩的动手能力。因为没有什么玩具，娱乐活动相对较少，家长有空的时候，便教小孩编鸟笼以及制作一些简易的捕鼠器等，大一点的小孩基本已经学会编鸟笼，甚至会上山捕鼠、抓鸟等。相反，家长对孩子学习的事情都不太过问，认为读书是学校老师负责的事情，在家里帮干农活就好了。此外，家长很注重培养小孩坚强的性格和意志力，等小孩子十多岁就教他打猎，七八岁的小孩也可以学。他们认为，赫蒙族是一个强大的民族，子女必须从小就要学会一些基本的技能，以保证将来能够在生产生活中成为强者。一个人只要性格坚强，再加上身体强壮，便没有什么克服不了的困难。这与赫蒙族长期迁徙过程中遭遇的困难与挫折是密不可分的，当外部环境无法改变的时候，使自己强大是唯一的选择。

除此之外，赫蒙族家长经常教育小孩要知恩图报，要讲感情，培养他们的家族意识，树立一些诚信、忠义等观念。他们也这样教育子女，主要是因为历史上赫蒙族一直处于颠沛流离、到处迁移的状态，一路上大家相互帮助、相互扶持才能渡过难关。如果有人对他们有过帮助，赫蒙族人会一直牢记在心。特别是经历了"秘密战争"之后，这一点体现得更加明显。第一批设法逃到法国以及欧美国家的赫蒙族人，一旦他们生活稳定了之后，便想方设法甚至不惜欺骗当地政府以假结婚等方式将留在老挝的亲人移民到国外去。如今，赫蒙族已成为国际性民族，然而在异国他乡立足困难重重，赫蒙族正是依靠感恩、注重亲情等传统美德与品质在现代化的西方国家慢慢开创属于他们自己的美好生活的，这些与赫蒙族家庭教育密不可分。

不同民族的家庭教育还是存在很多差异的。佬族生活水平相对较高，受教育程度也较高。然而正所谓"穷人的孩子早当家"，佬族小孩子的自力更生能力以及动手能力反而没有赫蒙族小孩强，平日洗衣、做饭等事情都由父母代劳，这些事情八九岁的赫蒙族小孩自己便可以完成。当然，佬族小孩的卫生意识相对较高，这与经济发展水平相关。佬族平日也比较注重小孩的成长，对其饮食卫生、食物营养等都比较关注，这也在一定程度上造成对小孩的过分溺爱。因此，佬族小孩平时也不用做什么家务，或许赫蒙族之所以一再强调自己比较勤劳的原因是从这里开始的。佬族每家每户都有电视机，小孩子平时通过电视也能学习到一些知识，视野会比赫蒙族的小孩子更开阔，他们对外面的世界更加好奇。家长也经常教育他们只有好好学习，才可以去大城市，长大才可以做自己想做的事。

此外，佬族家庭对子女教育最大的特色便是培养他们做一个性格谦虚的人。佬族同样认为一个人的性格必须从小时候开始培养，但与赫蒙族要求小孩要坚强和自立不同，他们更多的是希望子女能够保持谦虚，慢慢养成温和与人无争的品质和性格。这一方面与佬族的佛教信仰有关，双手平举胸前，劝人不争的"戒止争斗佛"形象无处不在，家长也反复强调和教育小孩要与人为善。不仅如此，还经常教育小孩要乐善好施，别人需要什么，只要是你能给的，必须尽自己能力给予。只有这样，将来你自己需要的时候才会得到对方的帮助。另一方面，这也与佬族长期的农业生产息息相关。赫蒙族一直处于艰苦的自然条件当中，种植旱稻需要经常迁徙，经常需要依靠狩猎采集来维持生计，与猛兽较量以及长期颠沛流离无不需要坚毅的品格与不屈的斗志，而佬族安逸的农耕生活只要求他们守住几亩水田即可，剩下的只要在泼水节祈福求雨即可保证一年的好收成。这两种因素导致了佬族和赫蒙族的性格差异以及彼此对子女家庭教育观念的截然不同，然而不管怎样，均是为了子女将来能够生活得更好，在这一点上两个民族是相同的。

三 宗教政策

老挝延续了社会主义国家认知宗教的历史唯物主义和辩证法思想，在治理本国宗教问题的过程中不断地调整、修正相关政策，对同样多民族、宗教成分复杂的中国具有一定的借鉴意义和参考价值。

老挝目前有75%的人信奉佛教，全国有2000多座寺庙，共有僧侣2万余人。首都万象有200多座，其他分布在全国各地，每个佬族村寨都会有至少一座寺庙。佛教是佬泰族系的主要信仰，其他民族信仰基督教、伊斯兰教、婆罗门教等，也有部分民族信仰鬼神等原始宗教。①

（一）宗教政策的历史教训

1975年，老挝建立了新政府，成为社会主义阵营中的一员。老挝人民革命党派专家前往社会主义国家学习，最终照搬了苏联的部分政治、经济政策，制定了极左的宗教政策："50岁以下的僧人必须还俗，50岁以上的要自谋生计，寺庙不得举行集会。"这种信仰问题政治解决的做法违背了客观规律，没有考虑到老挝宗教的现实情况，忽略了老挝佛教在社会生活中的积极作用，结果带来了宗教人士以及普通百姓的强烈抵抗与不满。②国内广大佛教徒对宗教政策极为不满，抵制情绪不断上升。从1980年开始，老挝政府认清客观现实，加深对宗教现象及其本质的理解，逐步调整本国的宗教政策。

1991年新制定的《老挝人民民主共和国宪法》规定："国家尊重和保护佛教僧侣和其他信教者的合法活动，鼓励佛教僧侣和其他信教者积极参与各项有利于国家、有利于人民的活动。禁止一切分裂宗教、分裂人民和分裂国家的行为。"③正视了佛教的历史地位以及佛教徒的合法身份，提出了"依法治教"。为实现"依法治教"，老挝还颁布一系列法令、制度，增强法律条文的可操作性。如老挝人革党颁布关于管理和保护宗教活动的总理令，实行关于成立和注册宗教组织的管理办法，使党对宗教活动的管理有据可依。通过赋予宗教法律地位，一方面，理顺了执政党与宗教界的关系，政教矛盾得到化解，党的路线、方针、政策更容易得到宗教界人士的认可；另一方面，由于宗教活动被置于法律的监督之下，执政党得

---

① 马树洪：《老挝的民族、宗教及其政策》，《东南亚南亚研究》1998年第3期。
② 国家宗教事务局宗教研究中心编写《当代世界宗教问题》，宗教文化出版社，2007，第474页。
③ 蔡文枞：《老挝人民民主共和国宪法》，《东南亚研究》1992年第6期。

以通过法律手段对宗教的社会活动实行有效约束，抑制了宗教可能产生的消极影响。

1992年3月，人革党中央颁布《关于宗教工作的决定》。1996年，在老挝人民革命党六大上，党中央主席坎代强调："党和国家尊重人民信仰宗教和不信仰宗教的自由权利。要让全体教徒在建设国家的事业中发挥自己的积极作用。"① 2002年老挝政府颁布了《关于管理保护老挝宗教活动的总理令》和《宗教管理条例》。2004年，老挝建国阵线颁布《关于成立和注册宗教组织等问题的规定》。这些法律法规和政府令对老挝宗教工作的方针、政策、任务以及管理原则等做出了明确规定和说明，使有关宗教的各项法律、法规不断得到完善和健全。

（二）处理宗教问题的几个要点

老挝政府在处理宗教问题的过程中，首先解决的是其与社会制度的兼容性问题，在通过一系列制度法规解决宗教与社会主义制度的适应问题之后，开始思考宗教与国家文化复兴、民族工作发展等的关系。就目前的情况来看，老挝政府在这些方面均取得了一些成熟的经验和教训。

1. 宗教与文化复兴

老挝人民革命党的领导人开始公开频繁地出席一些重大的佛教节日活动，并且开始赞助建造佛像和修复寺庙。与此同时，在民间具有影响力的国王在佛教礼仪中不再扮演中心角色，尽管依然照常出席。这种转变在1991年新宪法中有最为明确的体现：塔銮取代了镰刀和斧头，在万象成为国家的中心标志，国家各部门、所有的正式文件，包括纸币和邮票都进行了重新的装饰：把塔銮作为国徽图案的一部分（也是世界上唯一以佛塔为标志的国家），确立了佛教在老挝的主流宗教地位。这被认为是老挝政府为国家文化复兴以及自身合法性所做的重大决策，因为自1975年以来，国家极力推行12月2日国庆日，但是该法定假日的影响力远远不及早几周的塔銮节所引发的民众热情。因此，老挝人民革命党顺势将塔銮取代镰刀和

---

① 赵康太：《中外马克思主义理论教育比较研究》，中国社会科学出版社，2009，第129页。

斧头作为国家标志，一方面顺应民情复兴佛教文化，另一方面则在此活动过程中将自身地位合法化。

佛教作为老挝国家文化复兴的核心，在类似的大型仪式活动中和政府一起扮演重要角色。2003年1月5日，万象竖立国王法昂的雕像，老挝国家主要领导人和老挝佛教协会组织中最受人尊敬的高僧均出席了庆典。法昂作为统一的澜沧王被认为是代表老挝文化复兴的起点，政府依靠传统的民族主义主题寻求本身的合法性。此外，文化复兴在佛教和建国者之外的所有领域扩散。革命之后，在语言中使用"同志"这样的称呼非常普遍。20世纪80年代后期，势头开始转变，人民使用更为尊敬的称呼"先生"。从90年代开始，"同志"这个词已经在公共领域消失，只在党的内部会议上才使用，而且基本被过去传统的等级称呼形式所取代。1975年之后，表示尊敬的身体语言被象征平等主义的握手替代。现在则反过来，握手被传统的双手合十礼仪取代，小孩子被要求向老师和成年人双手合十表示致敬。[①]

佛教、节日、礼仪等传统文化的复兴证明了新政权在构建文化新形式上的失败。政府则顺势倡导和宣传佛教等传统礼仪文化，对外宣称保护"传统和美丽的老挝文化"。由此可以乐观预计，在未来相当长一段时间内，老挝政府将继续复兴和倡导以佛教为核心的老挝传统文化，从而在国家文化复兴的过程中获取合法性和国家的向心力。佛教在老挝历史上确立的国教地位，并不容易撼动，佛教的教义在老挝的文化传统、老挝民众的生活习惯等方面留下了深刻的烙印。始终强调坚持马克思主义思想指导不动摇的老挝人民革命党和政府，要探索出一条既坚定地朝向社会主义，又能够充分地团结佛教群众，将佛教爱国势力转化为社会主义发展强大动力的新道路。

2. 宗教与民族工作

早期老挝政府对少数民族施压，希望通过语言文字教育等途径让他们变成"老挝人"，引起了包括赫蒙族在内少数民族的抵制，其中一个办法

---

① 格兰特·埃文斯：《老挝史》，郭继光、刘刚、王莹译，东方出版中心，2011，第199~200页。

便是加入基督教组织。基督教与佛教一样，都是世界性的宗教，可以避开政府对于他们"文化习俗落后、迷信"的批评。老挝政府对此颇有芥蒂，但迫于国际舆论的压力，只得通过宣传弘扬佛教，以和平竞争的方式从基督教团体手中争取更多的少数民族信徒。这种做法有一定的效果，在一些寺庙中，确实开始有一些少数民族送小孩来当和尚，这是以往不曾发生的事情。

在当下的老挝社会，政府所焦虑的宗教问题主要是少数民族的宗教信仰选择问题。客观地讲，老挝政府的紧张情绪大可不必。首先，即便赫蒙族等少数民族人口并不占据绝对优势，他们当中也仅有部分人选择信仰基督教、天主教等西方宗教，并不会对老挝主流社会的宗教信仰带来冲击。其次，基督教等西方宗教信仰所宣传的博爱、仁爱等思想总体上是倡导一个真善美的理想世界，并没有宣传争斗、战争的暴力思想，不会对社会和政府带来威胁。不仅如此，基督教等宗教的思想信条对个人行为的规范和约束甚至会带来整个社会秩序的健康发展，而不是使其更加无序。正如法国思想家伏尔泰所说，这个世界即便没有上帝，我们也要创造一个。正是因为宗教的社会规范功能，所以大批学者看到宗教发展的积极作用与意义。从这一点上来看，老挝政府只需要继续倡导佛教的健康发展，同时保持对其他宗教的宽容态度，限制和打击一些具有暴力、不健康思想的邪教势力即可。

宗教对于族群关系发展和走向的影响，目前亦可以看到一些交融的现象和趋势。首先，佛教开始吸纳少数民族的信徒。过去，佛教是老龙族系的族群符号和象征，很少有其他少数民族信仰佛教，现在一些寺庙已开始接受非佬族的小和尚。出家当和尚是赫蒙、克木等民族未成年人一条非常好的学习和晋升途径，特别是一些贫困的农村家庭。在万象市、琅勃拉邦市附近的寺庙都有这种情况，而不是个别现象。在寺庙，所有小沙弥都可以接受国家认可的小学、中学教育，顺利拿到学位，因此这些贫困的少数民族家庭送子女来到城市的佛教寺庙，一来可以解决生存问题，二来还可以接受免费的教育，将来可以因为受过寺庙教育找到一份不错的工作。

老挝各民族宗教信仰复杂，但以佛教信仰人数最多。老挝政府在政策上坚持宗教信仰自由的原则，不干预各少数民族的宗教信仰。但是对于一切境外宗教则采取严格监控的措施，以防止境外分裂势力依靠宗教手段渗入边缘乡村地区。目前存在的问题主要是部分赫蒙族、克木族居住地区出现的基督教信仰扩散现象，但人数不多，并未造成一定的社会影响。总体而言，老挝政府并未在宗教问题上给民族工作带来负面影响。

四 经济政策

（一）社会主义的经济改造计划

因为受到社会主义阵营国家经济政策的影响，老挝在历史上走过一些弯路。20世纪70年代后期，在日益恶化的政治经济环境下，老挝政府开始实施激进的改革——农业集体化。改革的初衷是一方面集中国家的力量，以农业来支持工业的发展。通过扩大规模来发展农业，提高生产效率，利用农业集体合作社来实现农业现代化。然后通过农业产出的富余产品来资助国家工业的发展，最终实现工业的现代化。另一方面则出于政治的考虑。为了早日实现共产主义理想，尽快在各级区域建立政权，领导和控制广大的农村区域。最快速的办法就是实现农村地区的社会主义改造，将农民通过合作社联合起来，这种经济组织形式最终会成为一种至关重要的政治结构，并且通过这种结构可以将农民手里的大量富余产品，转移到国家手中。1978年，老挝人民革命党决定实行公有制集体化运动。由于总书记凯山亲自主抓这项政治革命，公有制集体化运动很快在全国范围内推广，迅速建立了2500个合作社。

然而，合作社数量的不断增加并没有实现农业产量的增加。大量的现实问题逐渐浮现：农民被剥夺了水牛等生产工具却只得到了很少的补偿；农村开始产生非常紧张的气氛，威胁到了公有制运动的经济基础；一些劳动人民，作为老挝革命的中坚力量，开始穿过湄公河到泰国的难民营避难。老挝人民革命党开始意识到集体主义公有制经济正在严重地削弱经济生产和劳动力水平，带来了人为因素的灾难后果。1979年7月，老挝人民革命党中央委员会宣布停止这场运动。20世纪80年代中期，随着老挝人民革命党采取以市场为导向的经济政策，建立合作社的迫切性开始降低。正如1988年凯山所言："合作社政策是被其他社会主义国家实行过的陈旧的形式。在充分调查了老挝的实际情况之后，我们决定改变政策方向并从家庭开始。"自此，农业活动就以家庭为单位开展。老挝人民革命党四届五中全会做出了"发展职工家庭经济"的决定，包括职工和农民的"家庭经济"，政府公务人员可以在下班时间通过卖福利彩票等兼职补充工资收入的不足。到1990年，合作社已经差不多完全从老挝人民民主共和国的农村地区消失了。

下班摆摊的公务员

（节选自2014年7月29日田野调查日记）

2012年，老挝企事业单位和国家公务人员的工资每月合人民币800~1200元，这还是在老挝政府大力提高雇员工资之后的水平，前几年更低。以老挝社会科学院的一名研究员A为例，该雇员在中国留学八年，获得硕士学位，在老挝算是高级专业人才，顺利进入老挝最高学术研究机构国家社会科学院社会所工作，每周工作五天，月工资刚刚涨到1000元，去年是800元。但是因为老挝的通货膨胀率很高，物价普遍偏高，工资收入很难满足日常开销。因此，A下班之后还兼职从事商贸活动，帮助销售老家生产的一种保健酒。这在老挝是一个普遍现象，与中国公务人员非常注重个人形象以及明文规定不能从事商业活动不同，A的同事还有下班后上街出售国家统一福利彩票的情况。这确实是一种罕见的现象，然而背后的逻辑也很容易理解。老挝国家贫穷，人口基数也小，无广泛的税收来源，公务人员发不出高工资，但是为了稳定这些公务人员为国家工作，允许他们工作之余从事相关经济活动补贴工资收入实为一种无奈之举，是在权衡利弊之后的妥协。目前，老挝政府已经承诺尽快在目前基础之上大幅提升工资，相信这种现象还会持续相当长一段时间。

20世纪90年代开始，老挝政府大力发展国有公有制经济，24个被认为"有战略意义"的企业仍由国家完全控制或国家参股且股份占绝对优势。2000年以来，老挝一方面大力发展社会主义市场经济，另一方面依靠外国投资来拉动经济快速增长，新富裕起来的阶层开始出现。在老挝人民革命党的领导下，老挝社会的经济水平得到较快的发展。

（二）针对少数民族的经济政策

生产力决定生产关系，一个国家的经济政策作为改变生产力和生产关系的重要内容，应该重点研究和考察。在老挝的诸多经济政策、方针和路线当中，有一些直接关系到族群关系的发展和走向，或许可以为族群关系研究提供一些参考。

1. 从高地到低地

老挝被联合国评为49个世界上"最不发达国家"之一，大多数少数民族聚居在老挝的边远山区，政府与他们生活的联系并不紧密。在1975年老挝新政府成立之后，老挝便开始采取一系列措施，试图改变这种分布格局。人民革命党把民族问题提上了重要议事日程，给予了特别的重视。政府采取措施，对边缘地区和高地的少数民族相对集中的地区拨出专项资金，用于道路、水利、学校和医院及其他基础设施建设，同时研制了多项少数民族和边缘地区的开发项目，向联合国开发计划署、联合国教科文组织和其他国际金融机构申请救助，每年可以获得一些项目救助，帮助加快少数民族地区的经济发展和基础设施建设。然而这些工作中最重要的便是将高地民族搬迁到低地平坝地区，政府专门派遣工作队动员和组织少数民族搬迁到低地开垦水田、果园和其他经济林园，无偿划给农业用地，资助购买种子、化肥、耕牛和其他生产工具，甚至提供住房建筑材料和部分生活用品。这些看似非常人性化的政策，干部到村子来要求村民迁往低地时，却影响了他们的生活，因为革命刚刚完成的时候，这种事情多是靠行政命令甚至武力来完成的。大部分赫蒙族并没有听从政府的安排从高地搬到低地生活，甚至逃离得更远，收效甚微。

如今，由于有了外国捐助者的监督，老挝政府开始转而采用劝说的方法。这样的搬迁并不只是为了增强政治控制，也是为了提供更好的社会服务。这样做也考虑到了高地耕作对于生态环境的影响。早在20世纪60年代，宋萨宁亲王就向皇家老挝政府建议过实施此政策，欧安拉提考认为，这样有助于解决种植罂粟的问题。这一政策涉及许多方面，其复杂性是人所共知的。然而，到了老挝人民共和国执政时期，他们靠简单的行政命令来处理这些问题，因此搬迁令在执行时往往遇到少数民族的抵制和反抗情绪，也使缺少必要准备的少数民族变得比以前更加穷困。但是，少数民族穷困、社会地位低的首要原因就是他们处于偏远的山区。像赫蒙族那样进入教育体系的少数民族取得了不错的成绩，在这个国家的高层中都可以看到他们的身影，而不是像某些记者所说的那样，赫蒙族在老挝遭到了迫害。实际上赫蒙族是老挝最成功的族群之一。政府的出发点是正确的，但做法或多或少是不合理的。旧的观点认为山地人因恶劣的自然地理形态和经济发展水平限制了其文明的发展，从而未能成为国家的成员，而学术界最新的观点认为山地人是逃避国家的移民过程。① 在战争及其各种政治斗争的余波之后，赫蒙族对政府心存恐惧，不认可政府的行为从而产生对抗情绪是可以理解的。

从政府的角度而言，让高地少数民族尽快搬下来生活，能实现多方共赢，既稳定了国家的统治，又改善了高地少数民族的经济窘况，还保护了生态环境。整个过程中的问题在于少数民族对这一政策背后意图的理解，是否将其善意误解为单纯的政治目的。这需要经过几代人长期的努力才可以慢慢消除，正如琅勃拉邦三赛村的赫蒙族一样，最佳的途径是赫蒙族带头人的劝说，其效果远远好于政府的口头说辞。

2. 市场的力量

老挝经济的各行业中，采矿业的比重一直占据GDP的第一位，该行业

---

① 詹姆士·斯科特：《逃避统治的艺术：东南亚高地的无政府主义历史》，王晓毅译，生活·读书·新知三联书店，2016，第153页。

带来的受益面非常窄，主要集中在政府以及部分产业资本家。部分矿区附近生活的少数民族可以前往参与淘金、挖矿等体力活，但总体而言，大部分普通民众并不能从中直接受益。给普通百姓带来直接收益的是近年来发展迅猛的旅游业，老挝的旅游业是从1986年老挝人民革命党实施革新路线后起步的，而真正走上发展正轨则是从1990年老挝政府开放边境口岸，允许外国游客进入老挝旅游开始，至2005年，老挝的旅游业正好走过15个年头。然而就在这15年间，老挝的旅游业成为其最主要的外汇收入来源之一。1990～2000年年平均增长率高达27%；2000年、2001年、2002年和2004年的旅游外汇收入都突破了亿美元大关。2005年老挝的旅游业资料尚未有完全统计，但据有关资料显示，仅2005年上半年来老挝旅游的人数已达55万人次，估计2005年会突破100万人次。①

老挝的旅游资源丰富，有1000多处旅游景点，除了琅勃拉邦和巴色的瓦普寺两处世界遗产之外，老挝18个省均有自然景观以及多样的民族文化特色，可以为国外游客展示丰富多彩的节日活动和民族风俗习惯。旅游业是劳动力密集型产业，为老挝各民族提供了大量的就业机会。根据老挝国家统计局的统计数据，2003年，老挝有大约9.7万劳动者从事旅游相关行业，占劳动力总数的4.3%。老挝80%以上的劳动力从事农业，其中90%以上只耕种春季糯米。因此，他们有大量剩余时间。自开放旅游业以来，生活在旅游景点附近的农民纷纷参与招待所、饭馆、旅游向导等服务性行业。②

旅游业对于少数民族的经济与文化发展有着越来越重要的影响，主要表现在以下几个方面。

第一，带来经济收入和族群迁徙。追求更好的生活和更高的经济收入是全人类的共同目标，老挝各少数民族在国家主导的旅游开发政策中大面积受益，特别是在一些旅游热门省份，比如琅勃拉邦、万象、川圹、巴色等省。旅游开发给当地人民带来了大量的消费者，他们购买当地出产的农

---

① 梁大宗：《老挝旅游业发展15年回顾与展望》，《东南亚纵横》2006年第10期。
② 文小玲：《老挝旅游业的发展现状与战略规划》，硕士学位论文，吉林大学，2005。

产品、手工艺等，将老挝人眼中平淡无奇的商品当作纪念品带回国内。随着旅游市场的形成，这些地区少数民族的经济收入得到提高。这种收入水平的提高渐渐带来族群内部的迁徙和流动，正如琅勃拉邦市三赛村的赫蒙族。当住在偏远山村的赫蒙族亲友听说旅游开发带来的好处之后，越来越多的高山赫蒙族开始迁往交通便利的旅游景点附近，希望借助旅游开发来增加收入。这种现象得到了老挝政府的肯定，解决了当初想方设法而未能解决的问题。这一现象也带来一系列的问题，比如住房、农地等，还需要在政府主导下，合理调配资源，适当给予优惠政策或者经济补贴，从而让这些迁来的少数民族能够真正立足，长期定居下去。

第二，旅游业的发展帮助各民族整理和保护传统文化。在市场经济下，供需关系决定商品的价格。随着旅游市场的日渐成熟，大批外国游客前往老挝体验异国风情和民族传统文化，享受廉价的各种服务和消费。老挝旅游局和世界各国电视台开始合作，大力推介老挝各地的旅游资源，最典型的是与韩国一家电视台合作播出一档综艺节目。在老挝万荣市录制了各种旅游娱乐项目，节目播出后引起轰动，引发大批韩国年轻人前赴后继前往俗称"小桂林"的万荣休闲度假。这些年轻游客大大刺激了万荣当地的少数民族服饰、手工艺品等商品的生产和消费，而这些在相当长一段时间里并没有引起当地人的注意，甚至有衰落的迹象，直到这些年开始重新成为市场上的新宠。除了海外游客对少数民族的好奇，还有一类离散在外的族群同样带动了民族传统文化的复兴。以世界各地的赫蒙族为例，在老挝政府开放了出入境管理之后，大批海外赫蒙族人回到老挝寻根或者探亲访友，他们非常希望能够在老挝找回居住国消逝的赫蒙族传统文化，因此在结束行程之前会采购大批手工制作的赫蒙族服饰、刺绣等手工艺品，而这直接带来了老挝赫蒙族族群意识的觉醒以及恢复传统文化的信心。从赫蒙族服饰的价格上可以直观地看到这种民族工艺品受热捧的程度。2013年，一套手工制作的赫蒙族服饰，其价格约2000元人民币，而这还不包括价格更为昂贵的女装银饰挂件等。虽然手工制作费时费力，往往需要一个熟练女工耗费一个月的时间，即便如此，非常可观的收入还是吸引大批赫蒙族姑娘开始加入学习传统服饰制作的队伍中，而这一劳动在此之前则被认为是低级的苦力活，很少有年轻姑娘愿意学习。老年人担忧的是，年轻人学习的热情并不是源于真心热爱民族传统文化和手工技艺，而是为了提高经济收入，一旦手工制作渐渐被工业仿制品取代等因素带来服装价格下跌，年轻人又将会消失热情。

五　民族政策

老挝作为一个多民族国家，民族成分极其复杂。历史上，封建统治者把老挝人民简单地分为两种类型：佬（自由人）和"卡"（kha，即"奴隶""奴仆"）。独立后，政府曾开展民族识别与划分工作。1968年，老挝革命政权把老挝的民族划分为3个系统68"份"（部族）：老龙族系10份；老听族系43份；老松族系15份。[1] 1985年，老挝民族工作委员会最终认定老挝有47个民族。2000年8月，老挝政府主持召开关于老挝族群名称的研讨会，经过反复论证，宣布老挝的民族为49个，共分为4个族群：佬泰族群、汉藏族群、孟高棉族群和苗瑶族群。[2] 2005年，老挝政府出版《老挝人民民主共和国各族群》，官方正式公布了老挝民族划分，认定老挝有49个民族，共分为4个族群：佬泰族群、孟高棉族群、汉藏族群和苗瑶族群。其中佬泰族群包括佬（Lao）、泰（Tai）、润（Nhuan）、央（Yang）、普泰（Phuthai）、泰泐（Tai Lue）、些克（Saek）、泰纳（Tai Nue）；孟高棉族包括阿拉克（Arak）、克木（Khmu）、巴莱（Pray）、兴门（Xiangmon）、尔都（Oudu）、拉蔑（Lamet）、叁刀（Samdao）、卡当（Katang）、玛龚（Makong）、德里（Tri）、达奥（Taoy）、日鲁（Yru）、达伶（Trieng）、布劳（Brao）、卡都（Kadu）、奥衣（Oy）、卡伶（Krieng）、色当（Sedang）、雅珲（Nhahun）、拉维（Lavy）、巴科（Pakoh）、高棉（Khmer）、都姆（Toum）、克里（Kri）、温（Ngon）、毕（Bid）、朋（Phong）、艾（Nheg）、芒（Moy）、蔷（Cheng）、隋（Suoi）；汉藏族群包括巴拿（Pana）、阿卡

---

[1] 黎巨捻：《现今老挝的民族分布》，范宏贵译，《广西民族研究》，1992（增刊）。
[2] Joachim Schliesinger, *Ethnic Groups of Laos*, Bangkok: White Lotus Press, 2003, pp. 64–113.

(Aka)、拉祜（Lahu）、西拉（Sila）、哈尼（Hani）、倮倮（Lolo）、普内（Phunoi）、贺（Ho）；苗瑶族群包括苗（Hmong）、瑶（Yao）。① 正因为族群结构和成分如此复杂，老挝历届政府一直非常重视如何通过恰当的政策来解决民族问题，保障国家稳定健康的发展。

（一）老挝民族的特点和发展

老挝的少数民族结构复杂，分布相对比较分散，他们沿着中央越南山脉分布。老挝的山地民族是其中最重要的组成部分，其总人口占老挝总人口的50%～60%。因此有必要对老挝山地民族做一个概念上的界定，以回应外界普遍存在的误解。首先，山地民族分类下包括高地民族、非佛教徒傣族（老挝人和泰国人的祖先），他们在文化上经过逐渐的转化，成为今天的老挝人和泰国人，这个过程今天还在持续。老挝西北的佛教徒傣仂族，有时被称为部族，但与老挝族几乎难以区分。在老挝南部的甘蒙、沙湾拿吉、沙拉湾，普泰族人是非佛教徒的傣族，像北部的黑傣和白傣一样。这些民族中的许多正处在演变为佬族的过程中，这个整体的老挝化过程模糊了它们之间的界限。因此，广义的傣族人口也许占总人口的60%～70%。各种民族对自己的民族感知或者区分，不但因地点和时间不同而不同，而且随着所处的环境不同而不同。

以此为开端，皇家老挝政府开始一种自觉的转变，从前现代的社会关系转变到那些现代民主所要求的关系。因此，1947年宪法规定"老挝公民包括所有在老挝领土上长期生活的各种种族的个体，并不具有其他任何国籍"，这一种族平等的声明领先于邻国，例如泰国。这也领先于一些自由民主国家，如澳大利亚，其世居民族直到1967年才拥有完全的政治权利。还有美国，其黑人直到20世纪60年代中期才在南方获得完全公民权利。当然，这还不能阻止来自这些国家的时事评论员采取一些道德上的优越态度，他们认为老挝人对于少数民族有偏见。统治阶层的个别成员，如宋萨宁亲王是西北部华孔省（今琅南塔省和波乔省）的省长，他对少数民族事

---

① 黄兴球：《老挝族群论》，民族出版社，2006，第235页。

务怀有深入而持续的兴趣。据称他几次徒步进入这个少数民族聚居省的所有村庄，他于1959年创办《老挝蒙》杂志，该杂志以刊登、连载多种少数民族的文章和照片而出名。1948年出版的《自由老挝史》一书特意刊登了一幅照片，是卡代与两名来自沙湾拿吉省的达奥族（Ta Oi）妇女的合影。卡代曾建议老挝改名为澜沧，从而去除隐藏在名字里的种族含义。在山地少数民族和老挝族之间的传统仪式联系，每年都被琅勃拉邦法院重新认定，在占巴塞则由文翁纳来重新确认，老挝国王和贵族借此承认"卡人"为他们的兄长，取消了正式的等级制度，因为卡人被认定为先拥有这片土地。很多少数民族不但不是部族，还与低地国家在更广泛的宗教仪式上有联系，而且至少是地区经济的一部分。例如，来自琅勃拉邦的克木族随季节在泰国清迈以砍伐柚木为生。只有那些崎岖高山上最偏僻的部落才接近"部族"这个概念，而且只在某些地方才有很小的群落以狩猎采集者的身份来维持他们的生活。

老挝各民族经过了长期的发展和演变，目前总体上而言，呈现如下几个明显的特点。一是老挝人口分布不均衡，北密南稀，东部人口分布少，密度低；西部沿湄公河的河谷平原，人口分布多，密度高。二是由于复杂的地形和民族形成过程，这个国家民族分布明显的特点是民族交错分布遍及各地。当然，因具体条件不同，交错分布的程度各地之间有分别。三是老挝各民族按照不同地形分布，形成明显的"立体分布"现象。在低地河谷地带主要是佬人，在山坡丛林地带分布着山地泰人（在东北部）、山地高棉人（在东南部）和崩龙佤语族的民族（在西北部）；在最高的山上住着赫蒙、瑶和藏缅语族的拉祜人和哈尼人。[①]

（二）民族政策与民族关系

一个国家的民族政策直接关系到各民族之间的政治权利、经济利益等其他资源的分配等，会直接影响该国的民族关系。老挝作为多民族国家一开始并未认识到该问题的严重性，特别是在建国初期，在进行社会主义国

---

① 许红艳：《老挝的民族问题与民族政策》，《曲靖师范学院学报》2010年第2期。

有化改造的过程中,过于强调国族建构,急于推进老挝化进程。最终导致在 1975 年到 1980 年制定了相对激进的民族政策,比如强制要求山地少数民族下山迁到平缓地带生活,甚至在少数民族地区强制推行佬族的风俗习惯和佛教文化等。这一系列做法影响了民族关系的正常发展,特别是未能处理好赫蒙族遗留问题,使赫蒙、佬民族关系不断恶化,造成大量赫蒙族难民移居海外,对老挝的民族工作造成了不良影响。

1980 年,老挝政府开始认识到过去激进的民族政策非但没有完成国家意识建构和国家认同,反而激发了国内少数民族的抵制情绪,开始重新制定相对比较温和的民族政策。1982 年,老挝人民革命党第三次全国代表大会提出,要发挥党的统一战线作用,加强各民族的团结,增强各民族维护祖国统一的意识,最终实现各民族的平等互助和共同繁荣,消除民族仇恨与隔阂。[①] 具体做法包括在政治上实行民族平等,对少数民族在经济上予以扶持,在教育上予以适当倾斜和照顾等,这些做法赢得了少数民族的支持和信任,老挝的国家认同和文化认同才得以取得进展。

尽管 1980 年以来,老挝政府采取了一系列温和的民族政策,缓解了国内民族矛盾与冲突,民族团结工作取得了很大的成绩。但对赫蒙族而言,一些情况也在发生改变。90 年代对于出入境政策的放宽使老挝少数民族可以到美国去探望当年逃难过去的亲属,他们的亲戚也可以到老挝来看望他们。这是一个与海外赫蒙族人讨论赫蒙族过去与未来的渠道,这个话题在海外赫蒙族人中备受热议,在老挝国内也形成了与老挝政府主流意识形态相竞争的一种话语。总之,与美国的种族政策接触让赫蒙族人要求自治的决心更加坚定了,但是这种接触对佬族人的影响就不得而知了。一些很少抛头露面却同样举足轻重的少数民族如克木族,也在无声地表达他们的不满。克木族是巴特寮军队中一个重要组成部分,其中一些人还成了军官,还有极少数人是军队外的高层官员。

2000 年,一位比较有影响力的克木族人曾表达不满:"革命时期说的都是党如何如何照顾群众,现在是群众必须支持党。看看万象,佬族人都

---

① 许红艳:《老挝的民族问题与民族政策》,《曲靖师范学院学报》2010 年第 2 期。

很富足，可看看乡下的克木族，都很贫穷！他们没法上大学，除非他的爸爸是个上校，有办法走后门，不应该是这样的。"瓦塔纳·奔舍那（Vatthana Pholsena）在他对老挝南部曾经支持革命的少数民族的研究中发现，革命分子曾经具有的分享精神在后社会主义的老挝已经被侵蚀得面目全非了。他记录了一位革命支持者的抱怨："孩子，我告诉你，现在那些掌权的人根本不关心少数民族！所有的东西全是老龙族的，而且只给老龙族！不过我们是诚实的人，不靠徇私去弄好处，这不是党和政府的错，是那些搞教条主义的人的错。"由于他们作为革命分子的身份，不断在贬值，"'少数民族的身份'也变得不受欢迎了"①。

六 小结

（一）多重认同的辩证统一

赫蒙族个体的自我认同及其家族认同是其族群认同的前提与基础，也是国家认同的前提与必要条件，国家认同则是族群认同发展的高级阶段和民族发展的价值目标。人作为多样性的群体存在，必然伴随着多重认同的并存。赫蒙族的家族认同、族群认同与国家认同必将长期存在。

需要指出的是，从存在的时间上看，赫蒙族的家族认同时间最长，族群认同次之，国家认同存在的时间最短。从稳定度上来看，越是高级的国家认同，其稳定度越低，极易受到外在因素的影响。越是低级的家族认同，其稳定度越高，生命力越强。从认同发展的阶段上来看，认同是个体应对外在环境变化的一种策略性选择，在早期的"依生阶段"，个体依赖自然馈赠和家族集体的互助，结成了家族组织和集团。一个家族的生活范围很小，一切自给自足，甚至不需要建立复杂的社会协作系统，是老子口中理想的"小国寡民"社会，"鸡犬之声相闻，民至老死不相往来"。等到了各族群互相交流与互动的竞生时代，伴随着不同族群之间的竞争与博

---

① V. Pholsena, *Post-war Laos: The Politics of Culture, History, and Identity*, Cornell University Press, 2006, pp. 208-209.

弈，家族不能组织更大规模的力量来对抗外族的入侵和挑战，不得已形成了族群的认同，此时是非常复杂的阶段。赫蒙族内部也因此而发生了分歧，在中国开始出现"黑苗"和"白苗"，在老挝出现了"亲美""亲法""革命"等多个派别。如果没有复杂的外部力量的进入和博弈，赫蒙族不会分为如此众多的支系，也不会离散到世界各地。因此，竞生阶段的各种利益冲突与诉求是导致赫蒙族离散的根本原因，赫蒙族丰富的文化也是应对外在环境变迁的一种策略性存在。至于共生阶段而产生的国家认同，本质上是社会发展到高级阶段一种族群生存的高级文化策略，是一种更高级别的认同，必将带来文化的重构。

（二）认同策略是对外界刺激的反映

政治认同可以依靠国家政策来解决，只要从制度上保障了各民族的利益，各民族很容易建立起对该国家的政治认同。站在长时段上来看待一个民族的认同，比如赫蒙族的家族认同、族群认同、国家认同，则是对外界环境不断变迁的适应策略。历史学家汤因比曾经通过对人类大部分文明类型的比较研究发现，人类文明的发生都与外界的刺激有关，他将这些外在的刺激分为以下几种类型。第一，严酷地理条件的刺激。比如古希腊地区，土壤瘠薄难以发展农耕，雅典人却因此发展了橄榄种植业、陶瓷制造、采矿业与海洋贸易，产生了灿烂的海洋文明和城邦文化类型。第二，新社会环境的刺激。比如佛教在古代印度衰落后，却在锡兰继续传播小乘佛教，而大乘佛教在中国生根发芽。第三，外部打击与文明压力的刺激。比如古罗马对基督教徒的镇压长达300年之久，基督教非但没有灭亡，反而迅速成长为世界三大宗教之一，罗马人最终也皈依了基督教。是不是挑战越大，带来的文明动力越大？答案是否定的。汤因比指出："足以发挥最大力的挑战是在中间的一个点上，这一点是在强度不足和强度过分之间的某一个地方。"他称之为"中道"。[①] 同理，人类社会几大文明的诞生也说明了这一点，比如中国黄河文明并非诞生在自然条件

---

① 阿诺德·汤因比：《历史研究》，曹未风等译，上海人民出版社，1959，第174页。

极好的江南水乡，也没有诞生在条件恶劣的大漠，而是条件适当优越的黄土高原。

就赫蒙族而言，在氏族部落时代，家族认同是对"小国寡民"社会的适应策略；在各族势力博弈的竞生时代，族群认同是寻求自身利益的最佳策略；在民族国家建立的共生时代，国家认同将是最终的理性选择。任何一个民族其发展的潜力都来自其文化策略的弹性和反应的速度。赫蒙族如今成为世界性民族，分散在多种文化形态与社会形态之中，嫁接在美国文化"台木"上的赫蒙族"接穗"已经开花结果，这预示着赫蒙族将会创造更加具有活力的文化形态。

第五章

从依生、竞生
走向共生

第五章　从依生、竞生走向共生

学术界针对人类起源问题一直充满争议，主要有"多地区进化说"与"非洲起源说"（又称取代说或夏娃说）两种对立的观点。① 多地区进化说的主要证据是人类留在地球上的化石，然而这种理论面临两大缺陷。其一，要证明多地区现代人的连续进化需要大量的化石来证明，目前虽有德国解剖学和人类学者魏登瑞找到化石，但要从化石上论证多地区起源论还需要大量证据。其二，化石并非证明人类起源最佳的工具。大量化石因为气候被毁，无法找到。此外，即便找到再多的化石来证明多地区起源理论，但只要有一个新出土的人类化石不支持该理论，该理论则可能被证伪。基因才是寻找人类起源的最佳工具，人骨化石恰恰是基因的最佳载体。随着遗产学和基因技术的快速发展，越来越多的证据支持1987年由威尔逊教授提出的非洲起源说。

2005年，来自美国、中国、英国等多国科学家合作开展了"基因地理工程"的基因人类学研究计划，最新基因研究结果表明：大约10万年前，现代智人逐渐迁出非洲，4万~6万年前，一部分人迁徙到欧亚大陆，与当地尼安德特人发生交融，先是来到了南欧和中东，部分留下来；一部分则继续东经进入今天阿富汗、伊朗等中亚地区，逐渐扩散到整个亚洲地区，并从东南亚群岛进入大洋洲；一部分从中东地区北上到达高加索地区，其中分化为两线，一线到达北欧，一线跨过白令海峡进入美洲。距今2.5万年前，人类足迹已经遍布五大洲，形成今天人类分布的格局。世界三大人种的出现顺序应该是尼格罗人种、欧罗巴人种，最后才是蒙古利亚人种。中国人经过4万年的演化，逐渐形成了56个民族。

---

① 吴新智：《现代人起源的多地区进化学说在中国的实证》，《第四纪研究》2006年第5期。

历史学家霍尔曾说："今日的东南亚是人类学者的乐园。"① 从自然地理上看，中国的西南地区与东南亚是一个地理整体，是横断山脉与萨尔温江、澜沧江—湄公河和红河等把它们结为一个整体；从文化和族群的角度看，两者之间也是紧密相连、不可分割的，跨界跨国民族广泛分布于该地区。② 自然地理的特殊性造成了东南亚的族群复杂性，世界上2000多个族群中约有1/4生活在东南亚地区。非洲人较早抵达了东南亚，因此这里也是一个民族分化的中心，这一点得到了最新的分子人类学的验证。东亚人群中有分布的19种Y染色体单倍型，编号从H1到H19，其中H2、H3是从中亚进入的类型。③

根据基因学中的基因突变速率恒定的原理，现代智人在出走非洲10万年的时间里，本质上不会产生智力和身体结构上的差异，这给我们从文化上来分析目前各民族文明差异指明了道路，那就是从文化离散上找原因，而不是从族群体质差异上找原因。

第一节　文化离散与认同

过去学者分别从不同的侧面和角度来研究文化，成果丰硕。一些学者从文化类型角度来理解文化。比如本尼迪克特将文明按照文化模式来分类，文化模式是一个民族文化或一种文化的各个文化特质丛相互联系整合成为协调一致的、系统的结构状态，进而将文明分为"日神型"和"酒神型"。"所有各种各样的行为，诸如谋生、择偶、战斗和神氏崇拜，都依据文化内部发展起来的无意识选择规范而被交融到了统一模式之中。"④ 马克思从唯物史观出发，以"存在决定意识""经济基础决定上层建筑"为原

---

① D. G. E. 霍尔：《东南亚史》，中山大学东南亚历史研究所译，商务印书馆，1982，第21页。
② 石茂明：《跨国苗族研究：民族与国家的边界》，民族出版社，2004，第325页。
③ 杨俊、李辉、金建中等：《上海原住民的Y染色体遗传分析》，《中央民族大学学报》（自然科学版）2004年第1期。
④ 露丝·本尼迪克特：《文化模式》，王炜译，社会科学文献出版社，2009，第36页。

则,将人类社会文明按照"原始社会—奴隶社会—封建社会—资本主义社会—社会主义社会"的进化模型来划分。总的来说,主导人类社会推动其向前发展的力量和关系有政治、经济和宗教三种,如果按照这种主导性力量来划分不同的文明类型,中国是政治型文明的代表,印度是宗教型文明的代表,西方大多数文明则是经济主导型的文明,伊斯兰文明是政教合一型的文明,日本文明是三合一(民族主义、宗教精神与政治经济一体化)的特殊文明类型。[①] 当然还可以按照经济生产方式将文明划分为"农耕文明""游牧文明""海洋文明""工商业文明"等。

而对于离散赫蒙族,很难用一种单一的视角来分析和研究,因此本书在结合过去一些传统的分析方法的基础上,尝试从文化离散与重构的角度来分析赫蒙族文化。作为一个离散族群,老挝赫蒙族主要是由早期"黑苗"的化外之民迁徙而来,自然有其与其他族群不一样的文化特征和表现,并与其他各国的离散群体一样,在迁居他国一段时间之后,发展出独特的文化样貌。

一 老挝赫蒙族的文化模式

文化作为一个系统,是为该民族更好地生存而服务的,既要适应族群所处的自然地理条件,又要适应其特定的经济生产方式,还要建构一整套意义系统来指导族群的日常行为和社会秩序。从这个角度上来讲,老挝赫蒙族的早期文明可以被称为"游耕文明",介于农耕文明和游牧文明之间的一种形态,通常被称为"山地文明"。与传统的密集型定居农耕文明不同,山地文明往往是分散的,或者说以家族形式小范围集中的,并且是移动的。因而要想更深刻细致地认识赫蒙族的文化,必须要回到其文化最初形成的地方即文化源地,从其文化各要素或文化特质中去寻找答案。

马克思在《1844年经济学哲学手稿》一书中论述,作为有生命的自然

---

① 刘军汉:《与西方自由民主理论相抗争的新学说——文明类型理论简介》,《理论月刊》2010年第10期。

存在物，人一方面具有生命力和自然力，是能动的自然存在物；另一方面，人和动物一样，是受到自然制约的存在物。① 赫蒙族作为一个依靠自然馈赠的游耕民族，在族群发展的依生阶段，发展出了一系列与自然相互依存的经济生产方式和宗教价值观，比如延续至今的建立于万物有灵基础之上的自然崇拜。

从整体上来看，苗族的游耕文明本质上是农业文明的一个分支，与古希腊的工商业城邦文明截然不同。它依赖的是家庭内部的协作，而不需要大范围的集体协作与交换，因此是相对封闭的文明形态，这是它作为农业文明的一方面；但另一方面，它又与传统密集型的黄河流域农业文明不同，它是以家族形式迁徙的游耕文明，没有发展出大规模的协作体系，不需要处理复杂的阶层关系，因而没有发展出类似汉族的伦理道德体系，而发展出一套自然宗教体系。由此推导，苗族文化与汉族文化的不同表现在几个方面：首先，它是宗教主导型文化，汉文化则是政治主导型的封建文明；其次，汉族强调大一统的社会等级思想，发展出"家—国—天下"的宏大体系和社会秩序架构，并通过礼仪、孝道等制度来维护。而苗族没有发展出大一统的国家观念，因此更强调家族的认同与宗教的信仰。"国"在甲骨文中的写法是"㦿"，原意是"用武器守卫城邑（口）"。后来在隶书中加入方框表示疆域而发展成"國"，这就是早期汉族"国家"含义的演变。作为迁徙的山地苗族，尽管与汉族同为农业文明，但没有发展出国家的形态，因此也没有发展出类似汉族的一整套礼仪等社会制度和仪轨，相反发展出一套围绕"迁徙"展开的宗教礼仪和叙事体系。这也就不难解释，被帝国称为"黑苗""生苗"的部分苗族最终一路南迁到东南亚的深山密林之中，本质上就是逃避策略的显现，即"不抵抗的艺术"。

老挝赫蒙族的文化模式呈现宗教主导、封闭性等特点，但是这种情况会随着外部环境的改变而受到挑战。美国赫蒙族的现状对赫蒙族传统的文化模式带来巨大的挑战，给族群的生存和发展带来巨大的变革与机遇。

---

① 马克思：《1844年经济学哲学手稿》，《马克思恩格斯全集》第42卷，人民出版社，第167页。

首先，宗教主导型得到延续，但在缓慢改变。美国赫蒙族逐渐改变了生产方式和协作方式，其宗教主导型的文化模式在赫蒙1代中得到了很好的延续，然而随着代际的传递而变迁，赫蒙2代已经逐渐偏离了赫蒙1代的期望，部分赫蒙族已经改信了基督教。当然，赫蒙族改信不是美国赫蒙族才有的现象。1950~1990年，老挝赫蒙族教会数量猛增。1980年至今，近百万的越南北部赫蒙族已有1/3的人从动物崇拜或祖先崇拜转变为福音派新教徒。① 美国赫蒙族处在遍地基督教团队的社会环境中，改信的阻力会更小。在这个过程中，赫蒙族传教士起到了重要的作用，赫蒙族如果一开始加入白人组成的教会自然会有心理障碍，但是加入赫蒙族教会，不用跨越种族、语言的界限，则更乐于成为基督徒。除了赫蒙族传教士作为纽带的因素，美国赫蒙族希望在维持赫蒙族身份认同的情况下，借助宗教信仰的改变来完成"现代性的植入"，与过去苦难的历史记忆做一次切割，融入美国主流社会获得更美好的生活。

其次，从封闭逐渐走向开放。30年来，在美国中西部地区，赫蒙族成为亚裔人口的主体。赫蒙1.5代和赫蒙2代长大成人，受教育程度主要为本科。② 赫蒙族不再是过去那个备受歧视的封闭的小群体，而是一个备受关注的重要的族群。一些美国大学相继成立了赫蒙族研究项目。例如，威斯康星大学密尔沃基分校成立了赫蒙族离散研究项目（the Hmong Diaspora Studies Program）、美国康科迪亚大学圣保罗校区成立了赫蒙族研究中心（Center for Hmong Studies）。与此同时，赫蒙族不断走出封闭的社区，开始到社会上工作。以明尼苏达州的张氏家族为例，张氏有220个家庭1080人。80%的人拥有工作，余下的主要是老人；80%的家庭买了房子，其余的租房子住；有12个人做生意；有3位博士。现在，大家都努力工作和读书，各方面越来越好了。③

---

① 吴清心、黑颖、杨莉：《近年来越南北部苗族新教皈依者的民族性和跨国性》，《世界宗教文化》2013年第2期。
② 何泠静：《转向与突破：苗族研究与美籍亚裔研究的对话——美籍亚裔研究会2015年会议综述》，《凯里学院学报》2016年第4期。
③ 张晓：《美国社会中的苗族家族组织》，《民族研究》2007年第6期。

二　离散与认同

早期赫蒙族文化体系是一个逻辑自洽的带有遮蔽性的封闭系统，但随着社会背景、自然背景的变迁，其封闭性被打破，从而面临巨大挑战。赫蒙族在离散过程中，并没有完全丧失自身的文化认同，脱离与故国的关系，相反在老挝和西方赫蒙族的文化要素中，依然保留着中国赫蒙族的文化特质，诸如族源神话、宗教信仰、家族认同与族群认同等。此外，部分老挝赫蒙族依然记得祖先曾经在中国生活的大致区域，并保持着对中国经济和社会发展的关注。出于对赫蒙族的文化认同和身份认同，每年仍然有一些老挝赫蒙族前往中国参加苗族新年和寻根活动。

（一）宗教的离散与认同

老挝赫蒙族发展出围绕"迁徙"建立的宗教仪式体系。不仅如此，赫蒙族所有的节日、习俗等都与其古老的宗教有关。在赫蒙族族群发展的依生阶段，赫蒙族常年在东南亚的深山密林中迁徙游耕，跟大自然朝夕相处，与豺狼虎豹比邻而居，发展出一套万物有灵的自然崇拜宗教系统。早期人类社会中多数民族经历了万物有灵的传统宗教阶段，但经过时间的推移和生活环境的改变，赫蒙族的万物有灵信仰保存了下来，而许多民族则没有。赫蒙族人的宗教仪式体系是将今生和来世连接起来的一种实用主义策略，从而发展出一套"送魂"等信仰与实践体系，建构出他们的秩序观念与象征结构。

法国人类学家盖纳普把诸多人生转折期，比如出生、成年、结婚、死亡等时刻举办的仪式都称为过渡仪式。在这些特殊的时刻，个体都面临着从一种自然或社会状态向另外一种状态的转化，为了强化这种转化的意义或者减少转化的危害，各个社会都会制定一套严格的仪式规程，个体必须通过它们才能完成转化。[①] 特纳在此基础之上提出了阈限理论，强调过渡

---

① A. V. Gennep, *The Rites of Passage*, The University of Chicago Press, 1960, p.11.

仪式对个体的重要性以及仪式当中社会结构的颠倒。① 赫蒙族的每一次迁徙都打破了日常生活的平衡状态，给族群带来了一定程度的心理压力和对未来不确定性的恐惧。为了化解这种现实的焦虑和危机，平稳度过类似于出生、死亡的迁徙时期，赫蒙族发展出了万物有灵信仰与送魂等仪式。在他们看来，个人有灵魂，家族、村寨等皆有灵魂。魂是苗族的核心象征仪式体系，复杂的送魂仪式帮助赫蒙族人淡化了由不断迁徙带来的焦虑和不安，转而借由过渡仪式寻求灵魂永生的平安喜乐中。赫蒙族人的坟是不立碑的，他们只是浅埋于土中，似乎过于"草率"，因为在他们看来，人死之后灵魂会回到老祖先的故土，得到永生。后辈如果迁徙异乡，也不会记得祖坟的位置。重要的是灵魂回到故土，相比之下祖坟就显得举足轻重了。与仪式相对的传说及其口头文本中，多处表达出迁徙途中的艰辛，洪水与迁徙是其中两个最重要的主题。

澳大利亚人类学者格迪斯认为，赫蒙族在长期迁徙的过程中被分散为若干零星的、小规模的群体，散布在诸多民族之间，但依然较好地保持了本民族的传统文化和族群认同。在这一点上，赫蒙族比犹太人更加出色，因为他们缺乏文字、正统宗教这样的整合性力量，却同样保存着大量的文化特征。② 但是，格迪斯还是未能回答一个问题，即赫蒙族与犹太人一样是受难型离散群体的代表，但两者的文化发展方向为何截然不同。接下来，让我们看看赫蒙族在离散的过程中，其文化在哪些方面也表现出离散与重构的特征。

首先是宗教。宗教的英文是"Religion"，源于拉丁文的"Religio"，在拉丁文中有两层含义：第一是指在敬神行为上的"集中"和"严肃"；第二是指神和人的关系，表达人对神的敬畏的态度。宗教是在特定的自然地理条件和社会背景下产生的，因而会随着周围条件的改变而不断变迁。在族群发展的依生阶段，赫蒙族发展出了适应山地生活的万物有灵观念。但

---

① R. B. M. Gilsenan, "The Ritual Process: Structure and Anti-Structureby V. W. Turner," *Rain*, 1976 (14), pp. 12 - 13.

② B. W. R. Geddes, *Migrants of the Mountains*, Clarendon Press, 1976, pp, 3 - 5.

随着部分赫蒙族从深山密林二次迁徙到城镇人口相对密集的地区，其生活的社会环境和自然环境发生了明显的转变，随之而来的是宗教仪式的简化与缺失。在乌多姆塞省勐赛县的南旺诺村（navannoy 意为甜甜的田）、风魁村（phovkeiw 意即青山）、王黑村（vanghei）都普遍存在一种现象：作为从深山迁入城镇的村子，因为生活环境的改变、巫师的缺失，再加上生计压力的现实考虑，传统的婚姻、生产等场景过程中的宗教仪式均大幅简化，甚至消失，唯独依然重视丧葬仪式，即便如此，仪式过程还是得到了简化。这种现象同样发生在进入美国社会的赫蒙族身上。

和中国苗族一样，美国苗族文化的特征之一便是以鬼神信仰和祖先崇拜为核心的民间信仰，并没有发展成为所谓的官方宗教和现代宗教。关于信仰，他们中的很多人认为"我们信巫师"（we believe shamen），也有人信仰鬼神、祖先、蚩尤、佛教，等等。但大部分美国苗族还是以鬼神信仰和祖先崇拜为主，因此认为转信基督教违背了苗族的传统信仰，也就是违背了鬼神信仰和祖先崇拜。①

大多数民族经历过万物有灵的民间宗教阶段，大多有向一神教发展的倾向。即便多神教的代表佛教，在中国的发展也有类似信仰理念集中的趋势，比如禅宗的兴盛。赫蒙族的传统宗教信仰随着身处时代的快速变化，自身必须不断迭代和更新，否则就会面临美国赫蒙族大量转信基督教、天主教的命运。

关于赫蒙族接受异教的问题，究其根本原因还是赫蒙族进入了族群发展的第二阶段——竞生阶段。在族群互动日益频繁的早期阶段，族群之间的利益冲突和矛盾不断累积，此阶段族群意识凸显且具有较强的排他性特征。此时的赫蒙族需要一个精神领袖或者现世领导的出现，"赫蒙王"便是其集体意识诉求的最佳表达。这就是早期老挝、越南甚至泰国但凡出现一个"赫蒙王"便可以快速得到当地赫蒙族的拥护和追随的原因。天主教和基督教中一神的出现也满足了赫蒙族关于赫蒙王的集体

---

① 吴晓萍：《美国苗族移民的巫师信仰和实践》，《贵州民族学院学报》（哲学社会科学版）2004 年第 1 期。

想象，因而被多地区的赫蒙族所接受。"当传教士把耶稣受难场景通过投影仪放给这些赫蒙族人看时，他们的情绪立刻变得激动起来，当场有很多人站起来大叫表示愿意接受基督教。皈依后，他们把教士作为新的'赫蒙王'来崇拜，并逐渐放弃了赫蒙族本身的婚丧嫁娶等习俗。"① 同样，岑家梧先生在对云南嵩明地区的花苗改信基督的研究中发现，花苗完全放弃了原有的传统宗教信仰和仪式体系，庆典以圣诞节为主，婚礼葬礼由牧师主持。关于改信天主教的原因，岑先生认为，一方面是赫蒙族人把天主教当作济世救民的信仰与实践体系，另一方面是赫蒙族人把耶稣想象为承受了与自己相同苦难的赫蒙族先祖。② 只要竞生阶段中来自外部的压力长期存在，那么赫蒙族势必会通过改信宗教或暴力等方式来对抗。王富文在研究泰国赫蒙族从 20 世纪 50 年代到 70 年代中期的变化时，指出原来居于泰国北部山地的赫蒙族逐渐受到中央政府从政治、信仰、经济等方面的控制，例如禁种鸦片、佛教传播和泰语教育、权力进入等，最终爆发了 20 世纪 70 年代中期泰国赫蒙族的反叛。③ 老挝赫蒙族同样经历了从武力反抗（1918 年"疯人起义"）到改信宗教的转变，归根结底都是对当地政府或权力的一种非暴力抗争，不管是在中国、越南、泰国、老挝还是美国。即便发展到共生阶段，赫蒙族也不会退回到游耕文明时代的传统宗教中去汲取营养，因此在可预见的未来，赫蒙族的宗教依然面领着严峻的挑战。

（二）婚姻习俗的离散与认同

过去，赫蒙族是一个封闭的以家族为单位迁徙的游耕社会，每个家族都有自己的势力范围和生产半径，在这样一个自给自足的小型社会中，个

---

① S. W. Cheung, "MillenarianismChristian Movements, and Ethnic Change among the Miao in Southwest China," in *Cultural Encounters on China's Ethnic Frontiers*, University of Washington Press, 1995, p. 11.
② 岑家梧：《岑家梧民族研究文集》，民族出版社，1992，第 55 页。
③ 转引自詹姆斯·C. 斯科特《弱者的武器》，郑广怀、张敏、何江穗译，译林出版社，2011，第 34 页。

人的生活半径非常狭窄，不同家族和族群相互之间很少沟通与交流。婚姻的问题必须依赖大型的集会和庆典来解决，赫蒙族因此发展出了一系列的节日为青年男女择偶创造条件，比如"花山节""苗年"等，各地的节日名称有所差异，但表现形式大同小异。在节日庆典上，附近各家族的青年男女聚集在一起，男女面对面分成两排，通过唱歌、跳舞、抛绣球等形式谈情说爱，完成择偶的过程。"大型仪典、节日、舞蹈、部落竞技和娱乐本都是土著真正投入热情的活动，从中找到快乐和生命的意义。"① 除了娱乐与意义，节日庆典更重要的功能是交换人和物，葛兰言对此深有研究，他认为，大部分时间里，各群体是分散生活，社会生活实际上处于停滞状态。节庆将原本封闭的小型群体聚集起来，通过节庆仪式组成一个短暂的临时共同体，并实现集体交换的功能。这些交换与物品有关，但主要与个人有关；交换女性资源使各个部落和族群结成了婚姻联盟，形成相对稳定的交换市场。古代节庆的特征之一是性爱的狂欢，具有婚姻交换的重要功能。②

尽管类似赫蒙族新年、花山节等节日打破了赫蒙族各家族之间的封闭性，使交换婚姻成为可能。但这种边界并不是一次性打开的，而是一个缓慢的过程。王富文指出，与更多的家族通婚，可以增强家族在地域中的势力，而在东南亚的两大赫蒙族分支"绿苗"与"白苗"之间是互不通婚的，他们都倾向于在分支内部建立婚姻关系。③ 最早赫蒙族以姓氏结成一个个严格的禁婚氏族或家族，家族之间往往通过一些特殊禁忌来标记彼此的边界。比如越南赫蒙族部分杨姓家族忌吃动物心脏，部分李姓家族忌吃脾，等等。④ 在依生阶段，赫蒙族仅在内部不同家族不同姓氏之间通婚，即便是不同家族，同一姓氏之间也不准通婚。但随着族群交往的不断频繁，进入竞生阶段，为了获取更丰富的女性资源，这些婚姻习俗的禁忌逐

---

① 马凌诺夫斯基：《西太平洋的航海者》，梁永佳、李绍明译，华夏出版社，2002，第121页。
② 葛兰言：《古代中国的节庆与歌谣》，赵丙祥、张宏明译，广西师范大学出版社，2005，第23页。
③ N. Tapp, *The Hmong of China: Context, Angency, and the Imaginary*, Brill Academic Publishers, 2003, p. 11.
④ 郑宇：《仪式类型与社会边界》，中国社会科学出版社，2013，第11页。

渐放开。老挝赫蒙族开始出现跨族入赘婚甚至跨国婚姻等新的形式，这一方面是赫蒙族迫于生存压力做出的理性选择；另一方面也预示着赫蒙族传统婚姻观念开始丧失其固有的控制力，赫蒙族宗教和传统文化的影响力和控制力开始消解，在新的社会背景下开始从自身内部进行调适和嬗变。

婚姻在文化的外衣下通过自身再生产最终实现人类自身的繁衍，其本质是社会关系的连接和再现，在跨族婚姻互动中又是族群关系演变的晴雨表。马克思认为，历史中的决定性因素是直接生活的生产和再生产：一方面是生活资料，即食物、住房以及为此所必需的工具的生产；另一方面是人类自身的生产，即种的繁衍。特定的历史条件下，人们受到两种生产的制约：一方面受劳动的发展阶段的制约，另一方面受家庭发展阶段的制约。劳动愈不发展，财富愈匮乏，人际关系则愈加紧张，血缘关系在财富分配的社会制度中就显得愈加重要。① 从唯物主义的观点出发，老挝赫蒙族目前还处在一个受经济利益制约的阶段，因而其婚姻互动具有很强的功利色彩和利益考量，呈现族内婚、跨族婚以及跨国婚姻等复杂形态，以获取更丰富的婚姻资源以及社会资源，最终实现"经济和象征利润最大化"②。由此可见，随着族群发展阶段的推进，赫蒙族那由宗教主导的文化模式其边界开始慢慢消解，不但部分赫蒙族开始抛弃传统宗教信仰，即便坚守族群祖先崇拜和信仰的赫蒙族，也不再固守其宗教文化边界，开始允许族人不断通过跨族婚的方式扩大通婚圈，实现利益最大化。在全球化、市场化的今天，宗教主导性的赫蒙族文化必将受到越来越多的经济、政治等外部力量的冲击。

第二节　和合共生：族群边界与文化策略

挪威人类学家巴斯提出，是族群"边界"，而非语言、血缘等"内涵"

---

① 《马克思恩格斯选集》第 4 卷，人民出版社，1972，第 2 页。
② 度埃尔·布迪厄：《实践感》，蒋梓骅译，译林出版社，2003，第 235 页。

界定族群；一个族群的社会边界，而不是地理边界来界定族群。在族群竞生的阶段，一个群体往往会通过强调自身文化特征来限定我群的边界以凸显排他性特征。巴斯进一步指出，族群文化边界可分为两层意思：（1）明显的符号和标志——人们用以找寻并展示认同的分辨特征，这种特征常表现为服饰、语言、住房形式或一般生活方式；（2）基本价值取向：判断行为的道德和优良标准。① 简单地说，文化边界可以归为明显的符号和标志，即由有形边界及无形边界两部分所构成。

一 有形边界

家族、部落氏族、族群等人类集体形态在发展的过程中，无一例外出现了明显的象征符号和标志来界定自身的边界，以区别他者。中国自商朝早期或中期便出现了由氏族图腾或夏朝陶器刻绘符号等转化而来的族徽，用象形文字来记载祖宗名，刻制在青铜器上标记本氏族。商周青铜器上的同一族徽经常在不同地区、不同时代出现，说明先秦时期的贵族逃亡一般都是举族迁徙的，族徽因而也是研究各氏族在不同时期的迁移与流动的重要工具。不仅如此，族徽的变动还预示着氏族关系发展变化，并最终发展成早期的国家。《史记·殷本纪》说："契为子姓，其后分封，以国为姓，有殷氏、来氏、宋氏、空桐氏、稚氏、北殷氏、目夷氏。"这里所说商人氏族的发展变化，既有时代上的前后因袭与分化，也有空间上的迁移和流动。② 族徽大概是最早的标识人类集体形态的象征符号和有形边界；族徽文字字形是当时社会生活文化的真实反映，通过字形可以更好地认识了解商周时期的部分历史文化：一部分代表生活劳作场景，如🧍像人坐在凳之上；一部分与人体有关，👁代表人的眼睛；部分代表动物类，如🐑代表以绳索系于羊头牵而牧之；部分代表植物类，如🌾代表田中有禾苗……③ 族徽

---

① 费里德里克·巴斯：《族群与边界》，高崇译，《广西民族学院学报》1999 年第 1 期。
② 雒有仓：《商周青铜器族徽文字综合研究》，博士学位论文，陕西师范大学，2007。
③ 雒有仓：《商周青铜器族徽文字综合研究》，博士学位论文，陕西师范大学，2007。

从人们日常生活中取材，最终发展成氏族的标志和象征，并最终成为一个国家的名称，是高度提炼的象征符号。中国历朝历代的朝代旗与早期氏族族徽类似，都是最高级别的象征符号。每个朝代基于五行之德轮转的原则，均有各自的颜色标准，比如宋朝尚木德，以绿色为主；元朝尚金德（金克木），以白色为主；明朝尚火德（火克金），以红色为主。朝代旗以各自朝代的标志颜色为底色，旗面中央画上白色圆形代表白月光，周围用装饰色代表飞火焰，然后在白色圆形中用隶书写上朝代名号。

现代族群的发展过程中同样有自身的具象的象征符号，其类似族徽的名称是非常重要的。陈志明认为，一般研究族群与族群认同的学者不太注重分析族群的名称，这种做法是不对的，因为族群的名称关系到族群的认同以及族群间的关系。[①] 不仅如此，一个族群的族称与自我认同是核心，语言文字服饰、神话传说、宗教信仰、经济生产方式、婚姻规则等都是由此派生出来的族群边界，以界定他们的族群认同与文化认同。其中，语言文字、服饰、经济生产方式等是可见可闻的外在边界，可以称之为有形边界，宗教信仰、道德伦理等是内化在族群精神层面的内容，可以称之为无形边界。如此，不仅可以通过固定的、外在的、具象的有形边界去识别族群，我们还可以通过动态的、内在的、抽象的无形边界来探讨族群认同及其文化认同。

老挝赫蒙族在族群发展的依生阶段，长期作为游耕文明存在，发展出以传统宗教信仰为核心的文化体系，维系着族群的自我认同与族群边界。此时的赫蒙人以"赫蒙"自我认同为核心，以传统宗教的自然崇拜和祖先崇拜为内核，以游耕文化、苗语、服饰为外在边界，相当长一段时间非常稳固。但在族群发展的竞生阶段，因为战争、自然条件改变等原因不断迁徙，赫蒙族开始演化出三大语言支系，不同经济形态（游耕刀耕火种、定居农业、手工业、工商业），不同的服饰文化和特点（按服饰可分为白苗、黑苗、绿苗、青苗、花苗等）。

---

① 陈志明：《族群的名称与族群研究》，《西北民族研究》2002 年第 1 期。

二 无形边界

老挝赫蒙族在迁徙的过程中形成了集尚武、追求自由、祖先崇拜的家族观念为一体的民族精神，而赫蒙族的这一精神也逐渐作为其文化内核成为族群的无形边界，维护自身的认同。在长途迁徙的过程中，赫蒙族为了壮大自身的力量，往往对外选择与瑶族同行，对内选择与同家族为伍。由此，老挝赫蒙族形成了集尚武、追求自由和宗教观念为一体的民族精神。虽然这些民族精神常常将赫蒙族卷入族群自身内耗甚至与外族的战争当中，但也是它们使赫蒙族在老挝的政治与经济、文化中占有一席之地，并且以老挝为跳板成为一个真正的国际性民族而备受世界瞩目。

民族精神体现一个民族历史延续性的内在认同，是民族文化的浓缩与提炼。赫蒙族作为一个历经迁徙的族群，苦难深重，然而苦难正是荣耀的开始，他们正朝着幸福的方向迈进。正如米勒所言："历史悲剧比历史荣耀更有意义。悲哀比胜利更有价值，因为它们强加义务，要求共同努力。"[①] 共同的苦难将赫蒙族深深地联系在一起，形成一个情感的、义务的、不可分割的民族共同体，也因此成为一个具有强烈族群认同的跨国民族，一个典型的受难型离散群体。

族群文化内涵如同一个同心圆，族群自称和自我认同是圆心，类似宗教信仰、民族精神等族群无形边界处在这个同心圆的中间区域，外层是类似语言文字、服饰等有形边界。维持族群文化的有形边界需要相当大的成本，在特定情况下，族群从生存策略考虑会主动放弃有形边界，转而维持其无形边界。而易变的则是明显的族群符号与标志，比如容易分辨的特征：服饰、语言、经济生产方式等，稳定而容易保存的则是族群的宗教信仰、伦理道德、价值取向、民族精神等。赫蒙族在跨国迁徙的过程中，外层的族群有形边界如经济生产方式早已发生重大转变，服

---

① 戴维·米勒：《论民族性》，刘曙辉译，译林出版社，2010，第23页。

饰、语言文字等也有松动的迹象，然而其民族精神作为文化内核保存完好。即便迁入城镇的赫蒙族逐渐抛弃传统赫蒙族服饰、学习佬族语言、租种水田种植糯稻、入赘或嫁到佬族家庭，但大部分赫蒙族依然坚守宗教信仰中的祖先崇拜和自然崇拜，并以此维护族群的自我认同与文化边界。

三　文化策略

赫蒙族在从中国迁入东南亚各国，并经由老挝大举迁往美国等西方国家的过程中，他们特别是年青一代为了更好地融入当地社会与文化，往往刻意地消除民族的外在特征，包括"改名换姓"、不穿民族服装（节日除外）、学习官方语言等，这些都让他们更好地融入主流社会并生活得更好更舒适，他们的下一代更加现代化、科技化和开放。正如美国赫蒙族人类学家 Ya Po Cha 所说，他的家族同辈 24 个男性中，只有 4 个了解赫蒙族巫医的治疗方法。[①] 在看似族群成功的背后付出了沉重的代价，部分丧失了民族的传统文化与仪式，身份认同也出现了不同程度的迷失。或许更好地传承民族精神和价值取向才是一个低成本、高成效的生存策略，同时又是维系族群认同的有效途径。

如同现代民族国家的边疆概念一样，首先，疆界作为一个国家的地理边界，大多以山川、河流为两国之分界线，是有形的边界，有形边界把国家与民族界定在一定空间之内；其次，国民或当地边民的心目中往往还有一条心理的边界，比如边民世世代代生活的村寨有可能在国家互相协商之下被划给他国，但在他们的心目中依然承认过去那条无形的边界线。同样，老挝赫蒙族在面临有形边界与无形边界的冲突问题时，比如赫蒙族老人使用赫蒙族古老的历法来计算宗教节日与仪式，在过去一般是农闲时间进行，但是这种历法与现代国家的节假日体系冲突，在城里工作的年轻人很难请假回家参加传统节日与仪式活动。这就是传统文化不断流失的一个

---

① Ya Po Cha, *An Introduction to Hmong Culture*, McFarland Company, 2010, pp. 1 – 2.

典型案例，归根结底是看这种传统的文化能否与现代社会的日常生活相适应。很明显，作为传统游耕的山地民族，其文化体系自然不能与现代工业社会相兼容，其结果要么是赫蒙族继续退回到深山密林，过一种类似亚马孙流域原始民族的生活；要么就是调适自身的文化，最终适应现代社会的制度与生活。

现实中，老挝赫蒙族往往采取以下几种策略。

第一，模糊有形边界策略。王缉思认为：民族交融是一种选择性遗忘。① 举例来说，老挝已经鼓励和保护各少数民族保留自己的语言和文化，有条件的开展双语教学，然而那些重视教育和未来发展的民族，则鼓励小孩学好老语，以便能够更快速地融入老挝社会，获取生存的资源。除了学习佬族语言之外，老挝赫蒙族还在服饰、饮食等方面均采取了"模糊边界"策略，以便在外表上与佬族没有太大差别，从而尽可能平等地获得社会资源和机会。当然值得注意的是，这种类似自欺的"选择性遗忘"会有不同的表现形式、不同的目的，也会造成不同的后果。当个体的自欺和欺骗被放大到组织、社会、国家甚至国际层面，产生的影响会更加重大，有的时候甚至会产生灾难性的后果。② 这种策略正常情况下是针对族群的有形边界来展开的，不会触及族群的自我认同以及价值取向等无形边界。

第二，以无形边界为核心，维系族群自我认同。从老挝赫蒙族和美国赫蒙族的情况来看，这是最为常用也是最为经济的一种理性策略。以有形边界来讲，赫蒙族最先舍弃的是服饰文化，虽然老人还时常在家中穿着传统赫蒙族服饰，但年青一代仅仅在赫蒙族盛大节日比如新年才穿民族服装，美国赫蒙族也是在一年一度的赫蒙族新年才会穿着传统服饰。平日的生活和工作当中，民族服饰逐渐退出了历史舞台。赫蒙族语言也逐渐被官方语言所替代。目前老挝赫蒙族多半使用双语，在学习和工作上使用老挝语，家中或与本民族交流用苗语，但也有部分城市赫蒙族新

---

① 王联编《世界民族主义论》，北京大学出版社，2002，第48页。
② 罗伯特·特里弗斯：《愚昧者的愚昧》，孟盈珂译，机械工业出版社，2016，第55页。

生一代出生便使用老挝语，甚至出现老挝语比苗语更流利的现象。美国赫蒙族这种情况则更为普遍，第三代赫蒙族青年有相当一部分以英语为母语，甚至不会讲苗语。这看似是在美国社会背景下的无奈选择，实则是赫蒙族家庭为了后代在美国更具有语言和文化上的竞争力，而主动放弃从小用老挝语教育的结果。在婚姻方面，老挝赫蒙族摒弃了过去的严格的禁婚制度，开始出现跨族婚、入赘婚甚至跨国婚姻。美国赫蒙族的婚姻观念也经历了某种变化，传统赫蒙族的买卖婚、抢婚等习俗已经不见踪影，悄悄向美国主流社会的婚姻价值观转型。① 然而这些方面的妥协和让步并没有动摇赫蒙族的族群认同与自我认同，恰恰是因为他们固守了族群的精神文化内核，即文化的无形边界，特别是其祖先崇拜和鬼神信仰。即便在美国，赫蒙族改信基督教天主教的人数依然相当有限，有时还会遭到周边赫蒙族的排挤。安妮·法迪曼在其获奖纪实文学作品《鬼神抓住你，你就跌倒了》（*The Spirit Catches You and You Fall Down*）中描述了一个美国赫蒙族处理文化冲突的故事：第二代赫蒙族移民通过自身的努力逐渐融入了美国社会并获得了大众的认可，但他们的父亲去世之后，还是坚持按照赫蒙族的传统习俗举办了传统葬礼，并想办法用拖车拉来一头活牛举行仪式，然后再送到屠宰场宰杀，最后将牛头送到殡仪馆，整个过程中没有违反美国法律。② 由此可见，无论赫蒙族在现代化的过程中放弃了多少族群有形的外在边界与象征符号，赫蒙族的文化内核及宗教信仰依然根植在他们的灵魂深处，短期内很难改变。

第三，赫蒙族文化策略是动态的，在不同的阶段有所不同。在依生阶段，赫蒙族发展出宗教主导型的文化体系，是一个相对封闭的系统。当时的赫蒙族以家族为单位在深山密林中迁徙，其文化的边界相对稳定，对外界采取"逃避的""不抵抗"的策略。在竞生阶段，赫蒙族则表现出一个半狩猎半游耕民族的彪悍与尚武精神，从而打败了老挝一些原住民，并在

---

① 威廉·H.梅雷迪斯、乔治·P.罗：《美国苗族婚姻观念的变化》，谭厚锋译，《贵州民族研究》1991年第2期。

② 王丽琛、何泠静：《一部反映美国苗族生存状况的作品——以纪实文学 The Spirit Catches You and You Fall Down 为例》，《凯里学院学报》2015年第2期。

法国人、美国人的帮助下对抗佬族人，不断争取族群的利益，强化了族群认同。但在向共生阶段过渡的过程中，赫蒙族则选择了和合共生的文化策略，在政治上认同了老挝或美国，从而在经济上、婚姻等方面成为一个开放的、合作的族群。

由此可见，任何一个民族在社会和自然条件不断变化的过程中，其生存和文化策略是丰富而立体的，不是僵化教条、一成不变的。以苗族的同源民族瑶族为例，费孝通认为，苗与瑶在早期可能是相同的，但后来由于迁徙路线不同，经过了长期的分隔而各自不同了。瑶族西移的路线大概是依南岭山脉，因为走的是山路，所以人口较分散，力量单薄，不能把当地原有的民族赶走，只能在山上开荒，因而得到山瑶的称号。两个民族在不断迁徙的过程中，发展出了不同的文化和生存策略以及民族性格。[1] 竹村卓二认为，苗族的反抗意识比较强烈，在遇到不公正待遇时往往诉诸武力。与此不同，瑶族具有较强的客民意识，所到之处更加隐忍退让，更加迎合当地主流政府的控制，采取的是一种更为彻底的依生策略。每年在泰国举行的国家大型盛典仪式上，瑶族列队代表往往走在队伍的前方，以表示对泰国政府的臣服和依附。[2] 美国瑶族在接受美国文化方面也似乎比赫蒙族更为快速和彻底，青年瑶族开始与异民族频繁接触，甚至开始与白人、黑人恋爱成家。有美国瑶族以亲身经历告诉中国访问者："瑶人不能老是窝在山上，要搬到平地来，改变谋生方式……我出个主意，希望住在山上的瑶族搬到平地，这样挣钱容易。要争取政府帮助我们。在这里我们听政府的，政府出主意我们接受。希望中国瑶胞也这样。十二姓瑶族不要指望同其他民族那样富有，有田有地种，生活好就得了。"[3]

老挝赫蒙族在漫长的离散过程中，经历了从依生、竞生的族群发展阶段，舍弃的是族群有形边界，改变的是生存策略，坚守的是族群的无形边

---

[1] 费孝通：《费孝通民族研究文集新编（1951—1984）》（上卷），中央民族大学出版社，2006，第188页。

[2] 竹村卓二：《瑶族的历史和文化》，金少萍等译，民族出版社，2003，第54页。

[3] 大卫·特·李：《移动的山岭——美国优勉瑶人的迁徙故事》，李筱文、盘小梅译，民族出版社，2006，第151~152页。

界及自我认同，包括对故土中国的认同。如今赫蒙族在老挝这样一个现代民族国家获得了生存空间和族群身份，在政治上采取对老挝的国家认同，在文化上坚守自身的宗教和信仰，同时与其他族群和谐相处，走向族群发展的共生阶段，或许是一条最佳的生存策略。和衷共济、和合共生是中华民族的历史基因，也是东方文明的精髓。"和"表示不同事物、不同观点的相互补充，是新事物生成的规律，是东方传统文化的特征，也是中国古圣先贤的思想。"和合"语出《墨子·尚同中》《国语》《管子》《史记》等典籍。如《墨子·尚同中》："内之父子兄弟作怨仇，皆有离散之心，不能相和合。"《国语·郑语》："商契能和合五教，以保于百姓者也。"《史记·循吏列传》："施教导民，上下和合。""和""合"互通，是"相异相补，相反相成，协调统一，和谐共进"的意思。"和合"是中华文化人文精神的精华和首要价值，放在老挝赫蒙族身上同样适用。"和合共生"的后半句是"守正出新"，充满哲理，代表古人的科学发展思想。"守正出新"承自中国传统智慧，是历代智者立身兴业治国安邦推崇的要领。《老子》云："以正治国，以奇用兵，以无事取天下。"《孙子》道："凡战者，以正合，以奇胜。"希望赫蒙族与佬族在经历了历史上诸多矛盾冲突之后，能够明白"和合共生"的道理，在这块宁静的土地上与他族和谐相处，共同创造美好的未来。

参考文献

一 专著

《马克思恩格斯选集》第 4 卷，人民出版社，1972。

D. G. E. 霍尔：《东南亚史》，中山大学东南亚历史研究所译，商务印书馆，1982。

葛兰言：《古代中国的节庆与歌谣》，赵丙祥、张宏明译，广西师范大学出版社，2005。

爱德华·萨义德：《文化与抵抗：萨义德访谈录》，梁永安译，上海译文出版社，2009。

卡尔·波普尔：《历史决定论的贫困》，杜汝楫、邱仁宗译，华夏出版社，1987。

布迪厄：《实践感》，蒋梓骅译，译林出版社，2003。

岑家梧：《岑家梧民族研究文集》，民族出版社，1992。

陈水逢：《东南亚各国略史与现势》，商务印书馆，1969。

大卫·费特曼：《民族志：步步深入》，龚建华译，重庆大学出版社，2007。

大卫·特·李：《移动的山岭——美国优勉瑶人的迁徙故事》，李筱文、盘小梅译，民族出版社，2006。

戴维·米勒：《论民族性》，刘曙辉译，译林出版社，2010。

范宏贵、黄兴球、卢建家：《老挝佬族起源研究文集》，世界图书出版公司，2011。

范宏贵：《同根生的民族——壮泰各族渊源与文化》，民族出版社，2007。

乔治·E.马尔库斯、米开尔·M.J.费彻尔：《作为文化批评的人类学》，王铭铭、蓝达居译，生活·读书·新知三联书店，1998。

费孝通：《江村农民生活及其变迁》，敦煌文艺出版社，1997。

费孝通：《中华民族多元一体格局》（修订本），中央民族大学出版社，1999。

格兰特·埃文斯：《老挝史》，郭继光、刘刚、王莹译，东方出版中心，2011。

古尔德、常晓玲：《弗兰克尔：意义与人生》，中国轻工业出版社，2000。

黄兴球：《老挝族群论》，民族出版社，2006。

黄兴球等：《老挝佬族与中国壮族文化比较研究》，民族出版社，2010。

黄岩：《国家认同：民族发展政治的目标建构》，民族出版社，2011。

贾雷德·戴蒙德：《枪炮、病菌与钢铁：人类社会的命运》，谢延光译，上海译文出版社，2014。

翦伯赞主编《中国史纲要》第三册，人民出版社，1979。

坎占·巴迪：《老挝外交史》，万象，1971年老文版。

保罗·康纳顿：《社会如何记忆》，纳日碧力戈译，上海人民出版社，2000。

乔尔·科特金：《全球族》，王旭等译，社会科学文献出版社，2010。

李成武：《克木人——中国西南边疆一个跨境族群》，中央民族大学出版社，2006。

费里德里希·李斯特：《政治经济学的国民体系》，邱伟立译，华夏出版社，2013。

李亦园：《一个移殖的市镇——马来亚华人市镇生活的调查研究》，台北，正中书局，1985。

梁启超：《饮冰室合集》，中华书局，1989。

凌纯声、芮逸夫：《湘西苗族调查报告》，南天书局，1978。

刘稚：《启示与抉择：周边国家民族问题与云南对外开放研究》，云南人民出版社，1994。

卢梭：《社会契约论》，何兆武译，商务印书馆，1980。

露丝·本尼迪克特：《文化模式》，王炜译，社会科学文献出版社，2009。

罗伯特·特里弗斯：《愚昧者的愚昧》，孟盈珂译，机械工业出版社，2016。

伯特兰·罗素：《西方哲学史》，陕西师范大学出版社，2010。

马克思、恩格斯：《神圣家族或对批判的批判所做的批判》，人民出版社，1958。

马克思：《1844年经济学哲学手稿》，《马克思恩格斯全集》第42卷，人民出版社，1979。

马克思：《摩尔根〈古代社会〉一书摘要》，人民出版社，1965。

马凌诺夫斯基：《西太平洋的航海者》，梁永佳、李绍明译，华夏出版社，2002。

马戎编著《民族社会学——社会学的族群关系研究》，北京大学出版社，2004。

马塞尔·莫斯：《礼物》，卢汇译，中央民族大学出版社，2002。

纳西姆·尼古拉斯·塔勒布：《反脆弱：从不确定性中获益》，雨珂译，中信出版社，2014。

鸟居龙藏：《苗族调查报告》，贵州大学出版社，2009。

潘光旦：《中国境内犹太人的若干历史问题》，北京大学出版社，1983。

庞海红：《泰国民族国家的形成及其民族整合进程》，民族出版社，2012。

克莱夫·庞廷：《绿色世界史》，王毅、张学广译，上海人民出版社，2002。

姆·耳·马尼奇·琼赛：《老挝史》，厦门大学外文系翻译小组译，福建人民出版社，1974。

萨维纳：《苗族史》，立人译，贵州大学出版社，2014。

塞缪尔·亨廷顿：《文明的冲突》，周琪等译，新华出版社，2013。

塞缪尔·亨廷顿：《我们是谁？——美国国家特性面临的挑战》，程克雄译，新华出版社，2005。

申旭：《老挝史》，云南大学出版社，2011。

沈湘平：《理性与秩序：在人学的视野中》，北京师范大学出版社，2003。

施坚雅：《泰国华人社会：历史的分析》，许华等译，厦门大学出版社，2010。

石朝江：《苗学通论》，贵州民族出版社，2008。

石朝江：《世界苗族迁徙史》，贵州人民出版社，2006。

石茂明：《跨国苗族研究》，民族出版社，2004。

戴维·梭罗：《瓦尔登湖》，徐迟译，上海译文出版社，2004。

汤因比：《历史研究》，曹未风等译，上海人民出版社，1966。

托马斯·索威尔：《美国种族简史》，沈宗美译，中信出版社，2011。

王辉耀、苗绿：《海外华侨华人专业人士报告（2014）》，社会科学文献出版社，2014。

王联主编《世界民族主义论》，北京大学出版社，2002。

威廉·A. 哈维兰：《当代人类学》，王铭铭等译，上海人民出版社，1987。

吴晓萍、何彪：《穿越时空隧道的山地民族》，贵州人民出版社，2005。

休·希顿－沃森：《民族与国家：对民族起源与民族主义政治的探讨》，吴洪英、黄群译，中央民族大学出版社，2009。

徐松石：《泰族、壮族、粤族考》，中华书局，1946。

杨道：《苗族在西方》，香港华夏文化出版社，1999。

尹绍亭：《一个充满争议的文化生态体系——云南刀耕火种研究》，云南人民出版社，1991。

尤中：《中国西南的古代民族》，云南人民出版社，1980。

詹姆士·斯科特：《逃避统治的艺术：东南亚高地的无政府主义历史》，王晓毅译，生活·读书·新知三联书店，2016。

詹姆斯·C. 斯科特：《弱者的武器》，郑广怀、张敏、何江穗译，译林出版社，2011。

张君房：《云笈七签》，书目文献出版社，1992。

章炳麟著，徐复注《訄书详注》，上海世纪出版股份有限公司、上海古籍出版社，2002。

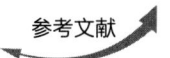

章国锋：《关于一个公正世界的"乌托邦"构想》，山东人民出版社，2001。

郑宇：《仪式类型与社会边界》，中国社会科学出版社，2013。

周建新：《中越中老跨国民族及其族群关系研究》，民族出版社，2002。

周去非：《岭外代答》，商务印书馆，1936。

周永明：《路学：道路、空间与文化》，重庆大学出版社，2016。

竹村卓二：《瑶族的历史和文化》，金少萍等译，民族出版社，2003。

子非鱼（王岳东）：《物演通论》，陕西人民出版社，2009。

二　中文期刊

蔡苏龙：《全球化进程中的华人离散社群问题探讨》，《东南亚研究》2006年第5期。

车桂兰：《网络互动与族群认同——以"三苗网"为例》，《开封教育学院学报》2015年第4期。

陈志明：《族群的名称与族群研究》，《西北民族研究》2002年第1期。

邓蜀生：《美国黑人的历史地位与现状》，《史学月刊》1990年第4期。

段颖：《Diaspora（离散）：概念演变与理论解析》，《民族研究》2013年第2期。

饭岛茂：《东南亚社会的原型——从文化人类学来考察》，马宁译，《东南亚历史译丛》1982年第2期。

范可：《移民与"离散"：迁徙的政治》，《思想战线》2012年第1期。

费里德里克·巴斯：《族群与边界》，高崇译，《广西民族学院学报》1999年第1期。

宫哲兵、宫步坦：《中国南方女性的奇风异俗及成因新探》，《湖南大学学报》（社会科学版）2008年第4期。

谷口裕久：《论Hmong人（苗族）之分布及其生活文化的变迁》，《西南边疆民族研究》2011年第2期。

郭艳：《全球化时代的后发展国家：国家认同遭遇"去中心化"》，《世界经济与政治》2004年第9期。

郭又新：《现代的离散者——对美国菲律宾裔移民的另一种解读》，《世界民族》2007年第5期。

郝国强：《老挝苗族新年上的跨国婚姻——以老挝川圹省丰沙湾市蒙毕县邦洋村为例》，《广西民族大学学报》（哲学社会科学版）2013年第1期。

郝国强：《族源神话仪式与国家权力》，硕士学位论文，广西民族大学，2007。

何平：《苗族向东南亚迁徙简述》，《贵州民族研究》2005年第1期。

黄家信：《对田林蛮、侬入赘婚的研究》，《广西右江民族师范高等专科学校学报》1999年第3期。

黄家信：《桂西壮族入赘婚俗探因》，《广西民族大学学报》（哲学社会科学版）2000年第5期。

贾英健：《人的存在视域中的多重认同》，《中共福建省委党校学报》2006年第4期。

江美玲：《从〈长老尼偈〉看小乘佛教女性观》，硕士学位论文，台湾东海大学中文系，2006。

金天明、王庆仁：《"民族"一词在我国的出现及其使用问题》，《社会科学辑刊》1981年第4期。

李辉、李昕、杨宁宁等：《遗传和体制分析草苗的起源》，《复旦学报》2003年第4期。

李明欢：《Diaspora：定义、分化、聚合与重构》，《世界民族》2010年第5期。

李明欢：《人口生态、人口政策与国际移民——联合国〈世界人口政策2007〉评述》，《东南学术》2011年第1期。

林惠祥：《论长住娘家风俗的起源及母系制到父系制的过渡》，《厦门大学学报》1962年第4期。

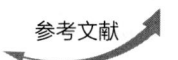

林惠祥：《南洋马来族与华南古民族的关系》，《厦门大学学报》（哲学社会科学版）1958年第1期。

林心：《苗人的迁移史与族称》，《越南历史研究》，1961。

刘冰清、石甜：《族群离散与文化离散研究的来龙去脉》，《学术探索》2012年第2期。

刘军汉：《与西方自由民主理论相抗争的新学说——文明类型理论简介》，《理论月刊》2010年第10期。

刘向阳：《老挝苗族的由来及发展研究》，《东南亚之窗》2008年第3期。

刘向阳：《苗族向东南亚迁徙的过程及原因探悉》，《昆明学院学报》2009年第2期。

龙宇晓：《百年海外苗学信息动态研究的学术价值与现实意义》，《原生态民族文化学刊》2014年第4期。

罗伯特·库帕：《老挝苗族流亡与回归中的经济因素》，颜勇译，《贵州民族研究》1997年第3期。

罗有亮：《老挝的苗族》，《世界民族》1997年第3期。

罗兆均、徐祖祥：《20世纪以来国内苗族宗教研究述评》，《民族论坛》2013年第7期。

雒有仓：《商周青铜器族徽文字综合研究》，博士学位论文，陕西师范大学，2007。

麻三山：《历史记忆、文化展示与民族认同——湘西苗族鼓舞象征意义与功能分析》，《贵州大学学报》（艺术版）2009年第1期。

麻勇斌：《苗族跨国认同研究的四个问题》，中国世界民族学会会员代表大会暨学术讨论会，2010。

马树洪：《老挝的民族、宗教及其政策》，《东南亚》1998年第3期。

蒙昌配、龙宇晓：《百年来海外苗学的苗族文字研究文献述论》，《民族论坛》2014年第8期。

蒙默：《论苗族族源讨论中的西支来源说及有关问题》，《广西民族研究》1991年第Z1期。

莫当：《苗族史》，张永国等译，《贵州民族研究》1987年第1期。

莫当：《越南、老挝和泰国的苗族》，张永国译，《贵州民族研究》1987 年第 1 期。

纳日碧力戈：《全球学术对话背景下的海外苗瑶学术文献资源研究——寄语"海外苗瑶研究"栏目》，《民族论坛》2014 年第 8 期。

潘定智：《从苗族民间传承文化看蚩尤与苗族文化精神》，《贵州民族大学学报》（哲学社会科学版）1996 年第 4 期。

潘志平、王智娟：《鸟瞰中亚宗教、民族之历史与现状——兼评亨廷顿的"文明模式"》，《西北民族研究》1994 年第 2 期。

石朝江：《苗族创世神话：洪水故事与兄妹结婚》，《贵州大学学报》（社会科学版）2011 年第 6 期。

宋宏梅：《泰国的老挝苗族难民问题》，《东南亚南亚研究》2016 年第 3 期。

孙向晨：《民族国家、文明国家与天下意识》，《探索与争鸣》2014 年第 9 期。

陶红：《老挝苗族的婚嫁习俗》，《东南亚纵横》1988 年第 2 期。

王建新：《宗教民族志的视角、理论范式和方法——现代人类学研究诠释》，《广西民族大学学报》（哲学社会科学版）2007 年第 2 期。

王丽琛、何泠静：《一部反映美国苗族生存状况的作品——以纪实文学 The Spirit Catches You and You Fall Down 为例》，《凯里学院学报》2015 年第 2 期。

王民同：《东南亚民族的来源和分布》，《云南师范大学学报》（哲学社会科学版）1984 年第 2 期。

王明珂：《历史事实、历史记忆与历史心性》，《历史研究》2001 年第 5 期。

王薇：《美国苗族英语文学中的文化身份认同》，《中央民族大学学报》（哲学社会科学版）2016 年第 2 期。

王越平：《排斥与交融——四川白马藏族入赘婚的研究》，《西北民族研究》2008 年第 2 期。

威廉·H. 梅雷迪斯、乔治·P. 罗：《美国苗族婚姻观念的变化》，谭厚锋译,《贵州民族研究》1991年第2期。

《我们来自哪里？——基因测试帮助我们寻找自己的祖先》,《国外科技动态》2006年第6期。

吴晓萍、何彪:《美国苗族移民的社会网络关系》,《贵州民族研究》2003年第4期。

吴晓萍:《美国苗族移民的巫师信仰和实践》,《贵州民族大学学报》(哲学社会科学版)2004年第1期。

吴新智:《现代人起源的多地区进化学说在中国的实证》,《第四纪研究》2006年第5期。

吴艳:《美国社会中苗族移民的文化交融》,《人民论坛》(中旬刊)2016年第6期。

许红艳:《老挝的民族问题与民族政策》,《曲靖师范学院学报》2010年第2期。

杨俊、李辉、金建中等:《上海原住民的Y染色体遗传分析》,《中央民族大学学报》(自然科学版)2004年第1期。

杨寇:《战后时期的苗族大流散》,《亚太移民杂志》2003年第3期。

杨沫丁:《老挝苗族的历史》,王伟民译,《印度支那》1985年第2期。

杨志强:《从"苗"到"苗族"——论近代民族集团形成的"他者性"问题》,《西南民族大学学报》(人文社科版)2010年第6期。

姚佳君:《社会变迁中的族群认同与族群关系》,硕士学位论文,广西民族大学,2014。

叶舒宪:《人类学"三重证据法"与考据学的更新》,《书城》1994年第1期。

玉时阶:《泰国瑶族的"招郎入赘"》,《世界民族》1998年第4期。

张传鹤:《老挝的民族宗教问题及其政策》,《东南亚纵横》2006年第8期。

张霜:《美国明尼苏达州苗族妇女的职业培训》,《中国民族报》2007年10月12日。

张晓:《美国社会中的苗族家族组织》,《民族研究》2007年第6期。

张兆和：《黔西苗族身份的汉文书写与近代中国的族群认同——杨汉先的个案研究》，《西南民族大学学报》（人文社科版）2010年第3期。

赵明龙：《桂西壮族"入赘"婚俗初探》，《广西民族研究》1986年第2期。

周建新、杨静：《族群离散与认同重构——以中尼边境地区达曼人为例》，《广西民族大学学报》（哲学社会科学版）2012年第5期。

周建新：《老挝的民族识别与划分及其未来发展》，《贵州民族研究》2001年第1期。

朱映占：《民国知识分子眼中的西南边疆基督宗教——以游记和考察文本为中心的探讨》，《西南边疆民族研究》2011年第2期。

三 外文文献

S. Dufoix, *Diasporas*, Univ of California Press, 2008.

G. Sheffer, *Modern Diasporas in International Politics*, London: Taylor & Francis, 1986.

T. Tsuda, *Diasporic Homecomings: Ethnic Return Migration in Comparative Perspective*, Stanford University Press, 2009.

N. Solomon, *Judaism*, Sterling Publishing Company, Inc., 2009.

N. Constable, *Maid to Order in Hong Kong: Stories of Filipina Workers*, Cornell University Press, 1997.

N. Solomon, *Judaism*, Sterling Publishing Company, Inc., 2009.

F. Markowitz, *Stefansson A H. Homecomings: Unsettling Paths of Return*, Lexington Books, 2004.

M. Seller, *To Seek America: A History of Ethnic Life in the United States*, Jerome s Ozer Pub, 1988.

J. Kotkin, *Tribes: How Race, Religion, and Identity Determine Success in the New Global Economy*, Random House Incorporated, 1993.

J. Kotkin, *Tribes: How Race, Religion, and Identity Determine Success in the*

New Global Economy, Random House Incorporated, 1993.

C. B. Tan, Routledge Handbook of the Chinese Diaspora, Routledge, 2013.

C. B. Tan, "Chinese in Malaysia," Encyclopedia of Diasporas, Springer US, 2005.

The Chinese in Latin America and the Caribbean, Brill, 2010.

M. W. H. Leung, "Chinese Migration in Germany: Making Home in Transnational Space," Frankfurt and London: IKO – Verlag für interkulturelle Kommunikation, 2004.

A. Appadurai, Modernity al Large: Cultural Dimensions of Globalization, University of Minnesota Press, 1996.

A. C. Emanuelsson, "Diaspora Global Politics: Kurdish Transnational Networks and Accommodation of Nationalism," Department of Peace and Development Research, Göteborg University, 2005.

Rai, Rajesh, and Peter Reeves, eds., The South Asian Diaspora: Transnational Networks and Changing Identities, Routledge, 2008.

S. Della Pergola, "World Jewish Population, 2012," American Jewish Year Book 2012, Springer Netherlands, 2013.

Zvi Ganim, An Uneasy Relationship: American Jewish Leadership and Israel, Syracus University Press, 2005,

Max Weber, Economy and Society, Berkeley: University of California Press, 1978 (1922).

M. Kundera, The Book of Laughter and Forgetting, Harper Collins, 1994.

W. R. Geddes, Migrants of the Mountains: The Cultural Ecology of the Blue Miao (Hmong Njua) of Thailand, Clarendon: Oxford University Press, USA, 1976.

Y. Bertrais, Dictionnaire Hmong–français, Vientiane: Mission Catholique, 1964.

G. L. Barney, Christianity: Innovation in Meo Culture: A Case Study in Missionization, The University of Minnesota, 1957.

D. Yang, Les Hmong du Laos face au développement, Edition Siaosavath, 1975.

D. Yang, Les Difficultés du Développement économique et social des Populations Hmong du Laos, 1972.

D. Yang, *Hmong at the Turning Point*, Worldbridge Assocs Limited, 1993.

J. F. Embree, Thomas Jr. W. L., "Ethnic Groups of Northern Southeast Asia," *New Haven: Yale University Southeast Asia Studies*, 1950.

J. F. Embree, Dotson L. O., Bibliography of the Peoples and Cultures of Mainland Southeast Asia, *New Haven: Yale University Southeast Asia Studies*, 1972.

G. L. Barney, Halpern J. M., *The Meo of Xieng Khouang Province*, University of California, 1957.

G. L. Barney, *An Analysis of Swidden Cultures in Southeast Asia*, University of Minnesota, 1970.

Zvi Ganim, *An Uneasy Relationship: American Jewish Leadership and Israel*, Syracus University Press, 2005.

A. C. Emanuelsson, "Diaspora Global Politics: Kurdish Transnational Networks and Accommodation of Nationalism," *Department of Peace and Development Research*, Göteborg University, 2005.

G. Y. Lee, *The Effects of Development Measures on the Socio - economy of the White Hmong*, University of Sydney, 1981.

G. Y. Lee, *Minority Policies and the Hmong in Laos*, St. Lucia: Queensland University Press, 1982.

Tim Pfaff, *Hmong in America, Journey from a Secret War*, Chippewa Valley Museum Press, 1995.

J. Hamilton - Merritt, *Tragic Mountains: The Hmong, the Americans, and the Secret Wars for Laos*, 1942 - 1992, Indiana University Press, 1993.

J. Mottin, *History of the Hmong*, Bangkok: Odeon Store Ltd. part., 1980.

K. Quincy, *Hmong: History of a People*, Eastern Washington Univ Press, 1988.

C. Y. Vang, *Hmong America: Reconstructing Community in Diaspora*, University of Illinois Press, 2010.

K. Quincy, *Harvesting Pa Chay's Wheat: The Hmong and America's Secret War in Laos*, University of Washington Press, 2000.

S. Chan, *Hmong Means Free: Life in Laos and America*, Temple University Press, 2010.

Rai, Rajesh, and Peter Reeves, eds., *The South Asian Diaspora: Transnational Networks and Changing Identities*, Routledge, 2008.

B. W. R. Geddes, *Migrants of the Mountains*, Clarendon Press, 1976.

S. W. Cheung, "Millenarianism Christian Movements, and Ethnic Change among the Miao in Southwest China," in *Cultural Encounters on China's Ethnic Frontiers*, University of Washington Press, 1995.

N. Tapp, *The Hmong of China: Context, Angency, and the Imaginary*, Brill Academic Publishers, 2003.

S. Della Pergola, "World Jewish Population, 2012," *American Jewish Year Book* 2012, Springer Netherlands, 2013.

F. Braudel, *Civilization and Capitalism, 15th – 18th Century: The Perspective of the World*, University of California Press, 1982.

D. K. Wyatt, *Thailand: A Short History*, Yale University Press, 2003.

F. Markowitz, Stefansson A. H., *Homecomings: Unsettling Paths of return*, Lexington Books, 2004.

A. V. Gennep, *The Rites of Passage*, The University of Chicago Press, 1960.

N. S. Adams, McCoy A. W., *Laos: War and Revolution*, Harper Collins Publishers, 1970.

R. B. H. Goh, "Christianity in Southeast Asia," *Institute of Southeast Asian Studies*, 2005.

P. V. Symonds, *Calling in the Soul: Gender and the Cycle of Life in a Hmong Village*, University of Washington Press, 2015.

G. L. Hendricks, "The Hmong in Transition," *Center for Migration Studies of New York*, Inc. & the Southeast Asian Refugee Studies of the University of Minnesota, 1986.

Douglas Olney, "Population Trends", in Glenn L. Hendricks, Bruce T. Downing & Amos S. Deinard (eds.), *The Hmong in Transition*, Centerfor Migration Studies of New York, Inc. 1986.

T. Lyfoung, Lisfoom T. N., *An Authentic Account of the Life of a Hmong Man in the Troubled Land of Laos*, Burgess Publisha, 1996.

William Safran, "Diasporas in Modern Societies: Myths of Homeland and Return," *Diaspora: A Journal of Transnational Studies* Volume 1, Number 1, Spring 1991.

L. Anteby - Yemini, Berthomière W., "Diaspora: A Look Back on a Concept," *Bulletin du Centre de Recherche Français à Jérusalem*, 2005 (16).

M. L. Buley - Meissner, "The Spirit of a People: Hmong American Life Stories," *Language Arts*, 2002 (4).

P. Gilroy, "Diaspora," *Paragraph*, 1994 (3).

D. Conway, "Potter R., Bernard G. Diaspora Return of Transnational Migrants to Trinidad and Tobago: the Additional Contributions of Social Remittances," *International Development Planning Review*, 2012 (2).

R. Shindo, "The Hidden Effect of Diaspora Return to Post - conflict Countries: The Case of Policy and Temporary Return to Rwanda," *Third World Quarterly*, 2012 (9).

T. G. Tsuda, "Ethnic Return Migration and the Nation - state: Encouraging the Diaspora to Return 'home'," *Nations and Nationalism*, 2010 (4).

R. Behar, "Going to Cuba: Writing Ethnography of Diaspora, Return, and Despair," *The Vulnerable Observer: Anthropology that Breaks Tour Heart*, Boston: Beacon P., 1996.

A. Christou, "Reconceptualizing Networks Through Greek - American Return Migration: Constructing Identities, Negotiating the Ethnos and Mapping Diaspora - theoretical Challenges Regarding Empirical Contributions," *Spaces of Identity*, 2004 (3).

J. Clifford, "Diasporas," *Cultural Anthropology*, 1994 (3).

R. Cohen, "Diasporas and the Nation – state: from Victims to Challengers, International Affairs," *Royal Institute of International Affairs* 1944 – 1996.

P. G. Barber, "Agency in Philippine Women's Labour Migration and Provisional diaspora, Women's Studies International Forum," *Pergamon*, 2000 (4).

R. Tsagarousianou, "European Muslim Diasporic Geographies," *Middle East Journal of Culture and Communication*, 2016 (1).

S. Hall, "Black Diaspora Artists in Britain: Three "Moments" in Post – war History," *History Workshop Journal*, Oxford University Press, 2006 (1).

James Clifford, "Diasporas," *Cultural Anthropology*, Volume 9, Issue 3, August 1994.

T. D. Erkmen, "Houses on Wheels: National Attachment, Belonging, and Cosmopolitanism in Narratives of Transnational Professionals," *Studies in Ethnicity and Nationalism*, 2015 (1).

R. Tsagarousianou, "Rethinking the Concept of Diaspora: Mobility, Connectivity and Communication in a Globalised World," *Westminster Papers in Communication and Culture*, 2004 (1).

D. Boyarin, J. Boyarin, "Diaspora: Generation and the Ground of Jewish identity," *Critical Inquiry*, 1993 (4).

G. Morechand, Notes Demographiques Sur un Canton Meo Blanc du Pays Tai, Bulletin de la Societe des Etudes Indochinoises de Saigon, 1952.

G. Moréchand, Principaux traits du chamanisme méo blanc en Indochine, Bulletin de l'École française d'Extrême – Orient, 1955 (2).

G. Moréchand, Le chamanisme des Hmong, Bulletin de l'École française d'Extrême – Orient, 1968, 54.

LeBar F M, Suddard A. *Laos. Its People, Its Society, Its Culture*, New Haven: HRAF Press, 1960.

G. Y. Lee, *Ethnic Minorities and National – Building in Laos: The Hmong in the Lao State*, Peninsule, 1985.

K. Yang, "Research note: The Hmong in America: Twenty – five Years after the US Secret War in Laos," *Journal of Asian American Studies*, 2001 (2).

G. Y. Lee, *Culture and Adaptation: Hmong Refugees in Australia, The Hmong in Transition*, New York: Center for Migration Studies, 1986.

B. T. Downing, Olney D. P., "The Hmong in the West: Observations and Reports," *Minneapolis: Center for Urban and Regional Affairs*, University of Minnesota, 1982/1985.

M. E. Pfeifer, Sullivan J, Yang K, et al., "Hmong Population and Demographic Trends in the 2010 Census and 2010 American Community Survey," *Hmong Studies Journal*, 2012 (2).

M. E. Pfeifer, Sullivan J, Yang K, et al., "Hmong Population and Demographic Trends in the 2010 Census and 2010 American Community Survey," *Hmong Studies Journal*, 2012 (2).

G. L. E. Hendricks, Others A. The Hmong in Transition New York: *Center for Migration Studies*, 1986.

Y. Lor, Hmong Political Involvement in St. Paul, Minnesota and Fresno, California, *Hmong Studies Journal*, 2009, 10.

G. M. Scott, "The Hmong Refugee Community in San Diego: Theoretical and Practical Implications of Its Continuing Ethnic Solidarity," *Anthropological Quarterly*, 1982, 55 (3).

G. E. Marcus, "Ethnography in/of the World System: The Emergence of Multi-sited Ethnography," *Annual Review of Anthropology*, 1995 (1).

P. C. Phan, *Vietnam, Cambodia, Laos, Thailand, Christianities in Asia*, 2011.

George M. Scott, "A Resynthesis of the Primordial and Circumstantial Approaches to Ethnic Group Solidarity: Towards an Explanatory Model," *Ethnic and Racial Studies*, 1990 (2).

Byung—Soo Seol., "A Critical Review of Approaches to Ethnicity," *International Area Review*, 2008 (2).

K. Breazeale, *The Integration of the Lao States into the Thai Kingdom*, Oxford University, 1975.

G. Chapelier, van Malderghem J. Plain of Jars, "Social Change under Five Years of Pathet Lao Administration," *Asia Quarterly*, 1971.

Igor Kossiko, "Nationalities Policy in Modern Laos," In Andrew Turton, *Civility and Savagery: Social Identity in Tai States*, Curzon Press, 2000.

V. Turner, *The Ritual Process*, The University of Chicago, 1969.

J. Quoidbach, Gilbert D. T., Wilson T. D., "The End of History Illusion," *Science*, 2013.

Yang, Kou. *The Making of Hmong America: Forty Years after the Secret War*, Lexington Books, 2017.

后　记

　　天皇皇，地皇皇，无边无际太平洋；

　　左思想，右思量，出路（希望）在何方？

　　天茫茫，地茫茫，无亲无故靠台郎；

　　月光光，心慌慌，故乡在远方。

　　朋友班，识字班，走出角落不孤单；

　　识字班，姊妹班，读书（识字）相联伴。

　　姊妹班，合作班，互信互爱相救难；

　　合作班，连四方，日久他乡是故乡。

黎氏玉印

《日久他乡是故乡》

　　中国哲学家素有尊重历史经验的传统，孔子诉求于周文王和周公，墨子诉诸大禹的权威，孟子则回到尧、舜时代，道家甚至追忆伏羲、神农[①]；而人类学向往那些宁静的"小国寡民"，素有向边缘和他乡异文化寻求文化解释与文化反思的传统。西方人类学者跑遍世界，从墨西哥中部的查波特克人（马林诺夫斯基）到巴布亚新几内亚的雅特穆尔人（格雷戈里·贝特森），也踏足中国各地，从中国华北乡村（杜赞奇）到西南乡镇（施坚雅），撰写了大量的民族志，建立了关于世界的民族叙事。至此，在海外民族志的基础上以西方为中心的人类学格局得以形成，"因为在西方人印

[①] 冯友兰：《中国哲学简史》（修订译本），天津社会科学院出版社，2005。

象中，人类学是西方研究'原始''落后'社会的学科"①。

老挝的海外田野调查困难重重，最重要的便是语言障碍。正如公元5世纪的著名翻译家鸠摩罗什所说，翻译如同嚼饭喂人，虽然营养却滋味全无。笔者在老挝调查的过程中，虽然通过泰语、老挝语夹杂英语获得的资料费时费力，甚至有些"夹生"，但五味俱全，是一生中难得的田野经历。这次研究任务之所以能够顺利完成，要感谢老挝社会科学院社会所王海花、尚昆两位研究员，多次陪同笔者前往深山密林中的苗族山村，让笔者渐渐融入深厚的老挝文化当中；还有藏塔菲利所长等老挝社会科学院历史所和社会所的领导和工作人员，没有他们的帮助，笔者的调查工作无法顺利进行。

笔者虽然为本书的写作绞尽脑汁，但与写作依靠的所有人的付出相比，笔者的功劳仅是九牛一毛。首先要感谢导师周建新教授多年来的栽培和教诲，是恩师将笔者从半路出家的"渔民"改造成人类学爱好者和工作者，在此表示真挚的感谢。周老师言传身教、知行合一，将学术和做人融为一体，是我辈学习的楷模。恩师的淡泊明志，在学术之路上的求真务实、孜孜不倦的精神令我钦佩之至。

感谢田野向导范洪静父子，他们给我们提供了简陋而整洁的房间，供我们休息与整理资料。特别是范洪静，他本身有着民族学学科背景，对我们的调查意图总能心领神会，又在老挝工作学习了一年，熟练掌握老挝语，整天开着卡车载着我们东奔西跑，走街串巷，这些均为田野调查的顺利开展提供了强有力的保证。同时也要感谢老挝川圹省蒙毕县邦洋村村委所提供的大力协助，以及副村长 wang pieng tu ma weng 所给予的诸多方便，感谢乌多姆塞、琅勃拉邦、川圹等省诸多村寨的干部和村民，还有当地的中国朋友王哥、秋明哥、王公、邓哥等，在此一并表示感谢。此外，多次艰辛的田野调查是与姚佳君、许欣两位师妹和中山大学硕士梁必达一起开展的，谢谢你们的陪伴，那是人生中一段难忘的田野调查经历。

最后，专著的写作没有采访所谓的达官显贵或社会上层，主要是以大

---

① 张金岭：《中国人类学者海外民族志研究的理论思考》，《西北民族研究》2010年第1期。

量普通农夫为访谈对象，或许这也是民族学人类学的惯常做法。美国耶鲁大学人类学教授詹姆斯·斯科特曾写道："东南亚农民，是处于低下社会地位的小农。他们虽然作为农业社会的人口主体，在各种宏大的历史叙事中却从来是无声者和无名者，是少有文字记述其历史的群体；他们即使偶尔出现在历史记录中，也不是作为历史的参与者，而是作为征召、税收、劳动、土地产出和谷物收获的贡献者，只是在统计学意义上以数字形式出现的无名者。"这个地球上有超70亿人，只听到身在名利场的王侯将相以及大国的声音，大多数人和民族似乎从未存在过。所幸"沉默的大多数"以民谣、民歌、无名诗的形式被流传下来，佚名是最伟大的作者！人类学继承、延伸了他们的工作，并将他们的智慧和文化用文字记录下来。这是对老挝进行田野调查的初衷之一。在此，笔者也要向那些默默无闻的受访者致谢，更要向那些创造了传统文化和习俗的无数"无名者"致敬。

感谢笔者的家人和那些天涯咫尺的同人，学术的路上并不拥挤，因为很少有人能够坚持到最后！鉴于此，吾将自勉之！

2018年2月14日于广西民族大学

图书在版编目(CIP)数据

老挝赫蒙族(Hmong)迁徙、离散与认同／郝国强著. -- 北京：社会科学文献出版社，2021.8
ISBN 978 - 7 - 5201 - 8510 - 3

Ⅰ.①老… Ⅱ.①郝… Ⅲ.①民族历史 - 研究 - 老挝 Ⅳ.①K334.8

中国版本图书馆 CIP 数据核字（2021）第 112680 号

老挝赫蒙族（Hmong）迁徙、离散与认同

著　者／郝国强
出　版　人／王利民
责任编辑／周志静　孙以年

出　　版／社会科学文献出版社·人文分社（010）59367215
　　　　　地址：北京市北三环中路甲29号院华龙大厦　邮编：100029
　　　　　网址：www.ssap.com.cn
发　　行／市场营销中心（010）59367081　59367083
印　　装／三河市尚艺印装有限公司

规　　格／开　本：787mm × 1092mm　1/16
　　　　　印　张：20　字　数：297 千字
版　　次／2021 年 8 月第 1 版　2021 年 8 月第 1 次印刷
书　　号／ISBN 978 - 7 - 5201 - 8510 - 3
定　　价／138.00 元

本书如有印装质量问题，请与读者服务中心（010 - 59367028）联系

▲ 版权所有 翻印必究